教育部劳动教育与劳动实践课程虚拟教研室
中国高等教育学会劳动教育专业委员会 | 智库成果
中国劳动关系学院劳动教育研究院

# 中国劳动教育发展报告（2023）

ANNUAL REPORT ON THE DEVELOPMENT OF CHINA'S LABOR EDUCATION (2023)

名誉主编 / 刘向兵　李　珂
主　编 / 党　印　曲　霞

社会科学文献出版社
SOCIAL SCIENCES ACADEMIC PRESS (CHINA)

—— 党 印 ——

中国劳动关系学院劳动教育学院（劳动教育研究院）副院长，副教授，在《中国高教研究》《中国高等教育》《经济研究》等刊物发表100余篇学术论文和评论文章，在《经济学家茶座》《教育家茶座》发表20余篇散文随笔。主持国家社科基金课题、北京市教委课题和教育部产学合作育人课题各1项，独著1部学术著作，合著2部学术著作，主编《职业与劳动——大学生劳动教育》《新时代劳动教育100问》等劳动教育教材和普及读物。

—— 曲 霞 ——

中国劳动关系学院劳动教育学院（劳动教育研究院）副院长，副研究员。主持国家哲学社会科学基金项目、北京市本科教学改革创新项目、中国博士后面上基金项目等相关课题10项，作为核心成员深度参与了教育部《大中小学劳动教育指导纲要（试行）》的文件研制工作，在《中国高教研究》《中国高等教育》《教育学报》等核心期刊发表论文30余篇。

# 《中国劳动教育发展报告 (2023)》
# 编委会

主　任：刘向兵　李　珂

副主任：党　印　曲　霞

成　员：(按姓氏笔画排序)

　　　　于清海　王　岩　王晓燕　朱凌云
　　　　任小龙　刘丽红　纪雯雯　杨颖东
　　　　李秀华　宋大我　张　凯　张仲芳
　　　　张根华　林善园　郝志军　柳友荣
　　　　段刘伟　班建武　徐　飞　徐　雷
　　　　黄　琼　董必荣

# 前 言

2022年是中国劳动教育事业纵深推进的一年。党的二十大胜利召开，将教育作为全面建设社会主义现代化国家的基础性、战略性支撑并进行系统部署，具有重大的战略意义和深远影响。这一年中，教育部发布义务教育劳动课程标准，为义务教育阶段开展劳动教育提供具体指引；各级地方政府陆续发布劳动教育的实施措施或方案，推进劳动教育走深走实。这一年中，各类劳动教育实践基地蓬勃发展，各级各类学校广泛探索劳动教育课程与实践活动的开展方式。这一年中，劳动教育专兼职教师队伍建设稳步推进，高校迎来劳动教育本科专业的首批学生。这一年中，劳动教育教材继续涌现，劳动教育领域的研究继续延展深化，劳动教育评价方式在探索中不断完善。总之，2022年中国劳动教育领域取得了新的进展和成绩。

为反映中国劳动教育事业发展情况，记录劳动教育领域的重要成绩，中国劳动关系学院从2020年开始，每年领衔推出一本年度报告。呈现在各位读者面前的是第三本年度报告，旨在反映2022年中国劳动教育领域的各项进展，部分领域涉及2023年。这一份年度报告与前两份年度报告相比，既有传承，也有创新。第一份年度报告主要关注政策体系、社会反响、学术研究、会议研讨、实施推进等方面，第二份年度报告在传承第一份年度报告关注主题的基础上，将实施推进分为中小学和高校两个群体，分别予以专题分析，并新增劳动教育实践基地的内容。第三份年度报告在沿承第二份年度报告的基础上，新增劳动教育教师队伍建设和劳动教育评价标准建设两章内容，分新增中小学、职业院校和普通高等学校三个群体的劳动教育特色实践，新增1949年以来中国劳动教育大事记。总体而言，第三份年度报告的主题更多、内容更加全面，希望为广大读者呈现更宽广的视域、更立体化的分析。

2023年年度报告在作者队伍方面也更加多元化，既有来自教育部学生服务与素质发展中心、中国教育科学研究院、河北省邢台市清河县教育局的研究人员，也有来自中国劳动关系学院劳动教育研究院的教师和研究生、中国劳动关系学院学生处的老师，亦有来自西北农林科技大学、池州学院、深圳职业技术大学、浙江经贸职业技术学院、北京市昌平职业学校、河北省邢台市清河县县直第一小学等学校的多位资深教师。具体分工如下：第一部分，谢颜、游源；第二部分，曲霞、张祯；第三部分，张楠、吴磊、党印、李秀华、甄玉荷；第四部分，杨阳、王昌图；第五部分，杨鑫刚、李向楠、左唳鹤；第六部分，陈丹、孙瀚乐、纪雯雯；第七部分，黄国萍、沈丽丽、陈琼；第八部分，郑小玉；第九部分，张毅哲、朱颖、朱厚颖、胡玉玲；第十部分，张清宇、刘信成；第十一部分，党印；附录，胡青、党印。多位校外重量级专家学者新加入本年度的作者队伍，为劳动教育发展报告提供了新的思想和见解，也使这一系列年度报告的总体质量达到了新的高度。

本报告的编写工作于2023年3月正式启动，来自多个单位的专家学者共同研讨编写大纲，确定主题和思路。之后，各章作者分别搜集资料，整理数据，撰写文稿。初稿形成后，作者对各章结合审稿意见进行了多轮修改，最后统一修订，优化内容，校对付样。虽然我们在多个环节深入讨论、反复核对，仍难免还有错漏不当或片面偏颇之处，敬请读者批评指正。

本报告得到了教育部学生服务与素质发展中心、中国高等教育学会劳动教育专业委员会、教育部劳动教育与劳动实践课程虚拟教研室、北京市新时代卓越劳动教育专业人才联合培养平台、中国教育科学研究院、中国劳动关系学院劳动教育研究院等多个机构和单位的指导和支持，在此表示衷心的感谢！诚挚欢迎各界持续关注劳动教育，关注《中国劳动教育发展报告》，共同为中国劳动教育事业的发展添砖加瓦、贡献力量！

# 目 录

1 政策概览：政策文件持续深化劳动教育 ······ 1
　1.1 中央和地方政府推出的相关政策 ······ 1
　1.2 政策解读与评析 ······ 8
　1.3 总结与展望 ······ 13

2 学术研究：主题热点拓展深化 ······ 16
　2.1 研究概览 ······ 16
　2.2 内容聚焦 ······ 22
　2.3 总结与评析 ······ 75

3 课程建设：大中小学探索多样化的方案 ······ 77
　3.1 中小学劳动教育课程建设 ······ 77
　3.2 高职院校劳动教育课程建设 ······ 85
　3.3 普通高等院校课程建设 ······ 90
　3.4 课程评价体系构建 ······ 101
　3.5 课程保障机制 ······ 102
　3.6 总结与评析 ······ 106

## 4 教材建设：大中小学教材继续涌现 …… 109
### 4.1 劳动教育教材现状 …… 109
### 4.2 劳动教育教材特点 …… 117
### 4.3 劳动教育教材内容 …… 119
### 4.4 劳动教育教材风格 …… 124
### 4.5 总结与展望 …… 125

## 5 实践基地：在需求带动下蓬勃发展 …… 129
### 5.1 新设实践基地概况 …… 130
### 5.2 实践基地运营模式 …… 132
### 5.3 优秀实践基地评选情况 …… 138
### 5.4 总结与展望 …… 145

## 6 教师队伍建设：各方探索建设方案 …… 150
### 6.1 教师队伍建设现状 …… 151
### 6.2 教师队伍建设成绩与不足 …… 161
### 6.3 总结与展望 …… 171

## 7 评价标准建设：多层多元多主体评价 …… 174
### 7.1 中小学劳动教育评价标准建设 …… 174
### 7.2 职业院校劳动教育评价标准建设 …… 184
### 7.3 普通高校劳动教育评价标准建设 …… 193
### 7.4 总结与展望 …… 204

## 8 中小学劳动教育特色实践 …… 208
### 8.1 课程特色 …… 208

8.2 校内实践活动特色实践 ………………………………… 213
8.3 校外实践活动特色实践 ………………………………… 218
8.4 家校社协同特色实践 …………………………………… 221
8.5 评析与展望 ……………………………………………… 224

## 9 职业院校劳动教育特色实践 ………………………………… 230
9.1 课程特色 ………………………………………………… 230
9.2 校内实践活动特色实践 ………………………………… 237
9.3 校外实践活动特色实践 ………………………………… 244
9.4 与职业发展相结合的特色实践 ………………………… 252
9.5 总结与展望 ……………………………………………… 256

## 10 普通高等学校劳动教育特色实践 …………………………… 258
10.1 劳动教育实践与学校办学特色相结合 ………………… 258
10.2 劳动教育实践与校园环境建设相结合 ………………… 263
10.3 劳动教育实践与现代信息技术相结合 ………………… 267
10.4 劳动教育实践与学校地域特色相结合 ………………… 269
10.5 劳动教育实践与乡村振兴相结合 ……………………… 272
10.6 总结与评析 ……………………………………………… 273

## 11 发展展望：在广泛深入探索中砥砺前行 …………………… 278
11.1 劳育政策逐步细化，关注政策效果 …………………… 278
11.2 学术研究继续深化，汇聚更多共识 …………………… 279
11.3 劳育课程不断规范，逐步做实做优 …………………… 280
11.4 劳育教材持续涌现，内容同中有异 …………………… 280
11.5 劳育实践基地增加，活动丰富多彩 …………………… 281

11.6　劳育教师仍然紧缺，未来任重道远……………………282
11.7　劳育评价多元实施，不断探索完善……………………282
11.8　各级各类学校互鉴，丰富劳育实践……………………283

**附录　1949 年以来中国劳动教育大事记**……………………285

# 1 政策概览：政策文件持续深化劳动教育

劳动教育政策发展既有延续性，也有阶段性。2022年以来，劳动教育政策继续细化，逐步进入系统、完善、内涵丰富又自成体系的新发展阶段。中央和各级地方政府都高度重视劳动教育，把劳动教育摆上重要议事日程，出台相关政策措施，加强保障条件建设，推动建立劳动教育的长效机制。

## 1.1 中央和地方政府推出的相关政策

2018年9月，习近平总书记在全国教育大会上提出，要培养德智体美劳全面发展的社会主义建设者和接班人，强调在学生中弘扬劳动精神，教育引导学生崇尚劳动、尊重劳动。2020年，中共中央、国务院发布的《关于全面加强新时代大中小学劳动教育的意见》（以下简称《意见》）和教育部发布的《大中小学劳动教育指导纲要（试行）》（以下简称《纲要》），对新时代劳动教育进行了全面部署和整体设计。2022年以来，中央和地方政府进一步推出更多更细化的政策措施。

### 1.1.1 国家层面的劳动教育相关政策

2022年3月，教育部公布《义务教育课程方案和课程标准（2022

年版）》（以下简称"新课标"），将劳动从原来的综合实践活动课程中完全独立出来，同年 9 月秋季学期，单独设立的劳动课出现在了中小学的课表里。在新时代，劳动教育是课程的重要内容之一，新课标下的劳动与传统劳动相比强化了家庭因素，孩子在家长的引导下，提升劳动技能，增强劳动意识，形成家校结合的协同育人机制，其总体目标有以下四点。

第一，形成对劳动与人类生活、社会发展、个人成长之间关系的正确认识，懂得人人都要劳动、劳动创造财富、劳动创造美好生活等基本道理；体验劳动的艰辛和快乐，形成劳动效率意识、劳动质量意识；具有热爱劳动、热爱劳动人民、尊重普通劳动者的积极情感；树立劳动最光荣、劳动最崇高、劳动最伟大、劳动最美丽的观念。

第二，能从目标和任务出发，系统分析可利用的劳动资源和约束条件，制订具体的劳动方案，发展初步的筹划思维，发展基本的设计能力；能使用常用工具与基本设备，采用一定的技术、工艺与方法，完成劳动任务，形成基本的动手能力；能综合运用多学科知识和多方面经验解决劳动中出现的问题，发展创造性劳动的能力；在劳动过程中学会自我管理、团队合作。

第三，能自觉自愿地劳动，养成安全规范、有始有终的劳动习惯；体悟劳动成果的来之不易，珍惜劳动成果；能辛勤劳动、诚实劳动、协作劳动和创造性劳动，养成吃苦耐劳、持之以恒、责任担当的品质。

第四，通过持续性劳动实践，培养勤俭、奋斗、创新、奉献的劳动精神；具有继承中华民族勤俭节约、敬业奉献优良传统的积极愿望；弘扬爱岗敬业、甘于奉献的劳模精神和精益求精、追求卓越的工匠精神；具有不畏艰辛、锐意进取，为社会发展和国家建设付出辛勤劳动的奋斗精神。

1 政策概览：政策文件持续深化劳动教育

2023年1月，教育部等13部门发布《关于健全学校家庭社会协同育人机制的意见》，其中指出，学校要把统筹用好各类社会资源作为强化实践育人的重要途径，积极拓展校外教育空间，着力培养学生社会责任感、创新精神和实践能力。要主动加强同社会有关单位的联系沟通，建立相对稳定的社会实践教育基地和资源目录清单，依据不同基地资源情况联合开发社会实践课程，有针对性地常态化开展共青团和少先队活动、劳动教育、实践教学、志愿服务、法治教育、安全教育和研学活动等。与此同时，社会各界对劳动教育目标内容体系、组织实施体系和支撑保障体系不断完善，劳动教育的政策体系更加健全，凸显出了劳动教育在社会发展中的重要意义。

### 1.1.2 地方政府的劳动教育相关政策

从2022年初至2023年4月，各省市继续加强落实新时代劳动教育的要求，陆续出台了劳动教育相关文件，其中主要包括实施意见类、实施方案类和具体措施类，围绕劳动教育推出一系列重要举措，深化劳动教育改革，劳动教育政策体系更加完善。

#### 1.1.2.1 部分省级劳动教育文件发布情况

2022年以来，部分省（自治区、直辖市）发布了有关劳动教育文件，其中河北省教育厅在2020年发布《关于全面加强新时代大中小学劳动教育的实施意见》的基础上，于2022年发布《关于进一步做好学校劳动教育工作的通知》，进一步推动劳动教育工作，强化劳动教育支撑保障。山东省教育厅在2021年印发《全面加强新时代大中小学劳动教育重点任务及分工方案》的基础上，2023年又出台了《加强普通中小学劳动教育的若干措施》，对中小学阶段劳动教育从丰富教育内容、拓展实践场所、增强师资力量等方面推出了13条具体措施，推动解决难点堵点问题。江苏省印发的《关于全面加强新时代大中小学幼儿园劳动教育的实施意见》，将劳动教育学段从大、中、小学延伸到了幼儿园。2022年以来部分省级劳动教育文件如表1-1所示。

表1-1　2022年以来部分省级劳动教育文件一览

| 序号 | 发文单位 | 文件名称 | 发文时间 |
| --- | --- | --- | --- |
| 1 | 中共福建省委教育工作领导小组 | 《关于全面加强新时代大中小学劳动教育的实施方案》 | 2022年1月 |
| 2 | 安徽省教育厅 | 《安徽省普通本科高等学校劳动教育实施细则（试行）》 | 2022年1月 |
| 3 | 浙江省教育厅 | 《浙江省大中小学劳动教育实施指南》《浙江省中小学劳动教育行动方案》《浙江省职业院校劳动教育行动方案》《浙江省普通本科高校劳动教育行动方案》 | 2022年1月 |
| 4 | 河北省教育厅 | 《关于进一步做好学校劳动教育工作的通知》 | 2022年3月 |
| 5 | 江西省教育厅 | 《江西省大中小幼劳动教育宣传展示月活动实施方案》 | 2022年3月 |
| 6 | 福建省教育厅 | 《关于做好2022年中小学德育和劳动教育有关工作的通知》 | 2022年4月 |
| 7 | 广东省教育厅 | 《关于进一步推进大中小学劳动教育的通知》 | 2022年4月 |
| 8 | 安徽省教育厅 | 《安徽省中小学劳动教育实施细则》 | 2022年7月 |
| 9 | 天津市教委 | 《天津市中小学生校内劳动教育指南》《天津市中小学生家庭劳动教育指南》 | 2022年8月 |
| 10 | 黑龙江省教育厅 | 《黑龙江省义务教育课程实施方案》 | 2022年8月 |
| 11 | 内蒙古自治区教育厅 | 《内蒙古自治区大中小学劳动教育实施指南》 | 2022年9月 |
| 12 | 安徽省教育厅 | 《安徽省职业院校劳动教育实施细则（试行）》 | 2023年1月 |
| 13 | 山西省教育厅 | 《关于公布首批省级大中小学生劳动教育实践基地名单的通知》 | 2023年2月 |

续表

| 序号 | 发文单位 | 文件名称 | 发文时间 |
|---|---|---|---|
| 14 | 福建省教育厅 | 《关于做好2023年中小学德育和劳动教育有关工作的通知》 | 2023年2月 |
| 15 | 广西壮族自治区教育厅办公室 | 《关于做好中小学劳动教育课程资源共享工作的通知》 | 2023年2月 |
| 16 | 山东省教育厅 | 《加强普通中小学劳动教育的若干措施》 | 2023年3月 |
| 17 | 陕西省教育厅 | 《陕西省中小学劳动实践指导手册推荐目录》 | 2023年4月 |

以上文件表明，一些省份在前期实施意见或方案的基础上，发布了更细化的指南、细则、行动方案，针对劳动教育工作中的重点环节做出制度性安排和设计。比如，浙江省一次性推出四个政策文件，既有大中小学的总体指南，也有中小学、职业院校和普通高等学段的具体行动方案，成为劳动教育的一揽子实施方案，体现出系统性、全面性。

#### 1.1.2.2 部分市县级劳动教育实施方案发布情况

部分地区劳动教育文件结合本地区劳动教育工作发展的实际需要，"量身打造"地方性政策，极大地增强了劳动教育政策的实效性。2023年8月，江苏省常州市发布全国首部劳动教育领域地方性法规《常州市劳动教育促进条例》，并于2023年10月1日正式施行。该条例共7章50条，涵盖总则、家庭养成、学校培育、社会支持、保障与监督、法律责任、附则等内容。常州市是全国首批中小学劳动教育实验区，也是全国唯一的劳动教育与综合实践活动课程标准实验区，在基地建设、课程规划、创新融合等各个方面积极探索，致力于劳动教育事业发展。该条例的公布与施行，将在实现劳动教育法治化、系统化和科学化的过程中起到积极的促进作用。温州市教育局出台《温州市中小学劳动教育行动方案》，鼓励学校将劳动教育与STEAM、综合实践活动、科学、美术等课程相融合。积极发挥温州"百工百艺之乡"传统资源优势,以兴趣小组、社团、俱乐部等形式,广泛开展手工制作、瓯绣制作、木工制作、陶艺制作、电器维修、室内装饰等劳动实践活动,打造劳动教育温州模式。达州市教育局联合达州市发展改革委、经济和信息化局、民政局、财政局、人力资源和社会保障局、农业农村局、文化体育和旅游局、共青团和妇女联合会等十部门发布《全面加强新时代大中小学劳动教育实施方案》,该文件力度之大、联合部门之多,在全国劳动教育政策体系中也不多见,反映出了当地政府对劳动教育工作的重视程度。2022年以来部分市县级劳动教育文件如表1-2所示。

表1-2 2022年以来部分市县级劳动教育文件一览

| 序号 | 发文单位 | 文件名称 | 发文时间 |
| --- | --- | --- | --- |
| 1 | 南京市委办公厅 | 《关于全面加强新时代大中小学幼儿园劳动教育的实施意见》 | 2022年1月 |
| 2 | 合肥市人民政府 | 《合肥市全面加强新时代学校劳动教育的实施方案》 | 2022年1月 |
| 3 | 深圳市教育局 | 《关于进一步加强大中小学劳动教育的实施意见》 | 2022年1月 |
| 4 | 温州市教育局 | 《温州市中小学劳动教育行动方案》 | 2022年2月 |
| 5 | 达州市教育局等十部门 | 《全面加强新时代大中小学劳动教育实施方案》 | 2022年2月 |
| 6 | 贵州省镇远县 | 《关于全面加强新时代中小学劳动教育的实施方案》 | 2022年2月 |
| 7 | 德阳市教育局等十部门 | 《全面加强新时代中小学劳动教育实施方案》 | 2022年3月 |
| 8 | 株洲市委教育工作领导小组 | 《株洲市全面推进中小学劳动教育实施意见》 | 2022年3月 |

续表

| 序号 | 发文单位 | 文件名称 | 发文时间 |
|---|---|---|---|
| 9 | 株洲市渌口区政府 | 《关于全面加强新时代中小学劳动教育的实施办法》 | 2022年4月 |
| 10 | 青岛西海岸新区管委办公室 | 《全面加强新时代中小学劳动教育重点任务及分工方案》 | 2022年4月 |
| 11 | 邢台市教育局 | 《关于进一步加强中小学劳动教育工作实施方案》 | 2022年4月 |
| 12 | 安顺市教育局 | 《全面加强新时代大中小学劳动教育工作方案（征求意见稿）》 | 2022年6月 |
| 13 | 中共杭州市委办公厅、杭州市人民政府办公厅 | 《杭州市全面加强新时代学校劳动教育工作实施办法》 | 2022年8月 |
| 14 | 吉林省白城市教育局 | 《白城市中小学劳动教育清单编制实施方案》 | 2023年2月 |
| 15 | 白城市洮北区教育局 | 《洮北区中小学劳动教育清单编制实施方案》 | 2023年2月 |
| 16 | 长白朝鲜族自治县教育局 | 《长白朝鲜族自治县中小学劳动教育实施方案》 | 2023年3月 |
| 17 | 临沂市教育局 | 《关于印发加强普通中小学劳动教育若干措施的通知》 | 2023年5月 |
| 18 | 常州市人大常委会 | 《常州市劳动教育促进条例》 | 2023年8月 |

### 1.1.3 劳动教育政策体系概览

截至2022年底，全国31个省、自治区和直辖市均已出台了省级层面的劳动教育措施。另据不完全统计，40个市发布了市级的劳动教育实施意见、实施方案、实施措施等劳动教育领域有关政策。由此，形成了从中央到省、市、县的立体化劳动教育政策体系，全国劳动教育政策体系更加健全（见图1-1）。

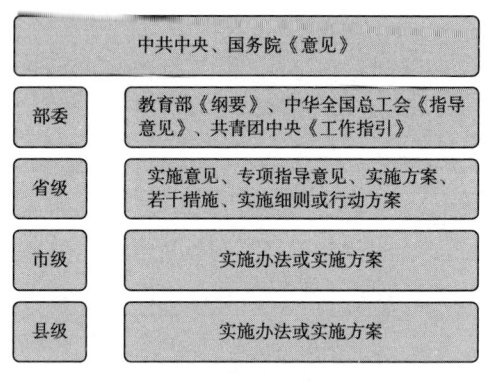

```
┌─────────────────────────────────────┐
│      中共中央、国务院《意见》        │
└─────────────────────────────────────┘
┌──────┐  ┌───────────────────────────┐
│ 部委 │  │ 教育部《纲要》、中华全国总工│
│      │  │ 会《指导意见》、共青团中央 │
│      │  │ 《工作指引》               │
└──────┘  └───────────────────────────┘
┌──────┐  ┌───────────────────────────┐
│ 省级 │  │ 实施意见、专项指导意见、实 │
│      │  │ 施方案、若干措施、实施细则 │
│      │  │ 或行动方案                 │
└──────┘  └───────────────────────────┘
┌──────┐  ┌───────────────────────────┐
│ 市级 │  │ 实施办法或实施方案         │
└──────┘  └───────────────────────────┘
┌──────┐  ┌───────────────────────────┐
│ 县级 │  │ 实施办法或实施方案         │
└──────┘  └───────────────────────────┘
```

图 1-1 劳动教育政策体系概览

## 1.2 政策解读与评析

2022 年以来，新时代劳动教育国家整体设计和政策框架已经逐渐明晰，体系不断完善。劳动教育已经贯通大中小学各学段，纳入人才培养全过程，与德育、智育、体育、美育并列，在五育中地位日益重要。地方性配套政策陆续出台，各地在已经出台的指导意见、实施方案的基础上，进一步细化了劳动教育实施的细则、指南等政策，相关内容更加丰富具体，可操作性大为增强。

### 1.2.1 政策具有前瞻性，注重建立长效工作机制

各地严格按照《意见》和《纲要》的要求，注重科学规划，强化劳动教育政策前瞻性。如上海市教育委员会 2022 年 1 月印发《上海市学校劳动教育"十四五"规划》，对"十四五"期间上海市的劳动教育工作作了全面的部署和规划。辽宁省在 2022 年将"劳动能力培养工程"列为省"十四五"教育发展规划重点工程，省级层面遴选培育 1000 个劳动教育精品课、创建 200 个劳动教育示范学校、建

设 50 个示范性劳动教育实践基地、30 个劳动教育实验县（市、区），保证劳动教育项目化、系统化、科学化实施。杭州市提出了全面加强新时代学校劳动教育工作的目标，到 2025 年，课程完善、资源丰富、模式多样、机制健全的全市学校劳动教育体系基本建立，以学校为主导、以家庭为基础、以社会为依托的开放协同的新时代劳动教育工作格局基本形成，打造市级劳动教育名师工作室 100 个，培育市级劳动教育特色品牌学校 100 所，建设市级中小学劳动教育实践基地 100 个，争创国家和省级中小学劳动教育实验区。通过劳动教育和劳动体验，促进学生养成良好的劳动习惯、具备必要的劳动能力、发展基本的劳动思维、塑造优秀的劳动品质，全面提升劳动素养，传承弘扬劳动精神。多地出台政策将劳动教育贯穿人才培养全过程，对本地区的大、中、小学开展劳动教育的课程设置、内容安排、评价制度等作出具体要求，推动建立劳动教育长效机制。

### 1.2.2　政策趋向细化，向劳动教育纵深领域发展

各地区在前期印发实施意见、行动方案，对加强新时代劳动教育作出系统设计和全面部署，明确时间表、路线图的基础上，进一步细化、具体化、深入化，逐步形成了系统化的劳动教育政策体系。如天津市高度重视劳动教育工作，2020 年 5 月天津市委市政府出台了《关于全面加强新时代大中小学劳动教育的若干措施》，2020 年 12 月天津市教委出台了《天津市普通高等学校劳动教育课程建设指南》，2021 年 11 月天津市教委印发了《关于推进天津市中小学劳动教育的方案》，2022 年 8 月天津市教委印发了《中小学生校内劳动教育指南》《中小学生家庭劳动教育指南》，从顶层设计、整体谋划，到逐步深入、细化落实，从宏观指导意见，到分环节、分学段微观实践实施，政策体系逐步建立，并且向劳动教育纵深领域发展，构建"1+

N"的劳动教育制度体系，推动新时代劳动教育各项举措落地见效。

### 1.2.3 政策注重协同联动，丰富劳动教育方式方法

各地注重构建学校、家庭、社会"三位一体"协同育人机制，积极发挥学校的主导作用，以学校为主导、以家庭为基础、以社会为依托的开放协同的新时代劳动教育工作格局基本形成。多地在中小学生日常生活劳动清单基础上，建立本区域学生日常生活劳动必会项目清单、引导清单及家校联动落实机制，推动家庭劳动教育清单落地。部分地区在贯彻家庭教育促进法的同时，积极引导家庭在劳动教育中发挥基础作用，有计划地帮助学生体会认识"劳动即生活、生活即教育"的实际价值。如合肥市鼓励学校（家委会）和社区组织学生生活技能展示活动或技能比赛；积极协调引导社区、企业公司、工厂农场等，支持学生参加力所能及的生产劳动和服务型劳动；鼓励高新企业、科研院所等为学生提供智慧农场、都市农业等现代科技条件下的劳动实践新形态；依托科创产业、文化传统、资源禀赋等，积极探索合肥特色的劳动教育新模式。

### 1.2.4 政策重视实践基地建设，出台实践基地建设规范

各地在制定劳动教育文件时，积极鼓励、支持建设劳动教育实践基地，完善基地评估标准和建设规范。同时，充分挖掘校内外劳动教育资源，发挥现有社会资源对劳动教育的支撑作用。如广西壮族自治区联合建设校外劳动教育实践基地，遴选认定一批山林、草场、农场、厂矿企业、种植养殖场、福利院、博物馆、科技馆、图书馆等场所，纳入校外劳动教育实践基地。杭州市出台政策鼓励建设流动式劳动实践教室，利用校内及学校周边空间建设开放式劳动实践场所。要求建设、国资、林业水利、农业农村、生态环境、园林文物、科技、

文化广电旅游、体育等部门积极协调企业、公司、农场、场馆等履行社会责任，开放实践场所，满足中小学生多样化劳动实践和职业体验需求，并配合教育部门逐年公布一批学工学农类、技艺传习类、职业体验类、志愿服务类等市级中小学劳动实践基地，打造"杭州特色"劳动教育实践版图，支持建设综合性中小学劳动教育实践基地。

### 1.2.5 政策注重强化课程设置和师资培训，健全劳动教育体系

各地贯彻落实教育部新课标中国家劳动课程标准的要求，将劳动教育课从综合实践中独立出来，同时在教育教学中加强劳动观念、动手能力、职业技能的培养，持续提高学生劳动素养。如黑龙江省教育厅2022年8月印发的《黑龙江省义务教育课程实施方案》中明确义务教育阶段劳动教育总课时是313课时。部分少数民族地区结合本地特色文化资源，开设手工、园艺、民族工艺等劳动课程，形成"一校一品一特色"劳动教育格局。课程教学中增加劳动精神、劳模精神、工匠精神等专题教育，不少于16学时。多地出台政策，将劳动教育纳入教师"国培""区培"计划，面向中小学教师、劳动课教师开展专题培训，强化每位教师的劳动意识、劳动观念，进一步提升其实施劳动教育的自觉性、主动性。建设劳动教育名师人才共享机制，推进"劳模工匠进校园"。

### 1.2.6 政策注重汇聚合力，完善劳动教育保障机制

各地区高度重视强化劳动教育的服务支撑，夯实劳动教育保障基础。多地将劳动教育经费纳入学校年度经费计划，健全经费投入机制，多渠道筹措资金。广西壮族自治区出台政策，加强学校劳动教育设施标准化建设，补充学校劳动教育器材、耗材，为学生劳动教育提供可持续的经费保障。采取政府购买服务方式，吸引社会力量提供劳

动教育服务。建立政府负责、社会协同、有关部门参与的劳动教育安全管控机制。制定劳动实践活动风险防控预案,结合学生特点、性别差异、体能状况,选择差异化劳动教育项目,合理安排劳动时间和强度,在场所设施选择、材料选用、工具设备和防护用品使用、活动流程等方面制定安全、科学的操作规范,切实增强师生的安全防范意识,织密筑牢"安全防护网",守好劳动教育安全关。

### 1.2.7 建立健全劳动教育评价和督导制度,强化督导评估

各地区在劳动教育政策中,提出了建立健全劳动素养评价制度,注重过程性评价与结果性评价相结合,将劳动素养纳入学生综合素质评价体系,评价结果作为衡量学生全面发展情况的重要内容,作为评优评先的重要参考和毕业依据,从而不断完善劳动教育考核评价体系。部分地区还将学校劳动教育工作纳入专项和综合督导,督导结果作为衡量区域教育质量的重要指标,以及对被督导部门和学校及其主要负责人考核奖惩的依据。北京市将劳动教育列入 2022 年区级人民政府履行教育职责情况自查自评工作和开展义务教育优质均衡发展实地督导评估的内容。天津市 2021 年成立了劳动教育工作督导考核专班,针对中小学,制定《天津市中小学劳动教育工作评议考核量化分值表》,实行分级分类考核督导。实行劳动教育工作年度报告制度,围绕考核重点,逐层报告工作推动成效、存在的问题及改进措施。把日常性检查和专项性评价相结合,部门评价和社会评议相结合,把评议考核结果、家长满意度调查结果向社会公布,作为衡量各区、各校教育质量和水平的重要指标和考核奖惩的重要依据。河北省教育厅2021 年制定了《河北省大中小学劳动教育课程建设评价指标体系》,各地市也分别制定了《学生劳动实践评价手册》,设置劳动教育目标清单和成长档案,做好平时表现评价、学段综合评价和劳动素养监

测,形成"监测—反馈—导向"的良性动态评价模式。天津与河北在2022年经历完整的考核年度,初步总结出一些工作经验,为今后考核评价打下基础。

### 1.2.8 劳动教育政策融入五育并举的人才培养体系

中央和各级地方政府在出台和制定基础教育、高等教育发展规划,加强德育、美育和体育,建立学校、家庭、社会协同育人机制以及加强思政课程建设等方面政策时,将劳动教育纳入政策体系中,强化劳动教育的地位。如全面加强劳动教育被写入了《河北省教育事业发展"十四五"规划》。《2023年上海市教育委员会基础教育工作要点》明确强调,推动开展劳动教育,推进劳动教育综合育人项目,落实全学段劳动教育必修课。发挥全国劳动教育实验区、市级中小学劳动教育特色校和市级劳动教育基地引领作用,总结推广一批中小学劳动教育必修课程、特色课程。推进"百名劳模进校园"机制建设,开展劳动教育周、"社会大课堂"等系列活动。上海市教育委员会2023年2月印发的《上海高校后勤推进数字化转型行动计划》明确提出,充分依托和融入"三圈三全十育人"思想政治教育体系,构建贯通一体、开放协同的劳动教育格局,将劳动教育纳入教育教学体系、人才培养体系和后勤保障体系。江苏省委省政府2021年12月发布《关于新时代推进基础教育高质量发展的意见》,对劳动教育与社会实践"百千万"工程进行了全面部署,从2022年开始正式实施。

## 1.3 总结与展望

### 1.3.1 劳动教育政策制定主体相对单一

从现阶段我国劳动教育政策的制定或颁布主体的构成看,由各级政府教育部门单独制定的文件和政策占据了绝大多数，政策制定主体相对单一。但是劳动教育自身又具有系统性、综合性以及交叉融合的特点，劳动教育不仅仅是教育系统内部的事，更是需要全社会共同协作、合力推进的系统工程。要充分利用和开发社会劳动资源，形成合力推进劳动教育的育人体系和长效机制。教育部门要和其他部门密切配合，积极创造条件为劳动教育发展提供人、财、物等条件。因此，需联合多方政策主体，制定相应的劳动教育政策。

### 1.3.2 劳动教育政策连续性、创新性有待加强

2022年以来，各地、各级政府出台的劳动教育政策数量与2021年相比有一定程度的减少。多数地方政府在出台了本地区劳动教育实施意见等宏观性政策文件后，没有继续出台一系列细化、具体化的、可操作性强的政策措施作为支撑。劳动教育作为五育并举人才培养体系中的重要一环，具有长期性、系统性和复杂性。作为制定出台政策的主体的各级政府部门，要合理把握政策力度，探索出的经验、行之有效的机制要坚持，要保持政策连续性、有效性和可持续性。比对各地、各级政府颁布的有关政策的文本内容发现，劳动教育政策雷同较多，创新性不足；部分地方教育政策与国家劳动教育政策趋同，缺乏地方特色。

### 1.3.3 劳动教育政策过于依赖政府财政支持，自生能力不足

从目前来看，我国劳动教育的资金来源主要是政府财政，自身造血能力较弱。在国家各级政府给予充分的外部驱动的基础上，劳动教育也应该积极探索内部驱动，充分利用市场机制合理开发劳动教育，深入挖掘劳动教育的经济、社会和文化价值，推动社会资源、市场资源深度参与劳动教育发展，实现劳动教育事业高质量发展。

2022年以来，劳动教育政策体系以顶层制度设计为引领，固本强基、守正创新，更加健全、完善和向纵深发展。从国家层面看，劳动教育被写入了党的教育方针，中央《意见》和教育部《纲要》等制度的建立和颁布，劳动教育政策的顶层设计和整体部署已经完成；从省级层面看，各个省（区、市）基本上都已经出台了与劳动教育相关的文件。2022年以来，更多地区尤其是县、区一级地方政府也对劳动教育作出了具体规定，陆续推出了实施意见类、实施方案类和具体措施类的政策文件和一系列重要举措，逐步建立和完善了各地区劳动教育政策体系。

总体而言，我国劳动教育政策在新时代教育事业的发展历程中已日臻完善，但在多元化、现代化、工业化、信息化和人工智能等持续推进的时代浪潮中，劳动已经分化出越来越多、越来越复杂的形态，劳动教育政策在新时代中面临着诸多新的挑战。因此，积极寻求劳动教育政策的创新与细化显得尤为重要。

# 2 学术研究：主题热点拓展深化

开展劳动教育需要多重共识，共识源自研究和讨论。劳动教育学术研究是澄清误区、达成共识的重要支撑。2022年以来，该领域的研究继续涌现，讨论的内容更加深入，除了深化理论阐释、学段探究、思想史追溯外，也出现了一大批大样本调查，揭示各学段劳动教育现状，另有一批文献深入探讨"双减"和人工智能背景下的劳动教育价值和方式等问题。

## 2.1 研究概览

在知网学术资源总库以篇名含"劳动教育"进行精确检索，截至2023年3月31日，共查找到2022年度劳动教育类文章3730篇，其中学术期刊1545篇、学位论文283篇，相比于2021年的3504篇仍有增长，但增幅明显低于前两年，反映出我国劳动教育研究开始从突现热点逐步进入稳定发展状态（见图2-1）。对比2020年至2022年不同学段或领域的劳动教育发文量可以发现，高等教育、中等教育和职业教育领域劳动教育的发文量呈逐步递增趋势，但2022年增幅远低于2021年，相关硕博论文发文量甚至低于2021年；初等教育阶段三年发文量总体持平，但在学前教育和成人与特殊教育领域，2022年的劳动教育发文量增长明显。这说明劳动教育研究开始向更细分的教育领域拓展、深化（见图2-2）。

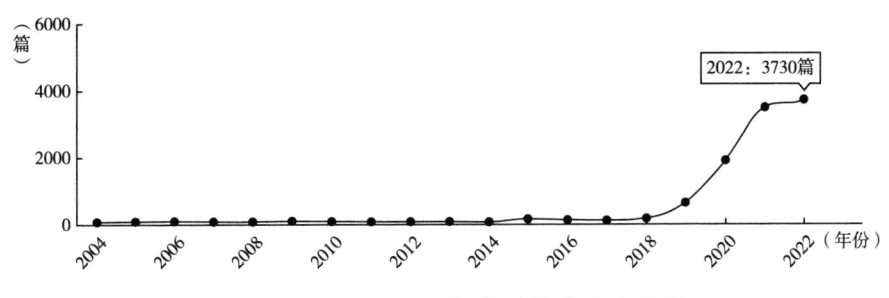

**图2-1　2004~2022年劳动教育发文趋势**

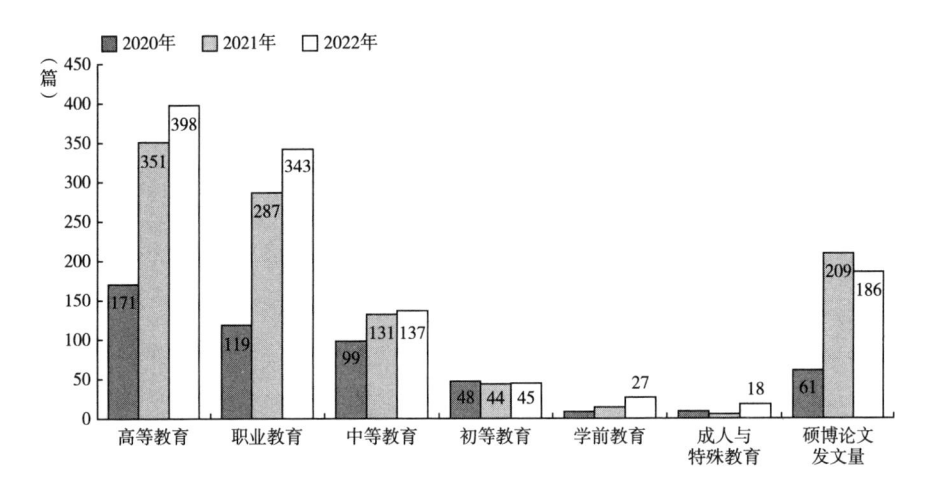

**图2-2　2020~2022年劳动教育不同学段或领域发文量**

从研究主题看，2022年劳动教育领域相关研究主题分布广泛，覆盖了从幼儿园到高校的各个学段，与2021年研究相比，"劳动教育课程"开始作为一个独立的主题词凸显出来，相关发文近80篇（见图2-3）。这说明《义务教育劳动课程标准（2022年版）》颁布以后，学界对劳动教育实施的关注越来越走向课程化，更多聚焦课堂主阵地、课程主渠道，探讨稳定化、常态化实施劳动教育的机制和路径。

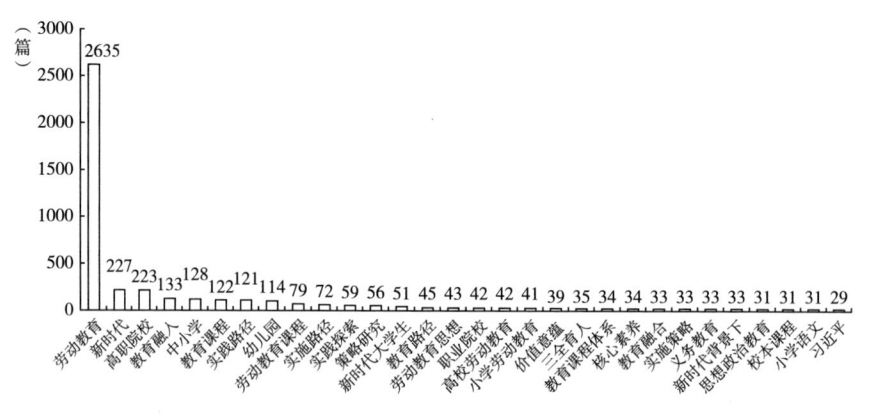

图 2-3　2022 年劳动教育研究主题文献分布情况

从学科分布看，2022 年劳动教育研究学科分布广泛，涉及学科 30 余种。其中，中等教育领域发文量为 950 余篇，初等教育、高等教育、职业教育和教育理论与教育管理发文量分别为 720 篇、665 篇、517 篇、516 篇。

从文献来源看，2022 年劳动教育领域发文最多的刊物是《基础教育论坛》和《湖北开放职业学院学报》，均超过了 40 篇，《新课程（上）》《家长》《教育家》《天津教育》《学周刊》也都超过了 30 篇。

从发文机构看，2022 年劳动教育领域发文量位列前 10 的机构分别是华东师范大学、西南大学、华中师范大学、上海师范大学、西华师范大学、北京师范大学、湖州师范学院、中国劳动关系学院、内蒙古师范大学和宁夏大学。其中，华东师范大学、华中师范大学、西南大学、上海师范大学、北京师范大学、中国劳动关系学院 6 所高校劳动教育发文量连续三年一直位列前 10，可视为当前我国劳动教育领域的研究重镇；西华师范大学、内蒙古师范大学和湖州师范学院也较为关注劳动教育研究，近两年发文量一直排在前 30 位，2022 年发文量进一步增加，首次进入前 10 名榜单；宁夏大学则异军突起，以 15 篇的发文量直接进入前 10 名机构名单。发文量前 30 名的机构均为普通高等院校和职业院校，其中师范类院校占比 70% 以上，可见师范类高校是我国劳动教育研究的主力军。青海师范大学、山西师范大学、延安大学、赣南师范大学、南宁师范大学、哈尔滨师范大学、天津职业技术师范大学等 7 所高校，均为 2022 年首次进入劳动教育发文量前 30 名的机构（见图 2-4）。

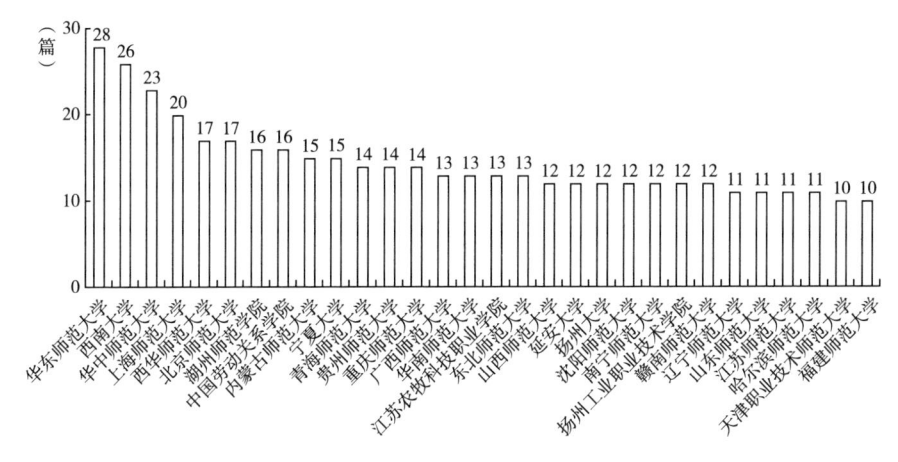

**图 2-4　2022 年劳动教育研究发文机构分布情况**

从作者情况看，2022 年度，劳动教育研究发文量排名前 5 的是刘向兵、欧阳小宇、董慧、王飞和赵枫。在排名前 30 的作者中，3 位来自赣南师范大学，除一位来自池州市安安新材科技有限公司外，其他作者均来自普通高等院校、职业技术院校和中小学校，说明 2022 年对于劳动教育的研究已经分布在各个学段，甚至涉及了非院校的企业机构（见图 2-5）。

从学段分布看，中等教育阶段的劳动教育研究发文量最大，有 955 篇；初等教育和高等教育阶段的研究相差不大，分别为 720 篇

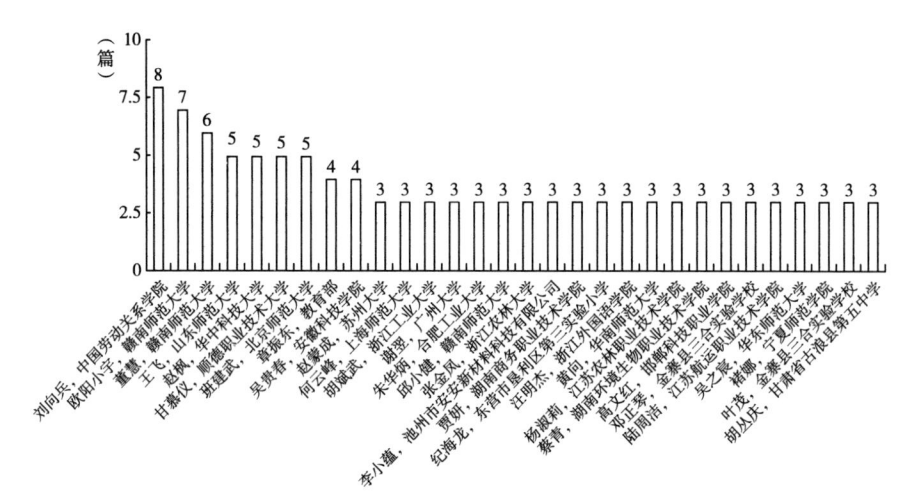

**图 2-5 2022 年劳动教育研究作者分布情况**

和 665 篇。在中国知网以篇名含有"劳动教育"并含"中小学""小学""初中""高中""基础教育"等关键词进行检索汇总，共检索到相关论文 898 篇。研究主要涉及劳动教育的课程建设与实施、存在的问题与对策、劳动教育实施路径分析、劳动教育与学科教育融合、劳动教育融入综合实践活动的路径、乡村中小学劳动教育，以及通过劳动教育培养学生的劳动技能、劳动素养、劳动习惯、劳动态度、劳动观念等促进其全面发展的相关实践，主题词包括"劳动技能""劳动素养""劳动价值观""家庭劳动教育""教育课程体系""核心素养""教师""劳动课"等。可见，基础教育阶段的劳动教育研究更为关注家庭劳动教育的作用，同时，注重从核心素养的角度理解学生劳动素养的培养，特别是劳动技能和劳动价值观的培育，对于劳动课程建设及劳动教育教师素质提升问题也较为关注。

在中国知网以篇名含有"劳动教育"并含"大学""大学生""高校"等关键词进行检索，共检索出相关论文 642 篇。研究主要围绕大学生劳动价值观培养、劳动教育融入思政教育、高校劳动教育实践路径、高校劳动教育课程建设等方面展开，主题词包括"劳动价值观""劳动观""劳动精神""马克思主义""思想政治教育""三全育人""教育融入""劳动教育课程大纲"等。可见，高校劳动教育研究格外关注大学生劳动观念和劳动精神的培养、重视劳动教育与思政教育的融合以及在高校人才培养过程中的融入。高校劳动教育研究涉及的学科广泛，除"高等教育""教育理论与教育管理"等教育类学科外，还涉及了"中国共产党""农业基础学科""工业通用技术及设备""马克思主义"等学科，呈现出跨学科、多维度的研究特点。

在中国知网以篇名含有"劳动教育"并含"职业院校""高职""中职"等关键词进行检索，共检索出相关相关论文466篇。职业院校劳动教育研究主要包括劳动教育课程体系建构、劳动教育融入职业生涯教育、劳动教育与创新创业教育、"三全育人"视域下劳动教育的实施路径等，主题词包括"工匠精神""劳动价值观""劳动精神""创新创业教育""劳模精神""三全育人""校企合作""思想政治教育"等。其涉及的学科也比较广泛，主要包括"医学教育与医学边缘学科""建筑科学与工程""宏观经济管理与可持续发展""贸易经济"等30余种学科专业。

可见，2022年我国基础教育、职业教育和高等教育中的劳动教育研究既表现出共同的关注主题，如劳动价值观（或劳动观念）培养、劳动教育课程建设等，又体现出各学段独有的特点，比如基础教育阶段更关注劳动素养的培养和家庭劳动教育作用的发挥，职业教育阶段和高等教育阶段更重视"三全育人"理念的落实以及劳动教育与思政教育的融合。其中，高等教育阶段尤为重视马克思主义劳动观教育，职业院校更为重视工匠精神和劳动精神的培养。

## 2.2 内容聚焦

对相关研究进一步归纳总结发现，2022年劳动教育的学术研究较上一年度有明显增长的研究领域主要集中在以下几个方面：劳动教育课程研究、劳动教育价值审视、劳动教育思想观念研究、劳动教育评价研究、劳动教育实证调查、"双减"政策与劳动教育、人工智能与劳动教育等。下面我们将聚焦概述每一领域下关注度较高的话题以及形成的具有重要理论意义和实践价值的观点，以飨读者。

### 2.2.1 劳动教育课程研究

劳动教育课程研究是2022年劳动教育研究的主要增长点。笔者在中国知网以篇名中含有"劳动教育"并含"课程"进行检索，发现相关研究从2021年的383篇增至2022年的492篇，研究内容主要涉及劳动教育课程建设基本理论探讨、各学段劳动教育课程建设探讨、劳动教育课程融合式实施研究等方面。

#### 2.2.1.1 劳动教育课程建设的基本理论探讨

多位学者聚焦新时代劳动教育课程化实施面临的普遍问题、需要树立的基本理念和可行的课程化建设路径进行了探讨。晋英[1]正面回应了劳动教育走向课程化的价值意蕴和现实困境，并提出了破解之策。作者认为，劳动教育课程化对发挥劳动教育的科学性、时代性以及实效性具有重要作用。目前，劳动教育课程化实施正面临着劳动教育观念难以突出"应试教育"重围、零散规划造成具体实施效果不佳以及师资队伍专业化不足等现实困境。因而，需要从纠正教育理念、

---

[1] 晋英：《劳动教育步入课程化：价值意蕴、现实之困和破解之策》，《现代教育》2022年第5期。

完善制度建设、加强师资培训等方面推动劳动教育课程化实施，保证其常态化、制度化发展。罗生全、张雪[1]认为，明晰劳动教育课程构建理念是科学构建劳动教育课程体系的前提。劳动教育的课程理念应表现为以整体主义为灵魂的劳动教育课程全局观、以实践导向为准则的劳动教育课程本质观和以自主创新为追求的劳动教育课程价值观。因此，应按照由各自孤立走向动态联系的课程要素生成、由形态单一走向形态多元的课程结构共生、由生活匮乏走向回归生活的动态课程实施、由学用脱离走向学以致用的课程实践转化的基本策略建构劳动教育课程。赵敏和汪建华[2]则从问题出发，提出了新时代劳动教育课程实施的基本策略，包括把实施劳动教育课程行为与影响学生日常学习行为紧密相连，重构劳动教育课程实施的利益激励机制；加强教师培养培训，培育教师实施劳动教育课程的社会责任感，重构教师实施劳动教育课程的认知图式等。周勇[3]从现实主义的视角出发提出建构劳动教育课程体系的基本对策，认为开发现实主义的新劳动教育课程，需关注当下普通劳动者，将马克思主义劳动现实研究引入新劳动教育课程，使学生不仅养成对于普通劳动者的基本理解与同情，而且能运用马克思主义概念与理论研究当下普通劳动者的劳动现实，以防劳动教育种下的美好劳动理想经不起劳动现实的冲击，发生变形或被消解，同时夯实将来为劳动者造福的知识基础，提升社会责任感。董慧等[4]从高质量发展的视角出发提出，劳动教育课程建设应遵循共

---

[1] 罗生全、张雪：《劳动教育课程的理念形态及系统构建》，《广州大学学报》（社会科学版）2022年第2期。
[2] 赵敏、汪建华：《新时代劳动教育课程实施的问题与出路》，《课程·教材·教法》2022年第7期。
[3] 周勇：《论现实主义的新劳动教育课程》，《全球教育展望》2022年第5期。
[4] 董慧、欧阳小宇：《劳动教育课程高质量发展的逻辑、困境与走向》，《教学与管理》2022年第30期。

生和共荣逻辑，克服系统规划不足、目标定位不明、开发实效不强、评价体系不全等问题，按照统筹规划、系统认识，为劳动教育课程发展奠定基础；细化目标、凸显主体，满足学生发展需要；关注发展、注重质量，健全劳动教育课程评价体系的基本思路，构建高质量劳动教育课程体系。

2.2.1.2 各学段劳动教育课程建设探讨

除一般性的劳动教育课程建设理论探讨外，也有聚焦幼儿园、中小学、职业院校和高等教育各学段的劳动教育课程建设的分段研究。

第一，幼儿园劳动教育课程建设。

虽然《意见》和《纲要》均未对幼儿阶段劳动教育提出要求，但2022年仍有120篇期刊论文和5篇硕士论文研究了幼儿劳动教育及其课程体系构建问题。总体而言，我国幼儿劳动教育的研究表现出如下几个特点。一是高度关注幼儿劳动教育中的家园共育问题[①]，强调幼儿园要巧妙指导，强化家长对劳动教育的重视程度，助力家长应对教育难题；家园合作创建教育环境，帮助幼儿学习基本劳动技能，培养幼儿生活自理能力；家园协同进行评价，共同促进幼儿点滴进

---

[①] 凌静：《家园共育下开展幼儿劳动教育的策略探究》，《山西教育》（幼教）2022年第3期；陈昱静：《家园共育视域下幼儿劳动教育策略探究》，《甘肃教育》2022年第10期；廖丽娟：《家园共育背景下开展幼儿劳动教育的透视与思考》，《当代家庭教育》2022年第17期；潘丽钦：《幼儿劳动教育的家园合作研究》，硕士学位论文，喀什大学，2022；刘霞：《家园共育背景下开展幼儿劳动教育的措施》，《好家长》2022年第13期；朱凌韵：《家园合作实施幼儿劳动教育的策略探讨》，《读写算》2022年第24期；闫立红：《家园协力进行幼儿劳动教育的策略》，《家长》2022年第26期；林晓霞：《家园共育背景下开展幼儿劳动教育的几点思考》，《亚太教育》2022年第22期；杨东烂：《劳动教育视角下家园共育的实践与研究——以开展幼儿家庭种植活动为例》，载《广东教育学会2022年度学术讨论会暨第十八届广东省中小学校长论坛论文选（三）》；陈颖：《激活家校社资源，助力幼儿劳动教育》，《现代教学》2022年第6期；胡一婧：《基于家园协同的中班幼儿劳动教育实践探索》，《基础教育研究》2022年第9期。

步。二是重视从陶行知①、陈鹤琴②等教育家的思想中汲取营养，强调幼儿劳动教育要注重手脑结合，促进幼儿全面发展；回归儿童生活实际，助力儿童生活自理能力培养；关注幼儿生活，形成劳动好习惯；强调"教学做合一"，创建趣味劳动教育活动；要坚持"活教育"理念，回归劳动本体价值观，树立全人教育目的，并为幼儿创设劳动机会，深化幼儿劳动经验。三是注重从"游戏化""生活化"理念出发，澄清幼儿劳动教育的价值，设计幼儿教育的课程体系。③

第二，中小学劳动教育课程建设。

来自高校的研究者主要是从理念层面提出构建中小学劳动教育课程体系的基本主张。许锋华等④提出以核心素养为目标引领中小学劳

---

① 李瑶：《陶行知的劳动教育思想及其对幼儿劳动教育的启示》，《四川职业技术学院学报》2022年第3期；王懿晴：《陶行知劳动教育思想下幼儿劳动教育的现实审思与实施路径》，《新课程研究》2022年第9期；严顺：《陶行知的劳动教育思想及其对幼儿劳动教育的启示》，载《教育理论研究与创新网络总结年会论文集（一）》；周晨：《浅析陶行知的幼儿游戏和劳动教育思想》，《知识文库》2022年第16期；王一凡、蔡宗模：《陶行知劳动教育观对新时代幼儿劳动教育的启示》，《生活教育》2022年第8期。

② 李辉、华琳琳等：《基于活教育理论的幼儿种植劳动教育实践》，《陕西学前师范学院学报》2022年第5期；赵小娟：《"活教育"思想在幼儿劳动教育中的融合》，《儿童与健康》2022年第12期；朱佳佳、杨梦萍、李静：《陈鹤琴"活教育"思想对当代幼儿劳动教育的启示》，《福建教育》2022年第25期。

③ 袁川、刘春梅：《游戏化视域下幼儿劳动教育的内涵、价值与践行策略》，《贵州师范学院学报》2022年第7期；林少君：《一日生活中幼儿劳动教育的养成策略》，《亚太教育》2022年第2期；姜宇辰：《谈幼儿园劳动教育回归幼儿生活的实践探索》，载《"双减"政策下的课程与教学改革探索》第六辑；徐潇驰：《课程游戏化背景下大班幼儿劳动教育活动的开展策略》，《知识文库》2022年第23期；邱玉华：《"童玩"理念下的幼儿劳动教育课程建设与实施》，《福建教育》2022年第35期；马兵、周彤：《生活力视域下幼儿劳动教育的问题及对策》，《生活教育》2022年第8期。

④ 许锋华、余侨：《指向核心素养培育的中小学劳动教育课程体系建构》，《教学与管理》2022年第6期。

动教育课程建设的思路。作者认为，中小学劳动教育课程体系须理顺核心素养与劳动素养的目标关联，分层次明确各阶段劳动教育课程目标；以学校课程结构为基础，设计劳动教育必修课、劳动教育融合课、劳动教育实践课"三课一体"的劳动教育课程结构；在课程实施上，要坚持知识融通实践原则，以问题式、项目式等学习方式为导向，对劳动教育课程进行优化与革新。王飞[①]基于《义务教育劳动课程标准（2022年版）》确立的劳动观念、劳动能力、劳动习惯和品质、劳动精神四大劳动素养，提出了中小学劳动教育课程体系构建的基本思路，即统筹日常生活劳动、生产劳动、服务性劳动三类劳动任务群及相关劳动活动，构建劳动文化、劳动实践、劳动审美和劳动创意四大课程板块，每个板块兼顾基础性与延伸性，设置基础课程与拓展课程；体现选择性与差异性，设置必修课程与选修课程。陈俊珂等[②]从中小学劳动教育课程开发的应然目标、资源类型和开发途径三个方面提出了中小学劳动教育课程开发的基本思路。梁惠燕[③]认为，劳动学习任务群具有以劳动素养培养为目标，以动手实践为重点，以任务为载体，以问题为导向，体现实践性、思想性、真实性、统整性、序列性等特点，因此基于学习任务群的中小学劳动教育课程设计应采用专题化的课程模块设计、情境化的主题任务设计和结构化的实践活动设计。董慧等[④]基于共生、共荣和共享的逻辑，提出中小学应从建立课程体系、建构共生共同体，扩展课程内容、明确内容选择，明确建构

---

① 王飞：《新时代劳动教育课程体系的构建研究——基于〈义务教育劳动课程标准（2022年版）〉的分析》，《教育参考》，2022年第4期。
② 陈俊珂、陈凡凡：《中小学劳动教育课程资源开发的三维审视》，《教学与管理》2022年第12期。
③ 梁惠燕：《基于学习任务群的中小学劳动教育课程设计》，《教育理论与实践》2022年第8期。
④ 董慧、邱小健、欧阳小宇：《中小学劳动教育课程体系建构的逻辑与路径》，《教学与管理》2022年第18期。

目的、把握育人导向等方面入手建构更为完善的劳动教育课程体系。

来自中小学一线的劳动教育工作者则更多关注劳动课程开发的具体策略。牛银平[1]从活动课程理论出发，提出了以班级值日为主要途径、以节气教育为良机、以少先队活动为依托、以主题活动为载体、以社会公益活动为契机、以校园实践基地为阵地、以校外职业体验为妙招的"活动渗透式"劳动课程实施建议。吴柯江等[2]针对学校劳动教育课程建设缺资源、缺规划等问题，提出了区域教育行政部门作为重要主体推进中小学劳动教育课程建设的基本策略，包括以共同体推进建设愿景的凝练达成，以发挥优势特长实现多方的协同联动，以系统内部整合实现资源的融通共享等策略，并介绍了成都市金牛区以机制建设推动区域劳动教育课程建设的基本做法。邵春瑾[3]则介绍了黑龙江省依托红色革命教育人文资源和"大森林""大学群""大粮仓""大冰雪"等地域优势资源，着力构建红、绿、蓝、金、银"五色"劳动教育课程的基本做法和课程案例。许丽美[4]针对城市中小学劳动实践资源不足问题，提出将综合实践活动课程授课教师培训到位，并运用综合实践活动的课程理念指导劳动教育课程实施的建议，包括运用陶行知教育思想，提升课程意识；结合综合实践活动课程，规范课程实施；渗透STEAM教育理念，开展项目式学习；构建劳动学习任

---

[1] 牛银平：《活动课程理论视域下的小学劳动教育课程建设与实施路径探索》，《西北成人教育学院学报》2022年第4期。
[2] 吴柯江、喻昌学、高瑜：《区域推进中小学劳动教育课程建设的策略》，《教育科学论坛》2022年第20期。
[3] 邵春瑾：《黑龙江省劳动教育"五色课程"的实践探索与研究》，《黑龙江教师发展学院学报》2022年第2期。
[4] 许丽美：《城区小学劳动教育实践困境与开发实施路径探索——以综合实践活动课程理念开展农业生产劳动实践为例》，《福建基础教育研究》2022年第6期。

务群，形成结构化的实践活动项目等。李世勇等①重点探讨了中小学创造性劳动课程开发的策略。作者建议可通过设置基于现实问题解决或现实任务实施的主题课程，以实验研究、探索创新为主的创新类课程，基于学生未来职业发展的自选课程三大类课程，通过项目式教学、"作品导向型"教学、劳动反思教学等方式加强中小学生创造性劳动能力培养。李志辉等②则提出了综合实践基地劳动教育课程开发的实施策略，即以需求为导向，通过跨界合作，突破资源载体的局限；以发展为导向，建立教师发展共同体，提升整体专业素养。更有多位教师具体介绍了本校劳动教育特色课程或特色课程体系的构建案例。

第三，职业院校劳动教育课程建设。

职业院校劳动教育课程建设一直是劳动教育研究中的热点。2022年出现了更多聚焦现实问题构建职业院校劳动教育课程体系的探索。③

---

① 李世勇、成希：《中小学创造性劳动教育课程建设：内涵特征、现实意义与实施路径》，《中小学校长》2022年第8期。
② 李志辉、王纬虹：《综合实践基地劳动教育课程的开发与实施》，《教育与装备研究》2022年第4期。
③ 董慧、邱小健、欧阳小宇：《我国职业院校劳动教育课程建设的逻辑、困境及路径》，《高等职业教育探索》2022年第6期；董慧、邱小健、欧阳小宇：《新时期职业院校劳动教育课程的新内涵、建设困境与破解路径》，《天津职业大学学报》2022年第5期；刘然然：《"双高计划"背景下高职院校劳动教育课程体系构建初探》，《杨凌职业技术学院学报》2022年第1期；吴玉萍、张小娟：《新时代高职院校劳动教育课程建设探究》，《卫生职业教育》2022年第8期；王霞：《高职院校劳动教育课程实施创新研究》，《济南职业学院学报》2022年第1期；郑中建：《新时代高职师范院校劳动教育课程体系构建研究》，《品位·经典》2022年第4期；金兰：《高职院校劳动教育课程实施的现状、问题与对策研究——以辽宁省L学院为例》，硕士学位论文，沈阳师范大学，2022；潘燕：《新时代高职院校劳动教育课程体系的构建》，《湖北开放职业学院学报》2022年第23期；杨玲：《高职大学生劳动教育课程体系构架》，《湖北开放职业学院学报》2022年第8期；叶蓉：《高职院校劳动教育课程体系的构建》，《武汉工程职业技术学院学报》2022年第3期；李巍、严祎：《高职院校劳动教育课程改革与实践》，《泰州职业技术学院学报》2022年第5期；凌新文、（转下页注）

概言之，职业院校劳动教育课程体系建设面临的主要问题包括课程设计缺乏系统性，专业特色欠缺，主体间缺少合作共建；课程实施传统，培养目标偏于模糊；课程建设深度不够，教育形式单一，精神价值近于缺失，学生自主认知水平提升不足；课程支持保障机制薄弱，缺乏专门组织和必要的专业化师资。针对上述问题，研究者提出了一系列具体的操作性建议，比如把家国情怀教育、美德教育、工匠精神教育、榜样感召教育融入劳动教育课程体系，推动职业院校劳动教育课程实现思想引领与价值引导；成立劳动教研室或劳动课程教研组，加强教师专业培训，在专职劳动教育课教师的聘评、工资待遇和先进评选等方面给予政策倾斜和扶持；树立课程劳动教育的理念，让每一门课程都充分利用自身独特的知识体系和技术内容，挖掘劳动教育元素，融入多个学科；建立职业院校劳动教育课程建设共享规范和激励制度，把推动师资、实训基地等资源的共建共享作为评价职业院校劳动教育成效的重要依据；提高劳动教育课程的亲和力，推动劳动教育课程回归日常，关注职业院校学生个性和发展需求，让劳动教育课程具备时代性和探索性，把被动劳动变成基于学生个人爱好以及成长需求的内生行为；加强职业院校劳动教育课程标准化建设，规范劳动教育教学管理，提升劳动教育育人实效等。

此外，多项研究重点关注了在职业院校劳动教育课程中加强劳动

---

（接上页注③）仇怀凯、聂劲松：《高职劳动教育实施：逻辑起点、课程构建和课堂革命》，《中国职业技术教育》2022年第32期；周川燕、金君：《新时代高职院校劳动教育课程规范化建设研究》，《现代职业教育》2022年第20期；闫梅、沈冠娟：《高职劳动教育课程体系构建及实施的研究——以山西机电职业技术学院为例》，《江西电力职业技术学院学报》2022年第7期；刘晓蓉：《高职院校劳动教育课程教学的现状与对策》，《科技视界》2022年第21期；陶帅：《高职院校劳动教育课程标准化建设思考》，《中国标准化》2022年第20期；周广深、穆强：《新时代高职院校劳动教育课程实施现状及对策分析》，载《教育理论研究与实践网络研讨会论文集》（职业教育）。

精神教育与劳动观念引领的问题。窦美婷[①]认为，高职劳动教育课程与职业精神在理论上具有同源性、在教学上具有融合性、在培养目标上具有契合性，要通过转变教育理念、改革教学板块、拓展劳动空间、整合校企资源、优化专业教师队伍结构、优化课程评价体系等方法，培养学生正确的劳动观和职业观。杨柳春等[②]重点探讨了以劳模精神、劳动精神、工匠精神引领职业院校劳动教育的逻辑理路，作者认为只有融入"三项精神"的高职劳动教育，才是最有效的劳动教育，在实践中应该以课程思政建设为逻辑起点，将"三项精神"先以"思政元素"融入高职课程思政，再与高职劳动教育"二度融合"。李亚婷[③]则提出了加强劳动价值观教育的"12345"职业院校劳动教育课程改革教学模式，即以"习近平劳动观"为1条主线，巧用理论与实践2个课堂，结合日常生活劳动、生产劳动、服务性劳动3种类型，构建爱劳动、勤劳动、实劳动、创造性劳动4个专题，最终达到以劳树德、增智、强体、育美、创新5项目标。包佳佳[④]则以实现"劳动最光荣、劳动最崇高、劳动最伟大、劳动最美丽"的价值引领为主线，建构了四个"着眼"的教学内容体系——着眼"价值"谈"美丽"，激发劳动情感；着眼"创造"谈"伟大"，明确劳动意义；着眼"责任"谈"崇高"，弘扬劳动精神；着眼"回报"谈"光荣"，坚定劳动认同；提出了"四化四融合"的教学策略——立足活化，发挥示范性榜样力量，实现劳动教育与价值观教育相融合；立足

---

[①] 窦美婷：《高职院校劳动教育课程与职业精神融通路径研究》，《广东轻工职业技术学院学报》2022年第3期。

[②] 杨柳春、李宏祥、由明月：《新时代"三项精神"引领高职劳动教育的思考——以课程思政建设为视角》，《兰州职业技术学院学报》2022年第2期。

[③] 李娅婷：《新时代"劳动观"视域下高职院校劳动教育创新路径研究——以"高职学生劳动教育"课程为例》，《教育科学论坛》2022年第18期。

[④] 包佳佳：《课程思政视域下高职劳动教育的探索与实践》，《金华职业技术学院学报》2022年第6期。

悟化，推进主题式研讨活动，实现劳动思悟与价值观认同相融合；立足内化，融育沉浸式劳动文化，实现劳动浸润与价值观内化相融合；立足外化，鼓励具身化劳动实践，实现劳动实操与价值观践行相融合。

第四，普通高校劳动教育课程建设。

2022年普通高校的劳动教育研究，同样高度关注劳动教育课程体系的系统化构建问题。研究者认为，劳动教育的课程化实施和体系化建构是新时代劳动教育的重要特点，是保障劳动教育的重要地位、落实新时代劳动教育的主要使命、实现大中小学贯通推进劳动素养教育的必需之举①，是遵循劳动教育的内在规律，彰显课程育人的重要价值和特殊使命的内在要求②，是高校培养社会主义建设者和接班人的客观需要，是高等教育实现高质量发展的必由之路③，并提出了建构高校劳动教育课程体系的多维框架。倪志宇等④从高校第一课堂和第二课堂两个维度入手，立足"融通"理念，提出了建构两大课堂互动互补互融的劳动教育课程体系的构想。时伟提出，高校劳动教育具有教育性、专业性与服务性特征，应按照学科与实践两类课程形态，结合校内与校外两个空间场域，根据"通识—专业—素养"的逻辑路线，搭建包括劳动教育通识教育课程、专业融合课程与素养拓展课程三大类型的、普适性与独特性相结合的课程体系。⑤ 杨

---

① 曲霞、李珂：《高校劳动教育必修课程规范化建设探析》，《中国高教研究》2022年第6期。
② 汤素娥、杨荣栋：《高校劳动教育课程化的价值、困境与路径》，《武陵学刊》2022年第4期。
③ 谢建山：《新时代高校劳动教育课程体系构建：理论审视、价值分析与实现路径》，《武夷学院学报》2022年第5期。
④ 倪志宇、白金、李卫森：《高校劳动教育课程的体系建构》，《中国高等教育》2022年第1期。
⑤ 时伟：《高校劳动教育课程的特征、架构与实施》，《中国高教研究》2022年第6期。

利琴等[1]提出以"专题课引领方向、思政课筑牢根基、通识课创新思维、专业课贯彻理念、实践课创造成果"为主线的高校劳动教育课程体系建构思路，并将全国高校劳动教育课程建设的基本做法概括为开设劳动教育专题课程，树立正确的劳动观；依托思政课开展马克思主义劳动观教育，强化劳动精神；利用学科交叉的通识教育课程平台，开展多样化劳动实践；结合学科专业开展生产性劳动，培养学生分析问题和解决问题的能力；开展创新创业实践，提升学生创造性劳动能力。佟晓丽、任金玉[2]从课堂理论教学、学科专业实践、校园文化建设与社会劳动服务等方面提出了构建高校劳动教育课程体系的建议。曲霞、李珂[3]则按劳动价值观、劳动法治论、劳动关系论和未来劳动观四大模块提出了高校通识类劳动教育必修课的整体设计思路。同时，研究者们普遍认为高校劳动教育课程体系建设的主要不足包括高校劳动教育课程的规范性不强[4]、课程地位边缘化、师资力量薄弱、缺乏科学的考核评价标准、大学生对劳动教育课程的接受度不高[5]等问题，为高校劳动教育课程体系的进一步完善指明了方向。

劳动教育与课程思政的关系也是2022年度高校劳动教育课程研究关注的重点。王飞[6]专门研究了构建高校劳动教育课程思政体系问

---

[1] 杨利琴、胡廉洁等：《高校劳动教育课程体系建设探索与实践》，《科技视界》2022年第29期。

[2] 佟晓丽、任金玉：《新时代高校劳动教育课程建设的思考》，《辽宁工业大学学报》（社会科学版）2022年第1期。

[3] 曲霞、李珂：《高校劳动教育必修课程规范化建设探析》，《中国高教研究》2022年第6期。

[4] 董梅香、孟克：《新时代高校劳动教育课程规范化建设路径研究》，《煤炭高等教育》2022年第6期。

[5] 汤素娥、杨荣栋：《高校劳动教育课程化的价值、困境与路径》，《武陵学刊》2022年第4期。

[6] 王飞：《新时代高校劳动教育的课程思政意蕴及其价值实现》，《成都师范学院学报》2022年第2期。

题。作者认为，高校劳动教育是落实课程思政的重要载体，为高校贯彻"立德树人"根本任务提供了重要途径，其与课程思政在本质诉求上具有高度的一致性，在价值体认上具有强烈的共通性，在实践方法上具有极强的相似性，高校劳动教育应该围绕"为谁培养人""培养什么样的人""如何培养人"三个核心问题，构建集目标定位、内容设计和实施方法等于一体的课程思政体系，并从制度建设、师资质量、资源支撑等维度提供丰富的保障措施。王萌[①]具体指出了以课程思政引领劳动教育理论教学的实践路径，包括以中华优秀传统文化为精神底蕴，以马克思劳动教育思想为精神内核，对大学生进行政治理论教育、政治认同教育和家国情怀教育；利用"劳模精神"和"大国工匠"引导职业道德教育等。刘洋等[②]则从红色文化实践角度研究了高校劳动教育的课程思政问题，他们认为高校劳动教育课程中红色文化实践活动的开展存在流于形式、实践内容多样性不足、实践主题情感表达不明显、大学生的参与度不高等问题，为此，建议高校劳动教育课程可与创新创业大赛、校园文化活动结合，开展红色文化主题创新创业实践项目建设、红色文化故事讲解比赛、文化作品创作等，展示红色文化实践的时代魅力。刘洋、钟飞燕[③]认为，劳动教育与课程思政的融合遵循了"五育融合"与"三全育人"相统一、普遍劳动与普遍教育相结合、教育方式与育人目标相适宜的内在逻辑，可从设定三维育人目标、建立协同育人机制、落实具体育人路径的维度，推动构建二者融合的运行机

---

① 王萌：《课程思政引领高校劳动教育的教学实践及思考》，《教育教学论坛》2022年第50期。
② 刘洋、侯星如、卢迪：《高校劳动教育课程思政中的红色文化实践研究》，《吉林教育》2022年第17期。
③ 刘洋、钟飞燕：《劳动教育融入课程思政的审思》，《学校党建与思想教育》2022年第8期。

制。乔娟、杨玉仁[①]从课程层面指出了高校劳动教育和课程思政中存在的误区：一是将劳动教育课完全视为思想政治理论课程，教学任务主要由思政课教师承担；二是将劳动教育课程单列，由各学院自己组织；三是只开设劳动理论课程或劳动实践课程，没有达到理论课与实践课同步开设；四是劳动教育课程没有与其他课程实现同向同行，各类型课程也不同程度地存在劳动教育各自为政的误区，并据此提出了改进劳动教育课程的相关建议。张诗钰等[②]则提出了分专业大类的劳动教育课程思政元素：在文学、历史学、哲学类专业的劳动教育课程中，应助力学生养成劳动成就思维和自觉劳动意识，细化领悟中国特色社会主义劳动价值观；在社会学、法学类专业的劳动教育课程中，应促使学生更加了解本专业和行业领域的战略、政策，引导学生深入社会实践、关注现实问题，培育良好的职业素养；在教育学类专业的劳动教育课程中，应切实增强学生对"五育"的认同；在理学、工学类专业的劳动教育课程中，要将马克思主义和大国工匠精神融入劳动教育中，提升实验操作、解析、整合能力；在农学类专业的劳动教育中，要加强生态文明建设教育，并把劳动实践落实到"三农"主体，使专业技能和方法应用于劳作实践和提炼农作成果中；在医学类专业的劳动教育课程中，除锻炼精湛医术、培养医者精神，还要重视医学生综合素养和人文修养的培养，做党和人民信赖的好医生；在艺术学类专业的劳动教育中则要将美育和劳育结合起来，引导学生立足时代，扎根人民，深入生活。

#### 2.2.1.3 劳动教育课程融合式实施研究

《纲要》明确指出，劳动教育的途径不仅包括独立开设劳动教育

---

① 乔娟、杨玉仁：《课程思政视域下高校劳动教育的价值内涵、现实困境与选择路径》，《天津中德应用技术大学学报》2022年第3期。
② 张诗钰、王奎国：《课程思政视域下高校劳动教育课程化建设研究》，《鄂州大学学报》2022年第2期。

必修课，还要"在学科专业中有机渗透劳动教育"，也就是以融合课程形态来实施。因此，2022年，有80余篇论文探讨了劳动教育与其他课程的融合实施问题。

第一，基础教育阶段的劳动教育课程融合研究。

总体来看，基础教育阶段，研究者主要关注的是劳动教育与综合实践的融合实施问题[1]，形成的基本共识是，中小学劳动教育必修课的实践环节与综合实践活动的基本活动方式存在相似性，二者的培养目标有相通之处，二者的教育内容有很大的交叉性，二者的师资队伍素质要求有很大的相似性。因此，可以说综合实践活动是落实劳动教育具体的、最佳的实施载体，劳动教育与综合实践融合实施的基本思路是活动内容整合化、活动设计序列化、活动资源社会化，二者融合的具体方式包括完善框架设计、课程中融合劳动项目、主题引领推进实践活动、联动中加强资源整合。

此外，也有很多来自一线的中小学教师具体介绍了在学科教学中融入劳动教育的具体做法，涉及语文、英语、数学、科学、物理、地理、美术、道德与法治、体育与健康等各个学科。林鹏、王雅丽[2]则从政策变迁的角度系统梳理了中小学德育课程融合劳动教育的轨迹，指出我国中小学德育课程在融合劳动教育方面经历了20世纪80年代的"以劳动为光荣，国家建设需要辛勤劳动"，到90年代"以劳动尽

---

[1] 张晓刚、罗丽洁、董慈红：《新时代劳动教育与综合实践活动课程融合研究综述与展望》，《教育理论与实践》2022年第32期；刘艳阳：《小学劳动教育与综合实践活动课程融合策略探究》，《教学管理与教育研究》2022年第5期；杨亲云：《基于中小学综合实践活动与劳动教育融合的课程建设探析》，《基础教育论坛》2022年第26期；李正富：《融合与延伸："双减"视域下高中综合实践课程实施劳动教育的策略》，《福建教育学院学报》2022年第6期；黄璐：《综合实践活动课程与劳动教育融合实施的探究》，《基础教育研究》2022年第16期。

[2] 林鹏、王雅丽：《政策变迁视角下德育课程融合劳动教育的轨迹、省思与实践探索》，《教育理论与实践》2022年第26期。

责任，美好生活靠劳动创造"，再到 2000 年以后"以劳动过生活，在智慧劳动中涵养德性"的劳动观念和内容的演进。在这一演进中"爱劳动"始终是核心目标，劳动教育的"建设话语"逐渐减少，"品质话语"不断增多，道德理性成分不断增强，"成长"意识越来越鲜明，对劳动者交互关系的理解越来越多元和立体。新时期，德育课程在定位劳动教育目标时，整体要按照儿童劳动品质成长的逻辑展开。在实践设计中，注重以适应新时期发展的劳动观和劳动教育观为指引，准确把握教学内容和教学方法，突破场域限制，拓展多样化的学习平台。王仕杰、唐园①则深入阐释了劳动教育与学科融合的内在逻辑，他们认为劳动教育与学科课程具有内在的紧密联系和共同的育人使命、相同的课程性质、互补的育人功能等融合育人基质，具有融合的可能性，应通过课程哲学观念的视界融合、课程设计内容的有机融合、课程实施过程的技术融合和课程评价结果的交叉融合等路径促进劳动教育与学科课程的有效融合。胡月和靳玉乐②则选择从教科书里的劳动者形象塑造角度出发，分析劳动教育融入中小学课程的情况。作者分析发现，中小学统编教材里的劳动者形象塑造在人物选取、品格塑造、教学建议上有所取舍和偏向，在整体结构上呈现出鲜明的学科特色、男性倾向以及以图文结合的塑造方式等特征，并建议未来教科书要通过重构劳动者形象塑造的内涵、调整劳动者形象塑造的结构来进一步提升知识世界里的劳动教育品质。

第二，职业院校和普通高校的劳动教育课程融合研究。

职业院校和普通高校的劳动教育课程融合主要包括劳动教育融入专业教育和劳动教育融入公共基础课两个方面。在劳动教育融入

---

① 王仕杰、唐园：《必要与可能：劳动教育与学科课程融合的内在逻辑》，《黄冈师范学院学报》2022 年第 2 期。
② 胡月、靳玉乐：《教科书里的劳动者形象塑造——劳动教育融入学校课程的探索》，《华东师范大学学报》（教育科学版）2022 年第 6 期。

专业教育方面，相关研究涉及烹饪、茶艺、水产养殖、旅游教育、酒店管理、农科专业、研学旅行、园林教育、食品专业、会计专业、非遗课程、电力类、生命科学类、医学类、动物科学类、畜牧兽医类、水利工程类、汽车专业类、汽修专业类、建筑专业类、JAVA应用、植物栽培学、环保行业、播音主持、传播学和家具设计等各专业和学科。

这些研究不仅提出了融入的具体建议，还有很多进行了必要的实证调研。许华琳[①]研究发现，劳动教育融入专业课程方面存在的主要不足是，融入方式不灵活、缺乏创新，教育者的劳动育人意识缺失，学生的劳动观念、劳动意识缺失，缺乏适当的鼓励在专业课程教学中融入劳动教育的竞争和激励机制。王冬青[②]调研发现，劳动教育在融入经贸类专业中存在的主要问题，一是师资力量匮乏，表现为专业教师对劳动教育的关注度不够高，不具备开展劳动技能课所需的专业技能及专业素质，且普遍缺少劳动教育培训与进修的机会。二是课程标准缺失，表现为劳动实践课程操作标准不统一，对课程重点内容的划定存在差异，不同的专业对同一门课的课程设置学时不同，教学督导缺少依据，导致教学效果差异较大等。三是评价标准不统一，表现为教师的授课标准不同，评价方式也不同，对于课程重难点的把握也存在差异，导致劳动教育课程实践操作评价标准不统一，无法统一界定。苏学军等[③]则认为劳动教育融入专业课程的困境主要包括学生劳动意识薄弱，动机不纯；劳育实施形式单一，缺乏创新；劳动实践平

---

① 许华琳：《劳动教育理念融入专业课程教学探究——以虚拟化技术与应用课程为例》，《公关世界》2022年第12期。
② 王冬青：《劳动教育融入高职院校经贸类专业课程的路径研究——以江苏财会职业学院为例》，《科技资讯》2022年第5期。
③ 苏学军、宗春燕、马永刚：《劳动教育融入高职院校专业课程的困境及对策研究——以"制药单元操作"为例》，《安徽化工》2022年第3期。

台匮乏，活动偏少；劳育评价机制欠缺，亟待完善；教师劳育能力不强，素质不高等。

综上可以发现，虽然研究涉及的具体专业不同，但在融入劳动教育方面存在的问题具有很强的共通性。因此，在融入的对策上也具有较大的一致性，主要包括用心挖掘劳育元素，找准"课程劳育"融点；丰富"课程劳育"形式，拓展劳动教育内容；创新"课程劳育"方式，提高课程实践比例；定义课程考核标准，创新劳动考核方式；加强劳育师资建设，提升教师胜任能力等。①

在劳动教育与公共基础课的融合方面，严家梅②、王琳③等关注了劳动教育在职业院校和高校中融入思政课程问题，提出了以下融入路径：一是在思政课程中强化劳动教育意识及观念；二是树立整体教学观，促进劳动教育与德育课程有机融合；三是基于劳动教育需求与要求，创新和优化德育课程内容及形式；四是"四课"同构，共建高校劳动教育与思政课融合平台。具体包括在"马克思主义基本原理概论"课程中解读经典，培树正确劳动认知；在"思想道德与法治"中串联素材，着力劳动观念引导；在"中国近现代史纲要"中钩沉史料，汲取历史智慧；在"习近平新时代中国特色社会主义思想概论"课程中协同融合，化作成长养分。

---

① 苏学军、宗春燕、马永刚：《劳动教育融入高职院校专业课程的困境及对策研究——以"制药单元操作"为例》，《安徽化工》2022年第3期；许华琳：《劳动教育理念融入专业课程教学探究——以虚拟化技术与应用课程为例》，《公关世界》2022年第12期；宋丹丹：《劳动教育融入高职汽车专业课程全过程教学设计与实践》，《时代汽车》2022年第4期；阎燕：《构建新时代高校劳动教育与专业教育融合的课程体系》，《中国大学教学》2022年第8期。

② 严家梅：《中职劳动教育融入德育课程的策略探讨》，《新课程研究》2022年第15期。

③ 王琳：《劳动教育融入高校思政课程路径探析》，《齐鲁师范学院学报》2022年第6期。

潘婧璇等①、李依潇②和蔡伟③则关注了劳动教育与心理健康教育的融合问题。他们认为,劳动教育不但可以提高学生体魄,同时还有助于学生提高社会责任心,增强抗压能力,形成良好的人格,建立和谐的人际关系,促进学生的身心健康发展。因此,在心理健康教育中融入劳动教育需做到如下四点:一是合理设计劳动目标,磨炼学生的意志力;二是教育理论与教育实践相结合,助力学生释放压力;三是以文化人,营造劳动教育良好氛围,促进心理健康发展;四是通过劳动教育产学研等活动,提高学生劳动能力。

劳动教育与创新创业的融合依然是 2022 年度研究的热点。王卫卿等④指出目前劳动教育和创新创业在融合的过程中出现了认识不足、协调机制僵化、过程虚化、课程设置固化和影响力弱化的问题,高校应当始终秉持相互融合的理念,对当前的教育情况进行改善,推进劳动教育和创新创业教育的持续融合发展。余娟、钱贞熹和陈珑丹⑤针对大学生创业的品格指出当前大学生创业现状不理想,创业能力与素质有待提升的问题,进而提出劳动教育视域下大学生创业品格培养的实践路径,探讨通过选定有效的创业品格培养方案来提升大学生创新创业意识,搭建创业实践与劳动教育融合平台,发挥多方协同育人优势,完善人才培养方案以凸显"劳动教育+创新创业教育"的课程理

---

① 潘婧璇、杜满聪、唐伦:《劳动教育融入高职大学生心理健康教育课程初探》,载《新课改教育理论探究论文集(二十)》。
② 李依潇:《轻工院校加强劳动教育对人才培养和学生心理健康发展的影响及实践路径》,《造纸装备及材料》2022 年第 10 期。
③ 蔡伟:《心理健康教育视域下高校劳动教育开展路径研究》,《创新创业理论研究与实践》2022 年第 5 期。
④ 王卫卿、王永利、陆先亮:《劳动教育与创新创业教育融合路径探究》,《创新创业理论研究与实践》2022 年第 3 期。
⑤ 余娟、钱贞熹、陈珑丹:《劳动教育视域下大学生创业品格的培养》,《学校党建与思想教育》2022 年第 2 期。

念，加强培育双师型教师队伍，拓展大学生创业品格教育格局。张瑞和陈坤[1]指出应以提升创业教育与政策的结合度、激励大学生提升劳动教育与创业教育的融合度、建立劳动教育引领大学生创业教育的保障机制三条路径促进大学生劳动教育与创业教育的融合发展。聂晨[2]则以北航的《创业实践》课为例调研了高校双创课程融合劳动教育的效果，发现双创和劳动知识指导实践的程度上具有差异，专业知识融入其中的作用不明显，以及劳创融合不够系统和全面的问题。

### 2.2.2 劳动教育价值审视

关于劳动教育的价值与意义的审视依然是2022年劳动教育研究的热点话题。以篇名中含有"劳动教育"并含"价值"在中国知网进行检索，共检索到论文254篇，较2021年增长近50篇。相关研究除一般性地阐释劳动教育的育人价值外，出现了更多分学段、分类型探讨劳动教育价值的文献以及聚焦特殊视角的劳动教育价值阐释。

#### 2.2.2.1 分学段、分类型的劳动教育价值探索

就劳动教育之于幼儿教育的价值而言，研究者[3]普遍强调了劳动教育之于增强幼儿体质、养成良好品德、促进智力发展、培养责任意识、增进审美能力的重要作用。余露等[4]则从回归人的本质，以劳动促进幼儿体格的发育；回归人的精神家园，以劳动培育幼儿的劳动情感与信念；回归真实生活场景，以劳动奠定幼儿独立生存的基本能力

---

[1] 张瑞、陈坤：《论大学生劳动教育与创业教育的融合发展》，《学校党建与思想教育》2022年第6期。

[2] 聂晨：《高校双创课程融合劳动教育的效果研究——以北航〈创业实践〉课程为例》，《今日科苑》2022年第3期。

[3] 欧阳小宇、符太胜、董慧：《幼儿劳动教育之价值意蕴与未来路向——基于"五育融合"的视角》，《吉林省教育学院学报》2022年第3期。

[4] 余露、成云、卢清：《新时代幼儿劳动教育：本体价值、现实困境及改进策略》，《成都师范学院学报》2022年第7期。

三个方面建构了幼儿劳动教育的价值体系及实现路径。

在中小学劳动教育价值方面,除普遍性地论述劳动教育树德、增智、强体、育美的综合育人价值外,还有研究者关注到劳动教育独特的育人价值。张霞和安丽娟[1]提出,中小学劳动教育的独特价值是通过实践锻炼、价值引领和个性发展促进个体自然生命、精神生命和社会生命的逐步完善,通过实践锻炼、价值引领和个性发展促进个体自然生命、精神生命和社会生命的逐步完善来实现其独特的育人价值。许杨等[2]指出了劳动教育促进学生思维方式个性化、社会交往个性化、生存技能个性化的个体化价值,强调在实现中小学生社会化和个性化发展的统一中完整把握劳动教育的本体价值。汪盛玉等[3]强调中小学劳动教育的主要价值在于帮助学生增进"何为劳动"的认识,提升"如何劳动"的能力,健全"善于劳动"的素质,养成"唯有劳动才会幸福"的价值观。

在职业院校的劳动教育价值研究中,朱泽权等[4]和陆周浩[5]等均从社会、教育和个体三个方面全面阐释了职业院校劳动教育的价值。从社会价值看,职业院校的劳动教育是实现民族复兴、培育高素质技术技能人才的时代回应;从教育价值看,职业院校的劳动教育是超越纯技能化训练、关注人本体全面发展的理性回归;从个体价值看,职业院校的劳动教育是塑造人的积极劳动价值观和优良职业素养的

---

[1] 张霞、安丽娟:《论中小学劳动教育的价值意蕴、现实困境及其超越路径》,《当代教育与文化》2022年第2期。
[2] 许杨、康传凯:《新时代中小学劳动教育的本体价值探析》,《黑龙江教师发展学院学报》2022年第10期。
[3] 汪盛玉、陈德洋:《中小学劳动教育的价值、困境及路径》,《现代基础教育研究》2022年第3期。
[4] 朱泽权、叶东:《国际经验下我国高职院校劳动教育价值定位与破局》,《无锡商业职业技术学院学报》2022年第6期。
[5] 陆周浩:《新时代高职院校劳动教育的主要特性、价值意蕴与生态构建》,《江苏航运职业技术学院学报》2022年第3期。

本质性体现。也有学者聚焦职业院校人才培养的特殊性，将职业院校劳动教育的育人价值定位为端正职业院校学生的劳动价值观、培养良好劳动思维和习惯、锤炼劳动实践能力[1]，引导职业院校学生学会生存——树立积极健康的生活观；学会做事——练就过硬才干本领；学会做人——汲取修身养性之道。[2] 姚敦泽[3]则在肯定劳动教育的育人价值的同时，还特别关注了劳动教育在推进高职教育教学的改革创新，形成良好的社会风尚，形成家、校、社会协同育人的良好格局方面的重要意义。

在高校劳动教育价值的研究中，杨卫东、杨晓桐[4]指出，加强高校劳动教育是提高思想政治教育实效性的应然要求，增强公民意识教育针对性的实然逻辑，夯实职业生涯教育基础性的必然途径。刘秀伦、冉晓菊[5]认为，高校劳动教育具有实现中华民族伟大复兴、发扬社会主义新风尚、落实立德树人根本任务和促进大学生全面发展的价值意蕴，理应在高校人才培养中发挥价值引领和导向作用。黄登科[6]则从完善高校人才培养体系的角度提出，推进劳动教育是高校构建更高水平人才体系的重要保障之一，也是规避高校育人职能出现"木桶效应"的重要手段。

---

[1] 蔡志清、黄志祥：《价值、优势与重点：新时代高职院校劳动教育研究》，《改革与开放》2022 年第 21 期。

[2] 郑娟：《新时代高职院校劳动教育的育人价值探义》，《鄂州大学学报》2022 年第 3 期。

[3] 姚敦泽：《新时代高职院校加强劳动教育的价值意蕴与实践路径》，《教育与职业》2022 年第 18 期。

[4] 杨卫东、杨晓桐：《新时期高校加强劳动教育的价值逻辑与实践路径》，《吉林师范大学学报》（人文社会科学版）2022 年第 1 期。

[5] 刘秀伦、冉晓菊：《高校劳动教育的生成逻辑、价值旨归与实践进路》，《教育与教学研究》2023 年第 7 期。

[6] 黄登科：《新时代高校推进劳动教育的价值意蕴、探寻现实困境及进路》，《文教资料》2022 年第 10 期。

总之，2022年关于劳动教育价值的研究体现出明显的学段特征。幼儿教育和基础教育阶段更多关注的是劳动教育的"成人"价值，职业院校和高等教育阶段的劳动教育更多关注的是"成人"价值与"成才"价值的统一、个人价值与社会价值的统一，注重从社会、学校和个人三重维度全面把握劳动教育的价值定位。

2.2.2.2 聚焦特殊视角的劳动教育价值阐释

魏慧慧和朱成科[①]从"五育融合"的视角出发，结合时代发展的诉求以及劳动教育与德智体美四育的关系重新审思，将新时代劳动教育的价值定位为人文化过程中的基础价值、科技化进程中的引领价值和"成人"历史中的具身认知价值。李昕潞和陈云奔[②]从马克思的实践哲学出发，探讨了社会主义劳动教育对于个体生存解放、社会和谐进步、国家繁荣富强乃至民族昌盛发展的重大意义，包括在个人层面上摆脱物化现象，捍卫人性价值；在社会层面上应对科技异化，重建劳动精神；在国家层面上，消除资本虚假，构筑社会共同体。韩晓旭和黄德杰[③]则重点探讨了"劳动教育"和"三全育人"的价值关联，认为二者在理论上均体现了马克思的系统论、矛盾论与人的全面发展理论相统一；在实践中体现为立德树人与知行合一相结合。李昕羽和王凤[④]从人工智能时代"技能的缺失"引发的人的价值缺失的困境，重新定位了人工智能时代劳动教育的价值——坚持人的劳动主体地位、

---

① 魏慧慧、朱成科：《劳动教育在"五育融合"中的价值定位与实现路径》，《教学与管理》2022年第27期。

② 李昕潞、陈云奔：《马克思实践哲学视域下劳动教育的价值应然》，《黑龙江高教研究》2022年第6期。

③ 韩晓旭、黄德杰：《"三全育人"视域下大学生劳动教育的价值及实践路径》，《锦州医科大学学报》（社会科学版）2022年第6期。

④ 李昕羽、王凤：《技能的缺失：劳动教育思想的困境与价值》，《汉江师范学院学报》2022年第1期。

协调人机关系，促成人工智能的劳动平等。洪健和刘鹏[①]则在核心素养理念下重新认识劳动教育的价值，强调要借助劳动教育，提升学生的健康生活素养、丰厚学生的人文底蕴，并在劳动实践中培养学生科学的态度和精神。这些聚焦特殊视角的深入阐释，对深化、细化人们对新时代劳动教育的价值认识具有开创性意义。

### 2.2.3 劳动教育思想观念研究

以篇名含有"劳动教育思想"或"劳动教育观"在中国知网进行检索，共检索出2022年的相关研究成果77篇，较2021年的67篇和2020年的36篇有明显增长。可见，随着劳动教育越来越正式化为国民教育体系的重要组成部分，越来越多的学者开始从思想史的角度深化劳动教育的学术研究，并从中汲取营养智慧。相关研究涉及颜之推[②]、黄炎培[③]、刘少奇[④]、黄质夫[⑤]、张謇[⑥]、列宁[⑦]、江恒源[⑧]、

---

① 洪健、刘鹏：《基于核心素养的劳动教育价值旨归》，《教育实践与研究（C）》2022年第12期。

② 周甲英、田宗友：《颜之推的劳动教育思想及其理性审视》，《劳动哲学研究》2022年第2期；孙海霞、张德学：《以业立世：〈颜氏家训〉的家庭劳动教育思想及其启示》，《重庆科技学院学报》（社会科学版）2022年第1期。

③ 曲香、王淑娟：《黄炎培劳动教育思想对职业院校劳动教育的启示》，《科技风》2022年第35期。

④ 黄宣谕：《刘少奇青少年劳动教育思想及其当代启示》，《林区教学》2022年第6期。

⑤ 马兵、朱煜、邓峰：《乡村教育家黄质夫劳动教育思想及其当代价值》，《内蒙古师范大学学报》（教育科学版）2022年第5期。

⑥ 徐甜甜、王飞：《张謇职业教育中的劳动教育思想探究》，《产业与科技论坛》2022年第15期。

⑦ 徐晓倩、孙迪亮：《列宁青年劳动教育思想探析》，《成都师范学院学报》2022年第6期；刘淑艳、王培路：《列宁劳动教育思想的内涵和实践路径论析》，《中国劳动关系学院学报》2022年第1期。

⑧ 胡小桃、张心如：《江恒源劳动教育思想及其当代价值诠释》，《江苏高职教育》2022年第2期。

卢梭①、李大钊②、徐特立③、王广亚④等十余位思想家、政治家、教育家、革命家。其中，黄质夫、江恒源、李大钊、徐特立等人的劳动教育思想都是首次进入研究视野。当然，更多的研究集中在马克思、毛泽东、习近平、陶行知、苏霍姆林斯基的劳动教育思想观念研究上。

2.2.3.1 马克思劳动观与劳动教育思想研究

崔延强等⑤分析了马克思劳动教育思想与其劳动观之间的内在联系，指出马克思劳动教育思想是在马克思劳动观的基础上形成的，它阐明了劳动教育是提高社会生产的一种方法、改造现代社会最强有力的手段、实现人的全面发展的唯一途径，并由此分析了这一基本思想对新时代劳动教育的指导意义。朱鹏⑥则认为，劳动异化是马克思劳动教育思想形成的历史境遇；为无产阶级争取权利而奋斗，为工人的全面发展而努力，为人类解放而斗争的革命思想，是马克思劳动教育思想得以形成的核心动力；对此前经济学家、哲学家、教育家所提出的劳动思想的超越是其教育思想得以形成的来源，必须从提高社会生产力水平、促进社会生产形式转变、推动个体自由全面发展的角度全面理解劳动教育的价值。段学慧等⑦则从劳动本体论出发，从劳动历

---

① 周星羽：《卢梭劳动教育思想及当代借鉴研究》，硕士学位论文，吉林大学，2022。
② 孙丽娜、冶文：《李大钊劳动教育思想的理论与实践价值》，《唐山学院学报》2022年第2期。
③ 吴之宸：《徐特立劳动教育思想探析》，《现代教育科学》2022年第2期。
④ 乔婵：《新时代王广亚劳动教育思想的内涵演变和实践路径研究——以郑州升达经贸管理学院为例》，《河南教育（高等教育）》2022年第3期。
⑤ 崔延强、陈孝生：《马克思劳动教育思想及其当代价值》，《苏州大学学报》（教育科学版）2022年第1期。
⑥ 朱鹏：《马克思劳动教育思想及其当代价值》，《佳木斯职业学院学报》2022年第8期。
⑦ 段学慧、贺琼：《劳动本体论视域下马克思主义劳动观的劳动教育意蕴》，《延安大学学报》（社会科学版）2022年第6期。

史观、劳动幸福观、劳动解放观三个维度对马克思主义劳动观进行了深入阐释,指明了其所蕴含的劳动教育意蕴:劳动作为人的类本质,表明只有热爱劳动、勤恳劳动,人才能成其为人,才能创造幸福;在通往劳动自由的道路上,勤勤恳恳劳动是每个人为自己、为后代、为人类的解放所应当承担的历史使命;劳动是教育产生的前提和基础,教育是劳动的延伸,教育的目的是学会劳动、热爱劳动、正当劳动和更好地劳动。这些均需纳入新时代劳动教育的价值引领体系。高雅[①]从马克思的劳动幸福观出发,指出单从外在手段之维审视劳动教育已不能满足发展要求,应当看到劳动教育在促进人的自由全面发展、实现终极幸福层面的价值超越。因此,新时代劳动教育在价值维度上,应从促进个人自由全面发展的本体价值、助力实现"美好生活"的工具价值、推动民族伟大复兴的人文价值出发定位价值目标;在实践维度上,应坚持以学生为主体的实践原则;以发展身心统一与体脑结合、积极创造与自我实现、立足当下与面向未来的劳动教育为实践方向,建构实践性、生活化的劳动教育课程体系。

#### 2.2.3.2 毛泽东劳动教育观研究

冯业青等[②]指出,毛泽东劳动教育观融汇了古今中外劳动教育思想的智慧,奠定了马克思主义劳动教育中国化的根基,开创了中国共产党人劳动教育理论探索的先河,实现了唯物论、辩证法与中国国情的有机结合。其劳动教育观的基本特点是,始终坚持劳动教育与教育事业自身进步相一致、与革命事业接班人的培养相结合、与人的全面

---

① 高雅:《马克思主义幸福观视域下的劳动教育研究》,硕士学位论文,曲阜师范大学,2022。
② 冯业青、雷家军、张金凤:《毛泽东劳动教育观历史地位探析》,《长春市委党校学报》2022年第5期;冯业青、雷家军、张金凤:《毛泽东劳动教育观基本特点探析》,《新东方》2022年第2期。

发展目标相统一。康依宁①认为，毛泽东的劳动教育思想体现了对中华传统劳动观的批判与吸收、对马克思主义教劳结合思想的继承与发展，并与近代中国救亡图存的实践、工农无产阶级的生活状况和新中国建设的实际相结合逐步发展成熟的。其劳动教育思想的主要内容是以推动社会革命和建设、促进人的全面发展为目的；以坚持中国共产党的领导、坚持理论联系实际为原则；以"知识分子劳动化""劳动人民知识化"为途径，力求实现提高劳动生产率、提升人民文化素质、在全社会形成正确劳动价值观的功能。孙慧金②把毛泽东劳动教育思想的形成分为四个阶段。一是萌芽阶段：青少年时期，主张"脑力与体力之平均发展"。二是产生阶段：土地革命时期，主张"教育需为革命战争与阶级斗争服务，教育需同劳动联系起来"。三是形成阶段：抗日战争时期，主张教育与生产劳动相结合，"一面学习、一面生产"。四是成熟阶段：新中国成立后，主张"教育为无产阶级政治服务，教育与生产劳动相结合"，并将其劳动教育观的主要内容概括为尊重劳动和劳动人民，强调劳动与教育的双向互动，主张多途径实施劳动教育，以培养具有社会主义觉悟的劳动者和改造干部工作作风为目的，总结了毛泽东劳动教育观指导下新中国推进劳动教育的历史经验与教训。崔茜茜③认为，毛泽东的劳动教育观以工农群众、青年学生和知识分子为对象，以"图脑力与体力之平均发展""知识分子要劳动化，劳动人民要知识化""理论联系实际""文化是人民的文化""培养学生的创造精神"为主要内容。新时代背景下，深入分析毛泽东的劳动教育观，有助于推进劳动教育格局的再认识、促进劳动育人方式的再结合、保障劳动者主体地位再深化、推进职业教育体

---

① 康依宁：《毛泽东劳动教育思想研究》，硕士学位论文，郑州轻工业大学，2022。
② 孙慧金：《毛泽东劳动教育观研究》，硕士学位论文，河南科技大学，2022。
③ 崔茜茜：《毛泽东劳动教育观研究》，硕士学位论文，海南大学，2022。

系的再延伸、构建劳动教育体系的新拓展，以及汲取劳动教育经验教训的再升华。

2.2.3.3 习近平关于劳动教育的重要论述研究

2022年对习近平劳动教育观或关于劳动教育的重要论述的研究呈现出更为体系化、结构化的特征。张泰源、韩喜平[①]认为，习近平关于劳动及劳动教育的重要论述包含了传承中华传统劳动教育思想、遵循马克思主义劳动价值观、汲取中国共产党人劳动教育经验的理论意蕴、提升劳动教育成效的价值意蕴、展现时代特征及发展要求的时代意蕴和创新劳动教育形式和内容的实践意蕴，集中体现了传统劳动价值观在新时代的理论创新和实践拓展，是全面加强我国劳动教育，实现立德树人教育目标，培养全面发展人才的根本遵循。李井飞和李春晖[②]则重点关注了习近平劳动教育重要论述的生成逻辑，认为其劳动教育观继承和发展了马克思主义劳动教育理论，诠释与坚守了中国共产党历代领导人关于劳动教育的论述，提炼并升华了个人实践的劳动经验。陈绪新、董梦茹[③]重点关注了习近平关于劳动教育重要论述的伦理意蕴，指出习近平关于劳动教育的重要论述以中华优秀传统文化伦理智慧为"精神底蕴"，以马克思劳动教育思想为"精神内核"，以中国革命道德精神为"精神底色"，牢牢把握"全心全意为人民服务"的宗旨，规定了以劳树德、增智、强体、育美的伦理范畴，展现了全民共建共享劳动教育成果的伦理担当，为新时代劳动教育润物细无声换新颜举旗定向，

---

① 张泰源、韩喜平：《习近平总书记关于劳动教育的重要论述的四维意蕴》，《教育研究》2022年第6期。

② 李井飞、李春晖：《习近平关于劳动教育重要论述的生成逻辑》，《内蒙古师范大学学报》（教育科学版）2022年第1期。

③ 陈绪新、董梦茹：《习近平关于劳动教育重要论述的伦理意蕴》，《继续教育研究》2022年第6期。

为人的全面发展、劳动教育落地生根、实现中华民族伟大复兴提供了根本的价值导向。梁金龙等[①]认为,习近平关于劳动教育的论述在理论逻辑上契合了"知""情""意""行"的育人模式。其中"知"以劳动知识和技能教育为前提,"情"以劳动价值观和品德教育为要求,"意"以劳动意志和态度培养为基础,"行"以劳动习惯素养锻造为本质。在实践逻辑上,体现了营造良好的劳动教育社会氛围,将劳动教育纳入学校教育教学全程,发挥好家庭劳动教育主阵地的基础性作用的社会、学校、家庭共同发力、联合育人的机制创新。张全福[②]认为,习近平的劳动教育观具有鲜明的意识形态性、远大的理想性和典型的系统性,并从战略导向、思想引领、政策推进三方面协同发力,构筑了新时代劳动教育的基本育人逻辑。黄瑾等[③]指出,习近平关于劳动教育重要论述在价值目标上,强调要培养青少年崇尚劳动的劳动价值观;在践行路径上,指出要构筑全员全过程全社会的协同育人劳动教育实践体系;在功能效用上,强调劳动之于个体、社会的幸福旨趣;在理论品格上,体现为深厚的人民情怀、严谨的理论架构、鲜明的问题导向、科学的理论创新和厚重的历史底蕴。白悦[④]认为,习近平关于劳动教育的重要论述包含了树立"四最"劳动价值观、弘扬和培育"劳动精神"、提高劳动者"综合素质"、"铺陈好"教育阶段、发挥劳动教育"综合育人价值"等基本内容,体现出综合性、人民性、时代性、实践性等鲜明特征,为当代劳动教育作出了新

---

① 梁金龙、刘继荣、郭艺璇:《习近平关于劳动教育重要论述的三重逻辑》,《南京理工大学学报》(社会科学版) 2022 年第 2 期。

② 张全福:《习近平劳动教育观的基本内涵、理论特征与育人逻辑》,《黄冈师范学院学报》2022 年第 5 期。

③ 黄瑾、吴任慰:《习近平关于劳动教育的重要论述及其理论品格》,《福建医科大学学报》(社会科学版) 2022 年第 6 期。

④ 白悦:《习近平关于劳动教育重要论述研究》,硕士学位论文,辽宁师范大学,2022。

定位、提供了新思路。

2.2.3.4 陶行知劳动教育思想研究

伟大的人民教育家陶行知一生致力于提倡和探索劳动教育，因此，对其劳动教育思想的总结和梳理一直是我国劳动教育研究的重要内容。李嘉纬[①]将陶行知劳动教育思想概括为，第一，以"谋手脑相长"为核心的劳动教育目的论，包含增进自立之能力、获得事物之真知、了解劳动者之甘苦等具体的目的。第二，"在劳力上劳心"的劳动教育原则论，既强调行是知之始，"教劳心者劳力"，又强调知是行之成，"教劳力者劳心"，最终达到知行合一，"在劳力上劳心"的状态。第三，"劳动的生活即劳动的教育"的劳动教育内容论，具体包括以生活劳动为基础培养劳动价值观、以生产劳动为核心提升劳动技能、以服务劳动为重点弘扬劳动精神。第四，"教学做合一"的劳动教育方法论，强调在教学做的关系中，要以"做"为中心，教师要在做上"教"，学生要在做上"学"。张爱华[②]则将陶行知的劳动教育思想概括为"劳动即生活"的本质论、"劳力上劳心"的认识论、"教学做合一"的方法论。赵华晔和孙振东[③]认为，合乎生活是陶行知劳动教育思想的精髓。合乎生活，在时间维度上表现为劳动教育要"回归"野人、前人的生活，目的是使后代在批判和继承前人劳动知识与技术的基础上确立现代和未来的生存生活方式；从空间维度上，表现为劳动教育要运用空间中所有的积极势力去带动整个社会的发展，陶行知"合乎生活"的劳动教育思想与实践对我国实施劳动教育具有重

---

① 李嘉纬：《陶行知劳动教育思想及其当代启示》，硕士学位论文，上海师范大学，2022。
② 张爱华：《陶行知劳动教育思想研究》，硕士学位论文，沈阳师范大学，2022。
③ 赵华晔、孙振东：《合乎生活：陶行知劳动教育思想精髓及其当代价值》，《天津市教科院学报》，2022年第4期。

要的现实意义。何光辉[①]则将陶行知劳动教育思想的内涵概括为教育要培养学生劳动意识、劳动观念，培养学生基本的劳动知识和技能，培养学生尊重普通劳动者和为人民服务等劳动情感和劳动品质，将其实施方法概括为一条根本途径——行动+体验，三个基本原则——生活即教育、社会即学校、教学做合一，两种创新方法——艺友制和小先生制，并具体介绍了上海市宝安区在陶行知劳动教育思想指导下构建"行知行"劳动教育体系的实践。杨晓亚[②]重点分析了陶行知劳动教育观中包含的"以劳促全"的思想，即劳动教育和智育体育结合，以增长智慧，强健体魄，促进人的创造力；劳动教育和德育相结合，倡导形成正确的劳动观、积极的劳动态度、尊重劳动人民的价值态度；劳动教育同美育结合，主张师生共同劳动创造美，并以无锡市东北塘实验小学劳动教育为例分析了陶行知"以劳促全"思想的实践应用。

#### 2.2.3.5 苏霍姆林斯基劳动教育思想研究

苏霍姆林斯基是对我国劳动教育影响最大的外国教育家，对其劳动教育思想的研究一直是我国劳动教育研究的重要话题。2022年的研究除总体性介绍苏霍姆林斯基劳动教育思想体系及其当代价值的研究外，还出现多项就苏霍姆林斯基劳动教育思想的某一特质进行系统、深入阐释的研究论文。马香莲和余玲瑄[③]认为，苏霍姆林斯基的劳动教育思想以培养全面和谐发展的人为价值向度，以创造性劳动作为劳动教育体系价值目标实现的条件，将劳动情感的培育视为劳动教

---

[①] 何光辉：《陶行知劳动教育思想及其对宝山区劳动教育的启示》，《现代教学》2022年第6期。
[②] 杨晓亚：《陶行知"以劳促全"劳动教育观的启示——以无锡市东北塘实验小学劳动教育为例》，《生活教育》2022年第7期。
[③] 马香莲、余玲瑄：《苏霍姆林斯基劳动教育思想体系对我国新时代劳动教育的启示》，《成都师范学院学报》2022年第9期。

育思想体系价值目标实现的动力源泉，并将其劳动教育思想的实践逻辑概括为以人为本的劳动教育理念，引导学生形成正确的劳动价值观；与时俱进创新劳动教育的内容，激发劳动兴趣；构建良好的劳动环境，在集体劳动中培养劳动情感；通过劳动实践，体验劳动的真实感和幸福感。张婷婷和佟玉英[1]将苏霍姆林斯基劳动教育思想精髓概括为推动全面发展，促进和谐发展；重视劳动情感，认识劳动价值；呼唤创新劳动，脑力和体力相结合；注重劳动环境，崇尚榜样作用。这些均对我国的劳动教育具有重要指导意义。谭凯娜和马香莲[2]则将创造性劳动视为苏霍姆林斯基劳动教育思想的精神特质。苏霍姆林斯基认为，创造性劳动是知识产生的源泉，它不仅有利于激发人全面发展，而且具有丰富的精神效能和强大的社会建设效能。创造性劳动一般具有准备、创意、实施等几个阶段，实施创造性劳动，要使体力上的劳动和思维的发展与开拓融合为一体，要通过开展思想道德教育和科学技术活动来实施创造性劳动，其创造性劳动教育思想对我国当今劳动教育有着重要的启示。张琪琪等[3]则将劳动情感培育视为苏霍姆林斯基劳动教育思想的深层基调，认为在苏霍姆林斯基看来，劳动情感是个体全面和谐发展的基因，是体力劳动和脑力劳动联结的纽带，是创造性劳动的内驱力。因此，在劳动教育过程中要始终把劳动者的情感放在最显著和最重要的位置，以教育者丰富的劳动情感感染学生，通过创造性劳动唤醒学生的劳动情感，通过树立榜样激发学生的劳动情感。

---

[1] 张婷婷、佟玉英：《苏霍姆林斯基教育思想对中小学劳动教育的启示》，《甘肃教育》2022年第10期。
[2] 谭凯娜、马香莲：《创造性劳动：苏霍姆林斯基劳动教育思想的精神特质》，《吉林省教育学院学报》2022年第11期。
[3] 张琪琪、孟令、马香莲：《劳动情感培育：苏霍姆林斯基劳动教育思想的深层基调》，《基础教育参考》2022年第8期。

## 2.2.4 劳动教育评价研究

劳动教育评价作为劳动教育工作开展的"指挥棒",一直是劳动教育研究的重要话题。以篇名含有"劳动教育"并含"评价"以及"劳动素养"并含"评价"为检索词,在中国知网共检索到2022年发文92篇,较2021年的66篇有明显增长。2022年对劳动教育评价的研究除了一般性地探讨劳动教育评价的意义、原则和优化策略的研究外[1],也有更多聚焦不同学段的学校劳动教育体系、劳动教育课程建设和学生劳动素养进行评价指标建构的系统研究。

### 2.2.4.1 学校劳动教育体系评价

学校劳动教育体系评价是对学校全部劳动教育活动组织实施的过程和效果的全方位、整体性评价,它关注的是学校把劳动教育作为一育统筹推进的力度和效果问题。谌舒山和王瑞[2]从劳动教育素养、劳动教育内容、劳动教育实施、劳动教育保障五个方面,设计了一个包括17个二级指标和32项评价细则的综合性评价体系。刘

---

[1] 李鹏:《劳动教育评价的价值意蕴与优化路径》,《湖北社会科学》2022年第8期;高文红:《高职劳动教育评价改革的时代要求、现实困境和实施策略》,《中国职业技术教育》2022年第19期;刘运体:《新时代职业院校劳动教育评价的实施困境及优化策略》,《教育理论与实践》2022年第27期;孙刚成、宋晓鸽:《劳动教育评价:从普通劳动引向教育变革与学生发展》,《渭南师范学院学报》2022年第6期;黄琼、胡昆明:《指向劳动素养培育的中小学劳动教育评价体系建设》,《中国德育》2022年第9期;王宏伟:《新时代农村中小学劳动素养评价的实践策略》,《天津教育》2022年第28期;莫逊:《基于核心素养培育的高校劳动素养评价机制改革研究》,《辽宁经济职业技术学院 辽宁经济管理干部学院学报》2022年第6期;李鹏:《高职劳动教育评价的现实困境与应对策略》,《高教学刊》2022年第30期;刘晓蓉、车延年:《高职院校劳动教育评价的创新路径研究》,《才智》2022年第20期。

[2] 谌舒山、王瑞:《构建中小学劳动教育评价指标体系》,《教育评论》2022年第7期。

新民[①]以新时代劳动教育内涵和国家相关政策为依据，构建了由劳动教育规划、劳动教育实施和劳动教育成果3个一级指标和目标规划、制度规划、活动规划、成果规划、课程实施、活动实施、学生成果、学校成果8个二级指标构成的高校劳动教育评价体系，并提出校内主体与校外主体、定量评价与定性评价、过程性评价与结果性评价相结合的实施策略。王军峰等[②]基于CIPP模型设计了一个包含背景评价（学校环境、师生认知）、输入评价（师资投入、经费投入、课程投入）、过程评价（学生参与、教师指导、师生关系）和成果评价（育人成效、教研成果、社会成就）4个一级指标、11个二级指标和37个三级指标的职业院校劳动教育评价指标体系。刘悦丹[③]从学生劳动素养和教师劳动教育教学素养两大模块提出了高校劳动教育体系评价的指标建议。

2.2.4.2 劳动教育课程评价

劳动教育课程评价是聚焦劳动教育的主渠道——课程，对学校劳动教育课程开设与实施的情况和效果进行评价。朱美韵[④]以促进学生、教师和课程发展为目的，从课程定位与管理、课程条件、课程设计、教师施教、学生学习、学生学业发展与课程满意度、教师专业提升与课程满意度，以及课程实施的社会评价等方面构建一套小学劳动教育

---

[①] 刘新民：《新时代我国高校劳动教育评价体系的构建与实施》，《中国轻工教育》2022年第2期。

[②] 王军峰：《基于CIPP模型的高职院校劳动教育评价指标体系构建与解析》，《张家口职业技术学院学报》2022年第4期。

[③] 刘悦丹：《习近平劳动观下高校劳动教育评价模块构建探析》，《当代教研论丛》2022年第10期。

[④] 朱美韵：《小学劳动教育课程评价体系的构建》，硕士学位论文，安庆师范大学，2022。

课程评价体系。朱硕阳[①]根据乡村振兴背景下对新时代劳动教育的要求,从劳动课程建设、劳动课程实施、劳动课程效果三个方面设计了包含20项具体指标的中小学劳动课程评价指标体系。方嘉静和田秋华[②]基于CIPP模式,建构了一套含课程开发准备、课程方案选择、课程组织实施、课程成效评估4个一级指标、10个二级指标和54个三级指标的中小学劳动教育课程评价指标体系。王勇等[③]也利用CIPP模式,聚焦中小学劳动教育课程的实施质量建构了包括课程背景、课程资源、教育过程、课程成效4个一级指标、15个二级指标的评价体系。刘建军等[④]从劳动理论知识学习(过程和结果)和劳动实践(过程和结果)两大维度,构建了含家庭、学校、企业、社会和平台评价的多元化职业院校劳动课程评价体系。徐炜和周方召[⑤]遵循OBE教育理念,结合新时代大学生劳动教育研究与实践,构建了涵盖"以学生为中心""以产出为导向""课程持续改进"3项一级评价指标,课程设置、教学内容等11项二级指标和45项三级评价指标的新时代大学生劳动教育课程评价指标体系。郭子涵和蒋薇薇[⑥]则聚焦大学生在劳动教育课程中的学业表现,设计了包括劳动价值观念、劳动专业知识、劳动技能水平、劳动意志品质4个一级指标、17项二级指标和

---

[①] 朱硕阳:《乡村振兴背景下劳动教育评价体系及评价系统研究》,硕士学位论文,合肥工业大学,2022。

[②] 方嘉静、田秋华:《基于CIPP模式构建中小学劳动教育课程评价指标体系》,《教育导刊》2022年第5期。

[③] 王勇、薛芳、卢长娥:《基于CIPP模型的中小学劳动教育课程实施质量评价体系构建》,《成都师范学院学报》2022年第11期。

[④] 刘建军、吴伟生、傅强、蔡雪雯、管玲凤、陈天宇:《高职院校劳动教育评价的实践应用研究》,《经济师》2022年第9期。

[⑤] 徐炜、周方召:《基于OBE理念的新时代大学生劳动教育课程评价指标体系设计》,《广西经济》2022年第4期。

[⑥] 郭子涵、蒋薇薇:《劳动教育课程多元学业评价体系构建研究》,《创新创业理论研究与实践》2022年第12期。

22项三级指标的大学生劳动教育课程学业评价体系。

#### 2.2.4.3 学生劳动素养评价

学生劳动素养评价实际上是对劳动教育效果的评价，相关评价指标体系构建的研究主要集中在中小学阶段。张丽虹和吕立杰[①]通过分析劳动素养的内涵，构建了包括劳动观念、劳动能力、劳动精神、劳动习惯和品质4个一级指标、11个二级指标及评价要点的劳动素养评价指标体系，并根据该体系设计开发问卷，对深圳市南山区中小学校进行分层抽样调查，结果表明劳动素养4个因素之间是相互影响、相互作用的；绝大多数中小学生劳动观念积极正向，劳动精神风貌良好；根据性别及独生子女划分的4类学生群体，在劳动素养4个因素上均存在显著差异；不同年级学生的劳动观念、劳动能力、劳动习惯与品质、劳动精神存在显著差异；学校支持、家庭与社区支持对于劳动素养形成至关重要。尹坚毅[②]聚焦研究了新高考下高中生劳动素养评价问题，建构了一个由核心层、内涵层和外延层组成的高中生劳动素养评价"三层次"模式。其中，核心层为劳动素养评价的核心，包括立德树人、引导教学、服务选才的基本功能，体现劳动素养评价的核心价值，回答"为什么要评"的问题；内涵层由劳动素养评价的4个维度构成，即劳动观念、劳动精神、劳动能力和劳动习惯与品质，是劳动素养目标内容在评价中的提炼，回答"评什么"的问题；外延层包括评价方式，如平时自我评价、综合素质评价和高考融合考查等评价方式，回答"怎样评"的问题。靳大林[③]则从劳动观念和精神、

---

① 张丽虹、吕立杰：《中小学生劳动素养评价指标体系的构建及其应用》，《教育测量与评价》2022年第3期。
② 尹坚毅：《新高考下高中生劳动素养评价三层次模式构建探析》，《教育与考试》2022年第4期。
③ 靳大林：《新时代中小学劳动素养评价的探索与实践》，《考试周刊》2022年第47期。

劳动常识和技术、劳动习惯和品质等方面建构了高中生劳动素养发展指标。代少东[①]则从道德观念、精神品格、习惯态度、能力技能、自我实现5个方面，设计了25个观测指标的义务教育阶段学生劳动素养评价指标体系。

在高校和职业院校学生劳动素养评价方面，温晓年等[②]从劳动意识、劳动知识、劳动能力、劳动习惯与品质、劳动精神5个维度，设计了10个二级指标的大学生劳动素养评价体系。李天骄[③]则设计了一个包含劳动观念（劳动价值观、劳动态度）、劳动能力（劳动知识、劳动技能、劳动创造）、劳动精神（工匠精神、劳模精神）和劳动习惯与品质4个维度8个二级指标的大学生劳动素养评价。邓宏宝等[④]以第四代教育评价理论为支撑，通过挖掘相关政策文本的评价要素，在多方利益相关者的响应协商与共同心理建构下，形成包含劳动技能水平、劳动价值取向、劳动精神面貌为核心类属的9个支援类属的职业院校学生劳动素养评价体系。陈超、欧彦麟[⑤]从高职院校自身特点出发，结合新时代劳动教育对人才培养的新要求，在探讨了当前高职院校劳动教育评价存在的问题以及未来改革方向的基础上，经过系统论证和实践检验，提出了以劳动素养提升为核心，按照三个年级分段测评，综合学校、家庭、社会、企业、学生五位一体开展评价的"一

---

① 代少东：《基于目标导向的义务教育阶段学生劳动教育评价体系构建》，《科学咨询（教育科研）》2022年第7期。
② 温晓年、唐志风、梁淑锰：《新时代高校大学生劳动素养评价体系的建构》，《宿州教育学院学报》2022年第1期。
③ 李天骄：《新时代大学生劳动素养评价研究》，硕士学位论文，东北农业大学，2022。
④ 邓宏宝、刘策、吴东照：《职业院校劳动教育评价：指标体系建构与实施——基于利益相关者视角》，《职业技术教育》2022年第1期。
⑤ 陈超、欧彦麟：《高职院校"一核三阶五维"劳动教育评价体系构建研究》，《教育与职业》2022年第20期。

核三阶五维"劳动素养评价体系。

此外,学者们还从不同视角拓展、深化了劳动素养评价研究。王晖等[1]系统梳理了中小学劳动素养评价的国际经验指出,在评价指标上,各国普遍关注劳动知识、劳动技能、创新创造等必备劳动能力以及服务奉献、勤俭节约等劳动精神与品格,部分国家尤其重视对劳动的态度价值观进行评价,涉及尊重劳动、劳动个人价值观、劳动社会价值观等指标;在评价方式上,具有过程性评价与结果性评价并重、注重综合多种评价手段、强调评价主体多方参与等特点。左璜等[2]的国际比较研究则发现,关于"为何评",国际上存在中小学劳动教育评价目标指向"公民培养、职业启蒙与技能培养、生活能力"三种价值取向;关于"评什么",主要存在素养主导型、能力主导型和生活主导型三类教育评价内容;关于"如何评",世界各国多采用直接评价和间接渗透式评价两种方式。陈鹏等[3]重点探讨了如何进行中小学生劳动素养增值评价问题;宁淑同等[4]则从过程性评价的角度出发,设计了对学生劳动认知、劳动能力、劳动情感态度与价值观进行过程性评价的指标;董泽华、王华月等[5]则关注了学生劳动素养的表现性评价问题。另有多位来自一线的教育

---

[1] 王晖、刘霞、刘金梦、李金文、高叶淼:《中小学生劳动素养评价的国际经验及启示》,《北京师范大学学报》(社会科学版)2022年第4期。
[2] 左璜、樊蓉、唐诗、朱雨思:《国外中小学劳动教育评价的现状述评》,《中国校外教育》2022年第4期。
[3] 陈鹏、刘铖:《中小学生劳动素养增值评价:"何能"与"何为"》,《教育测量与评价》2022年第3期。
[4] 宁淑同、刘佳、黄朋:《中小学劳动教育评价体系构建研究》,《中学课程资源》2022年第11期。
[5] 董泽华、蒋永贵:《指向劳动素养的表现性评价》,《人民教育》2022年第19期;王华月:《表现性评价在劳动周课程中的实践研究》,《河南教育》(基教版)2022年第12期。

工作者①具体介绍了在学生劳动素养评价中表现性评价设计、数字化平台使用、劳动价值观融入等问题。

### 2.2.5 劳动教育实证调查

实证调查是客观了解劳动教育实施现状的重要手段，以篇名中含有"劳动教育"并含"调查"进行检索，共检索到58篇文献，较2021年的研究也有进一步增长。从学段看，相关调研涉及从幼儿园到研究生教育的各个层次，贯通了大中小学各个学段。

#### 2.2.5.1 幼儿园劳动教育现状调查

2022年涉及幼儿园劳动教育的相关调查共7项，其中硕士学位论文3篇。②张婷以成都市两所幼儿园121名教师为调查对象进行问卷调查，发现幼儿教师对劳动教育总体持认可态度，幼儿本身的劳动意愿较高，但也存在如下问题：班级劳动教育内容过于简单、单一，提供的劳动教育条件不足，教师的劳动认识相对片面、劳动教育方式欠缺、专业能力有待提高。樊佳美等对重庆市主城区377名幼儿园教师

---

① 游飞：《基于信息化平台搭建的高校学生劳动素养评价》，《湖北开放职业学院学报》2022年第23期；章振乐：《区域劳动素养评价的数字化平台构建》，《中国基础教育》2022年第12期；姜丽霞：《小学生劳动素养评价的数字化平台的开发与实施——以"小匠人"应用小程序为例》，《现代教学》2022年第19期；杨国强：《红领巾奖章：将价值观融入劳动素养评价体系》，《基础教育论坛》2022年第27期。

② 张婷：《幼儿园劳动教育现状研究——基于对成都市两所幼儿园的问卷调查》，《齐齐哈尔师范高等专科学校学报》2022年第5期；樊佳美、田波琼、李召存：《幼儿园劳动教育实施现状调查——以重庆市主城区为例》，《幼儿教育》2022年第Z6期；巨雁楠：《新时代幼儿园劳动教育实施现状调查研究》，硕士学位论文，西北师范大学，2022；白改改：《幼儿园大班劳动教育现状调查研究——以山西省幼儿园为例》，硕士学位论文，塔里木大学，2022；贾慰鹏：《幼儿园教师劳动教育观的现状调查及问题研究》，硕士学位论文，沈阳师范大学，2022；沈芬：《幼儿园劳动教育实施现状的调查分析》，《早期教育》2022年第5期；潘衡衡：《拉萨市幼儿家庭劳动教育现状调查研究》，《西藏教育》2022年第9期。

的问卷调查和 5 位园长、13 位教师的访谈发现，多数教师认可幼儿园开展劳动教育的重要性和必要性，"生活性""态度培养"是教师对幼儿园劳动教育的共同认识，但在实施中也存在以下问题：缺乏针对性政策引领，劳动教育理念传播受限；劳动教育实践场域狭窄，课程与评价体系建设滞后；教师劳动教育理论知识薄弱，内容设计缺乏儿童视角；家长劳动教育观念与行为存在偏颇，配合度和参与度较低。巨雁楠对 L 市 360 多位幼儿教师的问卷调查和 12 位教师的访谈发现，教师对幼儿劳动和幼儿园开展劳动教育的必要性高度赞同，但对幼儿园劳动教育的认识存在偏差；劳动教育目标上忽视幼儿劳动情感的获得；劳动教育内容上缺乏社会实践类劳动，劳动教育课程零散，评价体系不健全，持续效果不显著。沈芬对盐城市主城区 8 所幼儿园 300 余名教师调查发现，教师关注到了劳动教育的重要性，但对其涉及的内涵理解不够；教师普遍重视幼儿的劳动知识和劳动技能，忽略了劳动情感；以布置简单的劳动任务为主，缺乏大型劳动教育活动；在教师看来，阻碍劳动教育的关键因素在于家长观念。白改改针对山西省 10 所幼儿园大班的调查发现，教师对大班劳动教育内涵把握不准，忽视游戏作用，劳动教育评价缺乏情感激励，幼儿园劳动教育缺乏家长的合力支持。贾慰鹏重点调查幼儿教师的劳动教育观，其对和田市 3 所幼儿园 30 名教师的访谈发现，幼儿园教师普遍对于劳动教育的重视程度较低，管理层对于劳动教育的重视程度会直接影响幼儿园教师的态度，多数教师对劳动教育理解片面，教师的劳动教育观会直接影响幼儿对待劳动的态度，多数教师仅知道劳动教育但并未实施劳动教育。潘衡衡重点研究了幼儿的家庭劳动教育情况，其对拉萨市六所幼儿园的 400 余位家长的调查发现，家长在主观上知道劳动教育的重要性，但却并没有付诸实践；家庭劳动教育内容单一，更偏重培养幼儿的独立性，而忽视培养幼儿的责任感；

家长缺乏科学的劳动教育引导方法。

2.2.5.2 中小学劳动教育现状调查

中小学劳动教育的实证调查研究相对较多，调查对象涉及学校教师、领导、学生、家长等各类主体，既有对不同主体劳动教育认知情况的调查，也有对学校劳动教育组织实施情况的调查。

第一，各主体劳动教育认知调查。

李敏[①]基于四川省达州市2万多份中小学校领导、教师、学生及学生家长的调查发现，100%的学校领导认为开设劳动课非常有必要；100%的学生喜欢上劳动课；绝大部分家长对开设劳动课表示理解和支持。王钰婷[②]对400多位小学生、200多位家长和100多位教师的调查发现，各方主体对劳动的认识存在偏差，无论是小学生、教师还是家长均有过半的人数认为"劳动就是体力活动"，认为小学没有必要开设专门的劳动教育课程。贾星蕊[③]对C市1000多位小学生和190余位学校领导和教师的调查发现，学校领导和教师对劳动教育政策有一定了解，超过95%的教师认为学校有必要开设专门的劳动教育课程，但还存在对劳动教育的认识不够全面、不够深入，对劳动教育相关政策文件理解不到位的问题。张建珍等[④]对吕梁市7所中小学的调查发现，学校对劳动教育课重视程度不够理想，仅有4所学校开设了劳动教育课；家庭对劳动教育的支持基础较好，有一半以上的家长非常赞同孩子上劳动教育课，认为劳动教育很有价值、劳动不会耽误学习、

---

① 李敏：《四川省达州市中小学劳动教育开展情况调查报告》，《中国现代教育装备》2022年第2期。

② 王钰婷：《小学劳动教育的问题调查及改进策略研究》，硕士学位论文，上海师范大学，2022。

③ 贾星蕊：《小学劳动教育实施现状的调查研究——以C市小学为例》，硕士学位论文，长春师范大学，2022。

④ 张建珍、贺世平、张静波、赵永永：《中小学劳动教育课开设现状调查研究——以吕梁市为例》，《吕梁教育学院学报》2022年第1期。

劳动教育能促进人的全面发展；中小学生总体对劳动的热情度不高，仅43.8%的学生认为学校有必要开设劳动教育课。杨春梅[1]对昆明市1500多位中小学生的调查显示，超过80%的中小学生认为学校很有必要开展劳动教育，但也有34%的学生反映家长认为学习更重要，不要求自己做家务。

第二，劳动教育组织实施情况调查。

陈韫春[2]基于东中西部9个省份18000多份有效教师调查问卷的分析，得出如下结论。一是中小学劳动教育成效凸显，劳动教育活动基本实现全覆盖，劳动课程独立地位逐步显现，家校社三方协同劳动育人机制初步形成。二是劳动教育区域发展不均衡，西部地区学校与中部地区学校差距较小，但中部和西部地区学校与东部地区学校差距较大。三是劳动教育学段之间差异较大，小学更注重劳动教育活动的组织和独立劳动课的设置，高中更加重视校外劳动体验，初中的表现介于小学和高中之间。四是劳动实践场所、劳动指导用书、劳动专任教师和劳动教育评价是影响劳动教育组织实施的主要因素。五是独立开设劳动课、校外劳动教育活动，与学校劳动实践场所、劳动指导用书、劳动专任教师及劳动教育评价显著相关。黄晓如[3]对5所农村初中学校207名教师和368名学生的调查与访谈发现，当前农村初中学校在劳动教育管理方面存在的问题有师资管理松散，领导责任模糊、动力不足，评价与监督内容单一、形式僵化，劳动安全缺乏保障。几篇相关硕士论文的调查均发现了以下共同问题：教育者对劳动教育实

---

[1] 杨春梅：《昆明市中小学生劳动教育现状调查研究》，《云南教育》（视界时政版）2022年第Z1期。

[2] 陈韫春：《中小学劳动教育的现状与提升——基于大规模调查数据的分析》，《教育研究》2022年第11期。

[3] 黄晓如：《农村初中学校劳动教育的管理现状及策略研究——基于5所农村初中的调查》，硕士学位论文，汕头大学，2022。

施存在困惑，学校劳动课程设置形式化严重，劳动教育专业师资不足，劳动指导用书缺乏或内容空洞，劳动场地安排受到局限，劳动教育内容设计简化单一，劳动形式传统保守。

从实施效果看，叶定华和杜勇华[①]对江西省瑞昌市2500多名小学生的调查发现，学生基本具备一般性自理劳动能力，但在使用工具方面有欠缺；学生劳动意识需加强，缺乏主动参与劳动的内驱力；学生劳动需要学校和家庭正确的教育和指导；学生劳动时间明显不够，劳动范围过于狭窄。

孙曙和张帝[②]聚焦劳动教育师资问题进行了专门调查，他们基于重庆市2021"劳动教育专兼职队伍培训"的调查数据分析发现，所有参与调查的教师所在学校均开设了劳动教育课程，但仅有29%的学校由专职劳动教师授课；94%的教师非常认同劳动之于学生成长的重要价值，对劳动教育内涵认识较为深刻；中小学劳动教育教师创新劳动教育形式的意愿较强，但仅有13%的教师认为自己具备了开展劳动教育的能力。76%的教师认为自身课程开发能力急需提高，65%的教师认为自身教材研究能力需要提高，51%的教师认为自身教学组织能力需要提高，51%的教师认为自身劳动技能需要提高，47%的教师认为自身的学生劳动过程管理能力需要提高。

2.2.5.3 职业院校劳动教育现状调查

职业院校的劳动教育调查主要是从受众的角度，调查职业院校学生的劳动观念及对学校劳动教育的满意度。李南杰等[③]以广东省6所

---

① 叶定华、杜勇华：《小学劳动教育现状调查与思考》，《中国现代教育装备》2022年第4期。

② 孙曙、张帝：《中小学劳动教育教师队伍建设的现状及对策——基于重庆市2021"劳动教育专兼职队伍培训"的调查数据》，《劳动教育评论》2021年第1期。

③ 李南杰、郝雯、潘海涛、马电：《"00后"高职生及其家长劳动教育现状及优化路径——基于广东省内六所高职院校的调查》，《现代职业教育》2022年第13期。

高职院校 2197 名学生为样本，采用问卷调查与实地访谈相结合的方法，了解高职学生劳动教育现状。调查显示，大部分学生认同劳动教育，但劳动知识与技能薄弱；学生劳动教育观念来源于父母、学校与社会三个方面；学生参加劳动教育的积极性较高，但内在兴趣较为缺乏；多数学生喜欢劳动主题鲜明的社会实践活动，但学校开展的劳动教育侧重于清扫校园。贾佳霖[①]对湖北省 5 所高职院校 1400 名在校学生的调查发现，劳动教育普遍得到加强，57.9%的高职学生反映"所在的学校已开设专门的劳动教育课"，59.7%的高职学生反映"学校已将学生劳动素养评价结果作为评优评先的依据"，75.2%的高职学生认为"学校劳动教育形式丰富，涉及实习实训、志愿服务和寝室卫生活动等"，但也存在学生对劳动教育的认知度不够、劳动光荣观念不强、个人劳动认同感较弱、高职院校劳动教育未充分体现职业教育特点、劳动教育考核评价机制不够健全等问题。邓凯文等[②]基于广东省 9 所中等职业技术学校 12686 名在校生的实证调查发现，中职学校劳动教育的实施情况良好，学生对劳动教育的满意度一般，学生更喜欢以校内为空间的劳动教育形式。存在的主要问题包括学生在劳动价值观、劳动者平等等方面存在认知偏差，大部分中职学生对劳动课程的重视程度不够；学生对劳动的情感有偏差，近 1/5 的学生不喜欢劳动，甚至出现讨厌劳动的情感；学生的劳动习惯和品质有待改善，仅一半左右的学生有良好的劳动习惯，能够自觉自愿地参加劳动；一半以上的学生对学校所开设的劳动课不满意，认为劳动课的形式单一。桂文龙等[③]

---

① 贾佳霖：《新时代高职院校劳动教育调查与分析——基于湖北省 5 所高职院校的调查》，《武汉交通职业学院学报》2022 年第 1 期。

② 邓凯文、汪永智、刘春雁、金素端：《我国中职学校劳动教育的现状及提升路径研究——基于 12686 名中职学生的实证调查》，《教育与教学研究》2022 年第 11 期。

③ 桂文龙、刘俊栋、苏治国：《新时代高职院校劳动教育现状调查与对策研究》，《张家口职业技术学院学报》2022 年第 4 期。

基于江苏省部分高职院校 460 位在校学生和 224 份家长的调查分析发现，76.30%的高职学生表示学校开设了劳动教育课程，但每周开展劳动课程不固定；93.70%的高职学生表示学校劳动教育课程的主要内容是打扫卫生、叠被子等清洁活动，可见调查的高职院校劳动教育课程仅仅停留在简单劳动的层面上；很多高职院校并未设置统一的劳动教育评价体系，87.17%的高职学生表示学校对学生的评价主体较为单一，由班主任或辅导员个人决定。家长调查显示，89.73%的高职学生家长支持并鼓励孩子参加一些劳动实践，极少数家长反对；93.30%的家长表示经常代替孩子完成家务劳动；69.64%的高职学生家长认为学习比劳动更加重要。

2.2.5.4 高校劳动教育现状调查

除个别基于一所学校的调研外，绝大多数都基于某一区域多所高校的调查，调查对象主要是大学生，包括对大学生劳动观念和行为的调查，或者通过大学生了解高校劳动教育的实施效果。

高校劳动教育调研也多以大学生为调查对象，周君佐等[①]对粤港澳大湾区 6 所高校 689 名在校大学生的调查表明，当前大学生对劳动教育的价值认同较高，绝大多数学生认可劳动教育的意义和价值。但不同群体学生对劳动教育的价值认同存在差异：生源地为农村和镇区的学生高于城市的学生，父母受教育程度为大专以下的学生高于父母受教育程度为大专及以上的学生，非独生子女学生高于独生子女学生。行为投入方面，大学生劳动教育行为投入处于中等水平，且参与动机多元，从高到低依次为个人能力提升、丰富学习体验、求职信号传递、知识获取、物质利益回报和个人兴趣满足。学习收获方面，大学生通过劳动教育学习收获整体较多，大部分学生都能从中有所收

---

① 周君佐、李镓、咸春龙：《大学生劳动教育的现状分析与对策建议——基于粤港澳大湾区 6 所高校的调查》，《高教探索》2022 年第 1 期。

获。对大学生劳动教育学习收获影响因素的进一步考察发现，大学生劳动教育价值认同、参与动机和行为投入均对学生的学习收获有正向预测作用，而学生的性别、专业、年级等人口学变量因素的影响不显著。钟春梅等[①]对粤港澳大湾区6所高校689名在校大学生的调查发现，大学生劳动教育价值认同对其劳动教育收获有直接正向影响，行为投入和参与动机在大学生劳动教育价值认同和劳动教育收获之间具有中介作用。因此，可从提高大学生对劳动教育价值认同、激发大学生劳动教育参与动机和促进大学生劳动教育行为投入等途径来提高高校劳动教育的实效性。

区丽媛和秦晴[②]对广西6所高校的调查发现，部分大学生对劳动的社会认知片面化、部分家庭对大学生劳动教育引导不足、部分大学生对劳动教育意识薄弱，劳动教育正面临育人手段交互化，在全员育人上劳动教育引导需更全面；各类信息碎片化，在全过程育人上劳动教育督导需更严格；虚拟社交圈层化，在全方位育人上劳动教育意义需更深化等挑战。闫洁[③]对徐州地区部分高校师生的问卷调查显示，大学生劳动教育取得了一定的成效，总体表现较好，认知度较高，行动能力较强。但是也存在一定的问题和不足，如学生不重视、缺少平台、学校投入不足等方面。王晓艳和谢栎盈[④]基于广州地区高校790名大学生的调查数据，分析了大学生劳动教育中的家校社协同育人问题。调查发现，从家庭教育看，大学生的家庭劳动氛围与劳动教育认

---

① 钟春梅、咸春龙、殷舒：《价值认同何以影响大学生劳动教育收获？——基于粤港澳大湾区6所高校的调查》，《职业技术教育》2022年第14期。
② 区丽媛、秦晴：《困境与突破：当代高校劳动教育质量提升路径研究——基于广西6所高校的劳动教育调查》，《传承》2022年第3期。
③ 闫洁：《新时代大学生劳动教育的现状及反思——基于徐州地区的调查研究》，《才智》2022年第33期。
④ 王晓艳、谢栎盈：《大学生劳动教育协同育人机制研究——基于广州高校调查的实证研究》，《科技风》2022年第34期。

知呈现存在显著相关性,家庭氛围良好的大学生在劳动教育概念、政策或其他方面的了解程度显著高于平均水平,家长自身劳动教育认知和示范性行为对于大学生在接受家庭教育中尤为关键。从学校教育看,高校的师资队伍建设、评估机制构建和激励给予会对大学生劳动选择倾向产生显著的正向影响,相关课程开设和基地配备的影响并不显著。因此,大学生劳动教育的有效落实,除设置专业师资和教材配备外,更应完善大学生教育评估机制,健全激励机制。从社会方面看,受访者普遍认为社会对于劳动教育方面,宣传教育和社会舆论氛围不强。社会支持的不足中排前三位的分别是"媒体宣传不足"、"当前社会媒体的价值导向存在偏差"和"社会舆论氛围"。刘莉和高巧[1]对南京市江宁大学城的 13 所高校 4400 多名大学生的调查发现,学生对劳动观念的认识总体上比较准确,超过半数的高校开展过劳动教育,但有系统课程规划设计的学校比较少。学生对劳动教育有强烈的外在兴趣,但内在兴趣有待提高,大部分学生愿意去户外接受劳动教育,并将其视为身心放松的手段;超过半数的学生表示专业课任务繁重,无暇顾及劳动教育。陈琛和刘圣兰[2]基于华东、华中、华南、华北、西南、西北 6 区 12 个省 25 所高校 512 份研究生调查问卷分析发现,研究生对目前所受劳动教育整体评价较高,但对高校、家庭、社会三方面的劳动教育机制体制仍提出了需要进一步完善和改进的意见;研究生劳动教育现状及其评价受到多方面的影响,分别来自学生个人方面、高校方面、家庭方面、社会方面。其中,高校方面原因对研究生劳动教育现状及其评价影响程度最大。

---

[1] 刘莉、高巧:《高校劳动教育实施现状的调查研究——以南京市江宁大学城为例》,《中国多媒体与网络教学学报》(中旬刊)2022 年第 11 期。

[2] 陈琛、刘圣兰:《新时代研究生劳动教育影响因素及优化对策——基于 512 份高校研究生问卷调查的实证分析》,《内蒙古电大学刊》2022 年第 1 期。

#### 2.2.5.5 大中小学劳动教育贯通性调查

有两项研究涉及大中小学各个学段，关注的是大中小学劳动教育实施的整体情况和一体化推进问题。邵志豪和解庆福[①]对吉林省 10 个地市 228 所大中小学劳动教育的实施状况进行了全面调查，调查结果显示，制定劳动教育规划与实施方案的有 119 所，占比 52.2%；有近 50% 的将劳动教育纳入了学校总体发展规划；开足开齐开全劳动教育必修课的学校共 154 所，占比 67.5%；积极推进劳动教育与学科教学融合的占比 69.7%。大中小学普遍重视在日常活动中落实劳动教育，组织开展校园学生劳动活动的达 100%；有 78 所学校配备了劳动教育课程专任教师，占比 34.2%；104 所学校开展了劳动教育师资培训工作，占比 45.6%；有 73 所学校建立了校外劳动教育基地，占比 32.0%。总体来说，吉林省大中小学劳动教育在相关政策推进实施以后取得了长足的进步，但也存在劳动教育认识不够、课程和活动体系建设不完善、师资缺乏和课程资源不足等亟待解决的问题。赵秋霞[②]对四川省绵阳市 10 所学校〔小学 3 所、中学（含中职）4 所、大学（含高职）3 所〕近 1000 名学生、30 位教师的问卷调查和访谈发现，高达 65% 的同学和超过 90% 的教师认为加强劳动教育一体化建设"非常重要"，绵阳市基本做到了对劳动教育目标的总体目标坚持和阶段性目标明确，初步形成了一体化的劳动教育目标；各大中小学的劳动教育基本做到了随着学段的变化改变劳动教育内容的设置，各个学段有不同形式的劳动教育内容，基本符合学生的身心发展规律，也基本做到了劳动教育内容的逐渐深入和循序渐进，没有出现突出的内容混乱或

---

① 邵志豪、解庆福：《新时代劳动教育实施的现状、问题解析及应对策略——基于吉林省大中小学问卷调查的综合分析》，《东北师大学报》（哲学社会科学版）2022 年第 5 期。

② 赵秋霞：《大中小学劳动教育一体化研究——基于四川省绵阳市 10 所学校的调查分析》，硕士学位论文，西南科技大学，2022。

重复的现象。但当前大中小学劳动教育一体化发展仍面临诸多问题,主要体现在劳动教育一体化思想认识的深刻性与一致性有待达成,组织管理的协同性与纵深性有待推进,载体运用的灵活性与创新性有待提高,考核评价的实效性与多元性有待探索四个方面。

### 2.2.6 "双减"政策与劳动教育

"双减"政策的深入落地为劳动教育提供了更广阔的实施空间,也使"双减"背景下的劳动教育创新成为新的关注热点。以篇名含有"双减"并含"劳动教育"进行检索,共检索到2022年的相关论文44篇,较2021年的6篇有明显增长。就其研究内容看,主要是在明确"双减"政策与劳动教育的相互助长关系的基础上,提出进一步优化劳动教育的对策。

#### 2.2.6.1 "双减"政策与劳动教育的关系辨析

林锶泓[1]认为,"双减"政策的颁布为学校劳动教育带来了新的发展契机,高质量的劳动教育也能助力"双减"政策促进育人目标的达成。一方面,"双减"政策的出台为中小学生减轻了作业和校外培训的负担,使他们能腾出更多的时间参与课外活动,这为劳动教育的开展赢得了空间;另一方面,劳动是"双减"政策中重要的一部分,"双减"政策明确指出,学校和家长要引导孩子在完成作业后进行适当的家务劳动,学校课后服务要为学生拓展学习空间,开展丰富多彩的体育、科普、劳动、艺术等兴趣小组及社团活动,这为劳动教育的开展提供了契机。石双华[2]指出,"双减"和劳动教育共同指向我国社会主义教育的整体育人目标;"双减"为劳动教育提供了外部支撑,

---

[1] 林锶泓:《"双减"政策下中小学劳动教育的价值回归与优化路径》,《成都师范学院学报》2022年第5期。

[2] 石双华:《"双减"背景下劳动教育的意义探索与实施路径》,《北京教育学院学报》2022年第2期。

劳动教育为"双减"政策的落实提供了内在动力。王永颜和孙欣雅[1]认为,一方面,"双减"为开展劳动教育留出时间和空间,为家长关注劳动教育的育人价值提供机会,为学校和教师实施劳动教育开辟新机;另一方面,劳动教育即是"双减"政策中的一部分,也是"双减"后教育增效、提质的重要途径之一。尹智勇[2]聚焦农村学校分析了"双减"政策给劳动教育带来的发展契机:一是"双减"政策的出台,有效提升了学校教师关于劳动教育的认识,为劳动教育的开发巩固了认知基础;二是在"双减"政策落地执行中,劳动教育可支配时间变多,更有利于学生参与到劳动教育的实践中。李兵兵和赵蒙成[3]则重点关注了劳动教育对落实"双减"作用的助力作用,他们认为劳动教育与"双减"具有内在的价值契合性,是推进"双减"政策落地的重要策略。劳动教育实施的重要意义之一在于,将学生从机械记忆中解放出来,在减轻学生负担的同时助力教育质量提升。

2.2.6.2 "双减"背景下劳动教育的优化策略

如何利用好"双减"政策提供的有利契机进一步优化劳动教育,是学者们更为关注的内容。李兵兵和赵蒙成[4]从布迪厄实践社会学视角出发,指出在"双减"政策背景下,改变卷入劳动教育场域的行动者惯习、重塑劳动教育场域构型、推进"普职融通",是促进劳动教育回归生活实践,实现义务教育阶段减负增效、立德树人目标的重要

---

[1] 王永颜、孙欣雅:《"双减"背景下中小学劳动教育全面实施研究》,《教育评论》2022年第8期。
[2] 尹智勇:《"双减"政策背景下农村学校开展劳动教育校本课程的困境与优化路径》,《甘肃教育研究》2022年第12期。
[3] 李兵兵、赵蒙成:《实践社会学视角下劳动教育助力"双减"政策的探讨》,《当代职业教育》2022年第4期。
[4] 李兵兵、赵蒙成:《实践社会学视角下劳动教育助力"双减"政策的探讨》,《当代职业教育》2022年第4期。

路径。罗彩云①认为,"双减"政策重塑了教育生态,学校教育者要用好这一有利生态,通过多方联动,减压力增合力;学科融合,减重复增实践;因地制宜,减枯燥增趣味;与时俱进,减平庸增创新,将劳动教育落实到小学生的日常生活学习当中,有机地融入多元的综合实践活动中。石双华②建议教师一要充分认识劳动教育与"双减"在育人导向上的一致性,精准定位劳动教育课程的性质和理念;二要加强学校的整体布局、班主任和学科教师的深层互动,积极探索"劳动+学科"的有机融合途径,共同探究构建校本化的整体育人体系;三要促进政府、学校、社会与家庭的多方联动,优化开展劳动教育的环境。王永颜和孙欣雅③建议,"双减"背景下,全面有效实施劳动教育,应家校配合使劳动教育成为"双减"共识,深化劳动教育评价改革以适应"双减"要求,多渠道使劳动教育在"双减"后做"加法"。刘颖④重点探讨了"双减"背景下家校协同开展劳动教育的策略:一是学校要办好家长学校,提高家长的劳动教育意识、推介学校校本化课程,助力家长更新教育理念。二是学校要策划系列活动,巧用主题式实践活动;开展社团活动,融入家史教育元素;开展深度学习,引入项目化劳动实践活动,全方位优化劳动校本课程。三是关注评价,巩固劳动教育成果。王肖东和徐海娇⑤则聚焦提出了"双减"

---

① 罗彩云:《"双减"政策下的劳动教育实践新探》,《福建教育学院学报》2022年第2期。

② 石双华:《"双减"背景下劳动教育的意义探索与实施路径》,《北京教育学院学报》2022年第2期。

③ 王永颜、孙欣雅:《"双减"背景下中小学劳动教育全面实施研究》,《教育评论》2022年第8期。

④ 刘颖:《"双减"背景下家校协同开展劳动教育的有效策略》,《新课程研究》2022年第28期。

⑤ 王肖东、徐海娇:《"双减"政策下劳动教育向课后服务延伸的三重向度》,《中小学班主任》2022年第20期。

政策下劳动教育向课后服务延伸的相关建议，具体包括从发掘师资力量、拓宽课后服务渠道两方面破解供给不足问题，拓展劳动教育向课后服务延伸的广度；要满足学生多样化需求、做好劳动课后服务"加法"，精准匹配劳动课后服务供需，切实加强劳动教育向课后服务延伸的深度；要在完善保障机制和构建协同育人新格局两方面进行制度创新，确保劳动教育向课后服务延伸的力度。

### 2.2.7 人工智能与劳动教育

人工智能技术的突飞猛进必然会带来人类社会劳动形态和价值观念的深刻变革，进而引发了研究者对劳动教育如何适应人工智能时代要求的新思考。笔者以篇名含"劳动教育"并含"智能"为检索词，共检索到 2021 年发文 19 篇，2022 年发文 26 篇，同时，2022 年还首次出现了相关硕士学位论文[①]，探讨智能技术赋能劳动教育课程教学设计[②]，说明人工智能时代的劳动教育已成为一个持续走向深入的话题。

#### 2.2.7.1 人工智能时代劳动教育的挑战与机遇

张家军和吕寒雪[③]认为，人工智能所带来的劳动手段智能化、劳动场域虚拟化、劳动过程创新化和闲暇时间丰裕化，将触发劳动教育在育人身份、实践方式、教育重心与劳动价值取向等方面的内在博弈。同时，也容易使劳动教育陷入技术主导式教学、分散式个人实践、偏狭化身体教育、误读式劳动意义的境地，弱化学生的劳动精

---

[①] 夏颜先：《人工智能时代的劳动教育研究》，硕士学位论文，上海师范大学，2022；倪银璐：《基于人工智能的小学劳动教育困境与突破——以武汉市 L 小学的调查为例》，硕士学位论文，华中师范大学，2022。

[②] 杨桂、陈雅林、林诗佳、朱敬东：《智能技术赋能的劳动教育学习活动的设计与实践》，《新智慧》2021 年第 18 期。

[③] 张家军、吕寒雪：《人工智能时代的劳动教育变革：缘起、挑战与出路》，《中国教育学刊》2022 年第 6 期。

神、劳动道德、劳动知能和劳动价值观等智能时代必备的劳动素养。潘莉和俎岩①主要从技术的角度分析了人工智能带给劳动教育的挑战和机遇。作者认为，人工智能技术赋能劳动教育，改变了原有的言传身教模式，使教育过程更加智能便利，教育内容更加形象生动，教育环境更加虚拟泛在，教育评价更加即时精准，增进了劳动教育的便捷性、覆盖面、个性化和有效性。当然，受到智能教育基础设施不完善、教师智能素养不足等因素影响，当前依然面临教师主导地位下降、劳动教育内容庞杂琐碎、实践体验身心分离等困境，需从明确劳动教育育人目标、丰富统整劳动教育内容、充分发挥教师主体智慧、促进教育情境虚实融合等路径实现突破。刘瑞和韩同友②重点关注了人工智能给劳动教育带来的机遇，作者认为，人工智能丰富了劳动教育的内容，拓宽了劳动教育的场域，促进了大学生的个性发展。罗翔③也认为人工智能是赋能劳动教育的"助推剂"，为优化高校劳动教育教学目标、赋能高校劳动教育施教主体、丰富高校劳动教育教学内容、拓宽高校劳动教育接受途径提供了新机遇。蒋桂芳和李丽④则从价值塑造的角度反思了人工智能给劳动教育带来的挑战，如使人的劳动意识日益淡化、劳动本质不断虚化、主体地位逐步弱化、本质属性趋于异化等。

### 2.2.7.2 人工智能时代劳动教育的创新发展

关于人工智能时代劳动教育的创新发展研究主要集中在高等教育

---

① 潘莉、俎岩：《人工智能技术赋能高校劳动教育研究》，《学校党建与思想教育》2022年第23期。
② 刘瑞、韩同友：《人工智能时代大学生劳动教育探析》，《淮阴工学院学报》2022年第2期。
③ 罗翔：《人工智能赋能高校劳动教育的内在逻辑、价值意蕴和发展路径》，《北京化工大学学报》（社会科学版）2022年第2期。
④ 蒋桂芳、李丽：《智能时代劳动教育的价值审视》，《教育文化论坛》2022年第4期。

阶段。刘飞君[①]结合人工智能时代带来的价值重塑，强调人工智能时代的高校劳动教育要坚持以马克思主义劳动价值观为指导，重构智能时代大学生劳动教育的认知基础；要引导大学生树立正确的劳动价值观，培养大学生成为智能时代的新型劳动者，强化大学生团结合作和求实求真的劳动精神，进而重塑劳动教育的育人价值；要通过改进劳动教育课程和建立健全动态综合评价体系等方式创新大学生劳动教育实施进路。雷铮[②]认为，人工智能时代使劳动教育内容要在兼顾传统劳动教育的基础上突出新型劳动教育，使劳动教育主体拥有更多的时间和精力从事创造性工作，使劳动教育的工具从机械工具向"智能"工具转变，使劳动教育场域从实体空间延伸到虚拟和实体相结合，这些均要求高校劳动教育的目标、内容和方式作出相应的调整和变革。胡雪凤和洪早清[③]则关注了智能化时代高校劳动教育的形态转型问题，建议高校以大学生智能化数字素养为核心统整劳动教育目标体系，以信息技术与劳动教育融合为手段创新劳动教育新形态，以"五育并举"为纲领打造智慧育人新环境，以智能系统为辅助实施个性化劳动教育效果评价。

在职业教育中，陈好敏和张少华[④]对人工智能时代职业院校劳动教育提出了优化建议：一是要更新教育理念，树立"以时代为引领""以学生为中心""以劳动为途径"的教育理念，主动迎接人工智能时代的到来；二是要丰富教育内容，以提升人工智能素养为重点开展

---

[①] 刘飞君：《智能时代大学生劳动教育的价值重塑及实施进路》，《教育理论与实践》2022年第12期。

[②] 雷铮：《人工智能时代下高校劳动教育的价值及实现途径》，《劳动教育评论》2022年第2期。

[③] 胡雪凤、洪早清：《高校劳动教育的智能转型与应然路径》，《教育理论与实践》2022年第6期。

[④] 陈好敏、张少华：《人工智能时代职业院校加强劳动教育的三重维度》，《石家庄职业技术学院学报》2022年第2期。

劳动教育;三是要创新教育模式,以人工智能技术为载体优化劳动教育教学和评价方式。

在基础教育阶段,倪银璐[①]基于实证调查,提出了小学阶段结合人工智能技术优化劳动教育的路径:第一,利用人工智能技术激发小学生的劳动兴趣,满足不同学生的差异需求;第二,运用智能化手段开展学校劳动教育,避免学校劳动教育形式流于表面,促使小学劳动教育内容的智能化整合以及实践的智能化开展;第三,基于人工智能算法创新劳动教育评价,通过创设智能化数字平台,采取多样化的智能评价方式,防止小学劳动教育评价的静态化和单一化;第四,以大数据为桥梁建立有效共享的运行机制,使得家庭、社区、学校联合共同发挥作用,使小学劳动教育发挥真正的育人价值。

## 2.3 总结与评析

2022年劳动教育的学术研究总体呈稳步增长的态势,并在幼儿教育、特殊教育、心理健康教育领域出现了越来越多的研究,反映出劳动教育的独特育人价值得到了越来越广泛的认可。就其研究内容看,表现出如下几个特点。一是劳动教育课程化更加清晰。随着劳动教育越来越深入地推进,特别是《义务教育劳动课程标准(试行)》的颁布,劳动教育课程体系建设的研究迅猛增长,成为2022年度劳动教育研究的第一大主题。关于劳动教育课程体系建设的研究遍布学前、中小学、职业教育和高等教育各学段、各类型,体现出遵循不同学段学生特点和不同类型教育目标要求,构建多维课程体系的不懈努力。二是对劳动教育价值和意义的思考越来越深入。超越了一般性的

---

① 倪银璐:《基于人工智能的小学劳动教育困境与突破——以武汉市L小学的调查为例》,硕士学位论文,华中师范大学,2022。

劳动教育价值或意义阐释，越来越重视结合不同学段人才培养目标定位劳动教育的意义和价值，体现出对劳动教育育人价值认识的深化和细化。三是劳动教育思想史的研究越来越受到重视，且越来越倾向于对中国本土政治家、思想家和教育家的劳动教育思想研究，越来越关注社会主义劳动教育独特性的研究，初步体现出构建中国特色劳动教育理论体系的努力。四是劳动教育评价研究越来越走向实用，相关研究从对劳动教育评价意义和原则的一般性阐释，走向结合学段要求和学生特点构建系统的劳动教育评价指标体系。五是劳动教育的实证调研越来越受到重视，出现了更多超越了一校一地面向区域甚至全国的实证调查类研究。六是劳动教育研究响应时代需求，能够及时响应国家"双减"政策和人工智能时代的发展需求，探讨劳动教育的改革与创新问题。

同时，我们也看到，尽管2022年劳动教育的研究主题越来越关注实践，注意围绕劳动教育实施推进中的重点问题、结合学段特征进行思考与阐释，但关注的实践主题仍主要集中在学校内部，如劳动教育课程建设、劳动教育评价体系构建等，对一些需要校内外协同解决的现实问题，如劳动教育教师队伍建设、劳动教育基地建设、劳动教育经费支持、劳动教育的社会支持等的研究仍明显不足。这也意味着劳动教育的研究不应该只是教育学圈内的事情，劳动教育中很多长效机制建设问题需要社会学、管理学、经济学等各学科专家的关注与支持。此外，2022年劳动教育研究的学段特色鲜明，无论是劳动教育课程建设的研究、劳动教育价值定位分析，还是劳动教育的评价指标体系建构、实证调查分析，都体现出鲜明的分学段特点。但劳动教育作为一种融入人才培养全过程、贯通大中小各学段的教育之重要组成部分，对其研究不能只是分而治之，还需要更多大中小学劳动教育一体化协同推进的研究。

# 3 课程建设：大中小学探索多样化的方案

自 2018 年全国教育大会提出"培养德智体美劳全面发展的社会主义建设者和接班人"以来，大中小学积极探索新时代劳动教育的各项实践。对于学校教育而言，课堂无疑是教育的主渠道，以课程的形式开展劳动教育是劳动教育作为一项独立教育内容迈出的重要一步，也是明确德智体美劳五育并举的主要渠道。本章调研团队调研全国部分省份中小学劳动教育课程实施情况，分析 41 所高职院校和 140 所普通高等学校劳动教育实施方案，量化分析劳动教育课程建设的各项指标，明确学校劳动教育课程的开展情况及相关保障。

## 3.1 中小学劳动教育课程建设

中小学是我国义务教育体系的重要组成部分。中小学劳动教育课程建设能够有效落实党和国家的劳动教育政策，促进劳动教育的系统化、科学化，提升学生的劳动素养。

### 3.1.1 全国部分省市劳动教育课程建设情况

经过近几年发展，新时代劳动教育在全国各地积极探索，各省市根据相关政策文件，着手开展省域劳动教育课程建设。

#### 3.1.1.1 北京市

2018年，北京市成立了由各级劳动教育教研员和能工巧匠等组成的劳动教育专家委员会，建立由教育行政部门、学校、教研机构等组成的区域劳动教育联盟，组织开展劳动教育交流研讨。

研发"北京市劳动实践"线上平台。通过平台展示全市校外劳动实践场所的地理位置分布、各场所介绍和特色课程，同时实现对校外劳动实践场所的动态管理。建立评价平台。针对小学、初中、高中三个学段学生特点，探索实行以教师评价为主，以家长、劳动实践单位评价为辅的评价机制，对学生劳动目的、劳动过程、劳动结果进行全过程纪实评价，并将学生参与劳动的情况记入学生综合素质档案。搭建展示平台。面向全市中小学生举办劳动技能竞赛，设置技能类、烹饪类、生活类和农耕类4类26个竞赛项目，根据学生劳动过程、劳动态度、劳动成果等，客观评价不同学段学生的劳动过程和结果，进一步激发学生劳动潜能、增强学生劳动技能。

形成了具有综合性、实践性、开放性的，覆盖纸工、泥工、木工、金工、编织、缝纫、烹饪、种植等8大类劳动教育课程体系，让学生在多种劳动实践中崇尚劳动、尊重劳动、学会劳动。并明确家庭劳动时间，建立不同学段家务劳动清单。创建了更加贴合中小学生的"劳动六艺"课程模型。以"食、礼、传、耕、创、数"六方面为抓手，包括生产劳动、生活劳动、服务性劳动、创造性劳动等内容，"劳动六艺"课程兼顾传统技能与科学探究，从学生身边入手，把劳动教育与学生的习惯养成和品德修养紧密联系起来。

#### 3.1.1.2 河北省

河北省为全面贯彻党的二十大精神和习近平总书记关于劳动教育的重要指示批示精神，紧紧围绕"人民满意 教育强省"目标，继续加强全省学校劳动教育师资队伍建设,提升劳动教育师资专业化水平,自2021年起,每年组织全省大中小学劳动教育师资培训,通过培训切实加强大中小学劳动教育师资力量,不断拓展劳动教育视野格局,提升学校劳动教育实施能力,为推进河北教育高质量发展,奋力谱写中国式现代化河北篇章贡献教育力量。

自2022年起,河北省教育厅每年定期举办全省中小学生劳动技能竞赛,充分带动各地各中小学校竞赛活动广泛开展,极大激发了广大学生参与劳动的主动性、积极性和创造性,提升了学校家庭社会普遍关心支持劳动教育、参与劳动教育、推进劳动教育的凝聚力、向心力和影响力,成为推动新时代劳动教育发展的重要载体。

2022年组织开展全省劳动教育课程开设情况普查工作,做好劳动教育开课情况信息公开,详细掌握劳动教育教师底数,广泛接受社会监督;并在拓展劳动教育场所资源上再求突破,统筹规划校内外实践场所建设,逐步配齐建好劳动实践教室、实训基地,配置相应设备和所需耗材。在功能上能够真正满足劳动教育以体力劳动为主,动手实践、出力流汗的根本要求,为常态化、经常性开展学生劳动教育提供保障。

为进一步推进全省学校劳动教育信息化建设,以高水平的教育信息化引领劳动教育现代化,全省劳动教育信息化平台已建立,2023年平台启用后,将从"数字赋能、深耕劳动、共建共享"三个维度,开展劳动教育实施情况线上数据采集、评估,实现劳动教育资源共享、经验交流互鉴。各地市教育部门及学校实时更新劳动教育清单、课时开设、实践基地、教师配备、劳动场景等信息,以期形成劳动教育工作推进和成果展示的窗口。

### 3.1.1.3 辽宁省

2021年4月,辽宁省委办公厅、省政府办公厅印发《辽宁省全面加强新时代大中小学劳动教育若干措施》，在大中小学设立劳动教育必修课程，纳入初中学业水平考试范围，列为中考考试科目，并作为毕业和升学的基本依据。

在全省各市各大中小学校组织开展劳动教育优秀案例（课程）视频征集活动，征集评选出13个学校劳动教育优秀案例（课程）视频，在省教育厅微信公众号、教育网络电视等平台进行展播，相关学校开展劳动教育的图文经验材料编印成册印发全省各市学习交流。

#### 3.1.1.4 湖南省长沙市

长沙市组织编写《长沙市劳动教育课程教学指导手册》，小学侧重劳动习惯养成，初中侧重劳动技能培养，高中侧重劳动实践与创新，开发了包括家政劳动实践、农林劳动实践、工业制造实践、工艺技术实践、设计创造实践、职业体验实践等六大模块，着力构建小初高相互衔接、螺旋上升的劳动教育内容体系。

长沙市健全学生劳动素养评价制度，组织开展劳动技能和成果展示、劳动竞赛等活动，并将劳动实践过程和结果纳入学生综合素质评价体系，建立公示、审核制度，同时把劳动素养评价结果作为评优评先的重要参考和毕业依据，以及高一级学校招生录取的重要参考或依据，让劳动教育评价落到实处。

2020年4月，长沙市发布了包括课程设置、教学实施、保障机制、学生劳动素养4项一级指标16项二级指标的全国首个普通中小学校劳动教育状况评价指标，为长沙市中小学劳动教育考核评价工作指明了方向。同时将结果纳入初中学业考试和高中阶段学校招生考试内容，作为普通高中招生录取的重要指标之一。

采取"区域+基地"形式，将研学实践基地和青少年校外活动场所打造为劳动体验实践场所，并纳入市综合实践服务管理平台进行管理，学生可通过"人人通"平台预约，免费到市图书馆、艺术馆、科技馆、植物园等进行"小小图书管理员""博物馆讲解员""小小牙医"等体验活动。积极联合有关部门，将隆平水稻博物馆、简牍博物馆等公益场馆纳入市综合实践基地，向中小学生免费开放，开展劳动教育实践，每年接待学生超1.3万人次。突出劳动实践导向，建设146个学农实践基地，为中小学生提供较为充足的户外劳动实践场地。

3.1.1.5 深圳市光明区

光明区引导学校一校一案，将过程与结果性评价、日常记录与定期总结等相结合，完善学生劳动素养评价标准、程序和方法，构建多元化可量化的劳动评价机制。鼓励学校评选劳动教育先进班级。将劳动教育融入日常，学校侧重过程性评价。学校结合学生一日常规设计评价指标，并将劳动素养纳入学生综合素质评价体系。学校还通过品格计分卡、品格印章兑换活动，引导学生劳动进取，成为"博雅大度"的少年。

从区级层面对劳动教育中表现优秀的师生进行表彰。同时，光明区鼓励学校开展劳动教育优秀教师、先进家庭等评比。该区多所学校还将劳动教育相关教师的工作付出纳入绩效考核，让劳动教育教师在职称评聘、评优评先等方面，与其他科任教师享有同等待遇。

强化顶层设计。根据不同学段学生的特点，分学段设置劳动教育必修课，构建促进学生劳动技能螺旋式上升的规定动作体系。光明区分学段强化区域层面的指导，其中小学低年级以个人生活起居为主要内容，注重培养学生劳动意识和劳动安全意识；小学中高年级以简单烹饪、校园卫生保洁等校园劳动和家庭劳动为主，引导学生初步养成热爱劳动、热爱生活的态度；初中兼顾家政学习、校内外生产劳动等；普通高中注重围绕丰富职业体验，开展服务性劳动和生产劳动。

### 3.1.2 问题分析

本章作者调研发现，部分学校尤其是地域偏远、师资比较紧张的学校，在劳动教育课程实施上依旧存在着弱化、边缘化等现实问题。

第一，课程认识不到位。有很多人认为学生的任务是学习，劳动教育多此一举，受这种传统劳动观念的影响，很多学校劳动课程的实施被边缘化，甚至劳动教育在学校课程实施方面是空白。实际上劳动教育是学生生命成长中不可或缺的课程，通过一系列劳动实践教育活动的开展，学生不仅体会到了劳动所带来的快乐，还锻炼了基本的劳动技能，在劳动课程实施活动中树立了劳动观念，锻炼了劳动能力，培养了劳动品格。通过劳动课程，学生不仅可以获得新知，更在劳动体验中增强了心智，提升了对自我生活、社会、未来和生命的认知高度，也反哺了学生其他学科课程的学习。

第二，劳动课程评价机制构建不完善。要保障学校有效开展劳动教育、落实劳动课程，建构体系化的劳动教育目标是第一位的。目前，大部分中小学校劳动课程还没有像学科课程一样有明确的、具体的、分年度的目标，这样在劳动教育实施过程中就会不可避免地出现教育者以自己对劳动教育的理解来推进落实的情况。劳动本身具有实践属性，劳动教育的实现必须通过学生身体力行地参与，因此无论是学生参加社会公益劳动还是进行职业体验，都需要有实施的场所。并不是所有学校都有能力、有资源建设劳动实践基地，现实中，不少学校因为担心出现安全事件，从不敢组织学生集体外出参加劳动实践活动，学校有责任保障学生在校内外参加劳动实践活动中的安全，为开展劳动教育活动的教师免除后顾之忧。

第三，师资配备不足。通过研究发现，学校劳动课程普遍存在由科任教师或班主任承担，偶尔有校外人员参与指导的问题。通过调研，80.6%的教师表示偶尔甚至从未参加过小学劳动课程的相关培训活动。以上表明，小学劳动课程缺乏专职的教师队伍以及专业的师资培训。可见，当前小学劳动课程在师资配置方面还存在着明显的问题，没有专职的劳动教育课程教师是其难以推进的重要原因之一。

第四，劳动教育推进的国家课程路径有待加强。调查发现，不少学校并未开齐开足综合实践活动课程、技术课程等实施劳动教育的主要课程。问及学生过去一年课程参与情况可以发现，学生参与信息技术课程为56.34%、综合实践活动课程为32.44%、劳动与技术（通用技术）课程为10.57%，而参加过学校与劳动实践有关的兴趣小组或社团活动则达79%。这一调研结果与浙江省2017~2018年教育现状调研的结果基本一致。研究发现，综合实践活动、信息技术、劳动与技术等相关课程均不同程度地存在课时被挤占的现象，其中劳动与技术课程被挤占严重，以研究性学习为主要内容的综合实践活动也存在不同程度的被挤占现象，而且随年级升高而加剧。一些学校开展兴趣小组和社团活动，却忽略了国家课程的主渠道，这种喜忧参半的情况应引起关注。

### 3.1.3　课程建设改进策略

综上所述，全国不少省市中小学校的劳动教育开展情况整体良好，大部分学校已经开始关注劳动课程的落实情况。这些成果不仅展示了学校在劳动教育方面的深入探索和创新实践，也为进一步推动劳动教育的普及和发展提供了重要参考。然而，部分学校在劳动教育的开展中仍存在困难和挑战，需要通过合作与共同努力来解决。

第一，合理引导正确的劳动价值观，明晰劳动教育的全方面育人意义。要将培养正确的劳动价值观、培育崇尚劳动的精神作为中小学推进劳动教育的基本立足点，我们应理解新时代劳动与劳动教育的内涵。劳动教育要帮助学生在实践体验中理解劳动。劳动是一种付出的过程、一种实践的过程，是面对真实问题的探索与解决的过程，是促进学生社会化的过程。要通过文件解读、师资培训等方式，引导广大学校和教师明晰定位劳动教育。

第二，全路径推进学校劳动教育，重视家校社联动，进一步帮助学校理顺劳动教育的全路径。一是以校内教育为主，劳动教育落地有痕必须通过课程育人。二是重视劳动教育的校外实践。安排一定时间的农业生产、工业体验、商业和服务业实习等劳动实践。充分利用劳动教育实践基地、素质教育基地、研学旅行营地和基地以及其他社会资源，结合研学实践活动、团队日活动和社会实践活动，加强城乡学生交流，组织学生学工学农。三是坚持用好劳动教育的家庭路径。根据学生的年龄特点，给学生布置力所能及的家务劳动作业；把劳动教育纳入学生综合素质评价，正确导向，鼓励学生勤于劳动、热爱劳动，持之以恒，强化家长和学生的劳动意识。

第三，落实劳动清单，提升学生劳动能力点。劳动清单融合了日常生活劳动、生产劳动、服务性劳动三大劳动内容，包含清洁与卫生、整理与收纳、烹饪与营养、电器使用与维护等十大任务群，螺旋式融合在中小学各个年级段，每一学段学生的劳动能力点不断递升。不同年级的学生设定难度递增的劳动主题，引导学生形成健康的劳动价值观，促进学生实现德智体美劳全面发展。为落实劳动清单的劳动素养目标达成，还可以积极开展劳动实践或竞赛类活动，如每学期举行的"叠被子大赛""舌尖上的美食大赛""清洁能手比赛""校内岗位劳模"评选活动等,还可以定期组织学生走进敬老院、走进社区等社会服务活动。学生从劳动比赛和实践中既提升了劳动能力,又培养了劳动品质。通过劳动周设计实践活动,带领学生走入农业、工业、现代服务业的真实社会场域,体验现代科技条件下劳动实践的新形态、新方式。

第四,建立校内外劳动基地。为推进劳动教育落地,提高学生的动手实践能力,学校将劳动课堂搬进田间,开展一系列的农耕种植劳动实践活动,将劳动教育植入学生的"心田",为学生健康成长助力。学校还可利用优势资源开发校内外劳动教育基地,设计劳动基地课程,打造"农业劳动知识学习+农作物种植+采摘+烹饪+感悟"的农业劳动教育体系,学生通过参与农作物的种植、管理、收获等农事活动,在多样化的真实情景中学习有关植物的农业知识,了解农具的用法,掌握农作物的常识,通过动手、尝试、体验劳动的整个实践过程,激发学生对劳动的兴趣,树立正确的劳动价值观,懂得劳动成果的来之不易,珍惜劳动成果,品尝劳动带来的喜悦。

## 3.2 高职院校劳动教育课程建设

为全面了解学校劳动教育课程建设情况,2023年4~7月,中国劳动教育发展报告团队通过网络检索、查询官方网站、实地考察等方式,对41所高职院校(见表3-1)劳动教育课程实施情况进行了调研。调研涵盖了劳动教育课程教学现状、教学内容、开展形式、特色亮点、影响因素、制度保障等内容,同时找出当前劳动教育课程开展中存在的问题,提出有针对性的改进建议。

表 3-1　41 所高职院校一览

| 序号 | 职业院校名称 | 序号 | 职业院校名称 |
| --- | --- | --- | --- |
| 1 | 常州机电职业技术学院 | 22 | 六安职业技术学院 |
| 2 | 重庆工业职业技术学院 | 23 | 湄洲湾职业技术学院 |
| 3 | 滁州职业技术学院 | 24 | 南京城市职业学院 |
| 4 | 广东工贸职业技术学院 | 25 | 南京科技职业学院 |
| 5 | 广东技师职业技术学院 | 26 | 宁夏建设职业技术学院 |
| 6 | 广东岭南职业技术学院 | 27 | 山东科技职业学院 |
| 7 | 广东南华工商职业学院 | 28 | 山东冶金中等专业学校 |
| 8 | 广东水利电力职业技术学院 | 29 | 深圳职业技术大学 |
| 9 | 广东松山职业技术学院 | 30 | 四川华新现代职业学院 |
| 10 | 广西工业职业技术学院 | 31 | 四川建筑职业技术学院 |
| 11 | 广州卫生职业技术学院 | 32 | 苏州工业职业技术学院 |
| 12 | 海南职业技术学院 | 33 | 芜湖高级职业技术学校 |
| 13 | 杭州职业技术学院 | 34 | 扬州工业职业技术学院 |
| 14 | 合肥幼儿师范高等专科学校 | 35 | 永州职业技术学院医学院 |
| 15 | 合肥职业技术学院 | 36 | 云南锡业职业技术学院 |
| 16 | 河南职业技术学院 | 37 | 浙江经济职业技术学院 |
| 17 | 湖南艺术职业学院 | 38 | 郑州铁路职业技术学院 |
| 18 | 江西水利职业学院 | 39 | 郑州职业技术学院 |
| 19 | 江西应用技术职业学院 | 40 | 珠海城市职业技术学院 |
| 20 | 荆州理工职业学院 | 41 | 驻马店职业技术学院 |
| 21 | 辽宁机电职业技术学院 | | |

41 所职业院校中，9 所来自广东，5 所来自安徽，5 所来自江苏，样本职业院校的地区分布情况如图 3-1 所示。

**图 3-1　41 所高职院校的地区分布情况**

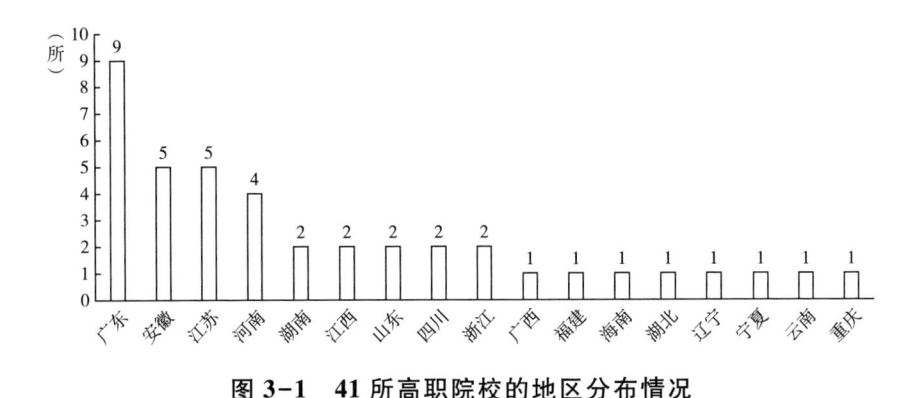

### 3.2.1　课程开设情况

职业教育是现代教育体系的重要组成部分，是工业化和生产社会化、现代化的重要支撑。《纲要》要求职业院校开设劳动专题教育必修课不少于 16 学时，在调研的 41 所高职院校中有 33 所学校开设了劳动教育课程，8 所学校未开设，课程开设率达 80.49%。课程开设时间均为分学期授课，多数院校集中在一年级一、二学期，少部分院校分布在一至六学期。在开课方式上，均为学生统一集体性上课，多采取课程加实践形式。

### 3.2.2　课程开设类型

41 所高职院校中，课程设置类型主要有以下几种。

第一，讲座型。劳动教育专题必修课开设不少于 16 学时，各专业在一至四学期每学期开设 4 学时的劳动教育主题教育讲座。

第二，理论加实践型。有的院校设置 1 学分、16 学时，在第一、第二学期面向全院所有专业开设，每学期 0.5 学分、8 学时，其中理论部分 2 学时、实践部分 6 学时。有的院校设置 2 学分、34 学时，其中理论课程16学时，在第一至第二学期开设，每学期8学时，实践课程设置18学时，集中在第二学期的理论课程后开设。有的院校每学期4学时理论课，每周二下午7~8节为实践课。

第三，实习实训型。以实习实训为劳动教育的主要载体，有的院校要求每生在校期间至少完成4学时劳作实践服务，活动情况记入大学生素质拓展证书"匠心匠行"项目。有的院校第一至第四学期每学期至少组织4次集中劳动实践。有的院校在第三和第四学期每学期安排一周的劳动教育实践。有的院校第一学期和第二学期分别开展12课时。有的院校每周2.5小时。

### 3.2.3 实践课程开设情况

劳动教育实践课程是职业院校劳动教育的重要环节，例如深圳职业技术大学完善了学校、学院、班级、宿舍四级志愿服务的组织体系，分层开展劳动教育实践。广州卫生职业技术学院创建了学生志愿服务等劳动实践岗位。浙江经济职业技术学院建立了校、院、班三级劳动教育管理机制，充分落实劳动教育实践活动的开展。重庆工业职业技术学院不仅在校内开展劳动教育实践课程，还建立了家校沟通机制，开展家校协同劳动教育，充分发挥家庭在劳动教育中的基础作用，进而引导社会发挥在劳动教育中的支持作用。

### 3.2.4 "课程劳育"的实施情况

第一，充分发挥专业课程劳动育人的价值。高职院校人才培养的目标主要是向社会输送高素质劳动者，因此"课程劳育"应该紧紧围绕职业劳动设置，突出学生专业特征和职业发展，注重学生职业素养的培育。调研发现，珠海城市职业技术学院将与专业相关的新技术、新工艺纳入教学内容，探索构建劳动教育与专业教育同向同行的教育模式。常州机电职业技术学院在课堂教学结束前开展"三分钟微劳动"实践内容，让学生将专业知识和劳动教育相结合。

第二，丰富专业课程的劳动教育内容和形式。职业院校的专业课程中包括劳动专业能力、劳动职业能力、劳动方法能力等劳动教育相关内容。部分院校通过构建劳动实践场所、设置拟真工作岗位等提高学生动手操作的日常劳动和专业劳动能力。在丰富劳动教育与专业职业教育的形式上，部分院校开展了劳动教育与社会实践、就业指导、职业生涯规划相关联的课程，打破校园区域界限，提升学生综合劳动能力。

第三，强化实习实训教学和顶岗实习中的劳动教育。高职院校学生毕业后大部分直接到企业工作，因此需强化实习实训教学和顶岗实习中的劳动教育，还可以让学生切身感受企业文化，认识工匠名人，创造劳动教育的良好生态圈。调研发现，南京科技职业学院打造了校内、社区、企业实践平台，通过"责任绿——我的区域我负责、匠心蓝——我的专业我精通、旭东红——我的祖国我建设"的三阶渐进式引导学生逐步走向真实的工作岗位。

### 3.2.5 "劳育+德智体美"的五育课程融合情况

马克思主义教育观认为劳动的价值是改造世界、解放人类，通过劳动成为自由而全面发展的人。高职院校应在传承劳动技术的同时传承劳动精神，培养主动劳动的人格特征和品质，在劳动氛围中提升岗位胜任能力和责任感，促进道德品质的提升。调研发现，云南锡业职业技术学院在"劳动教育通论"课程的基础上，还录制了《劳模·工匠·杰青进校园》的课程视频，根植劳动情感，激发劳动热情，培养全面发展的劳动者。

## 3.3 普通高等院校课程建设

为全面了解学校劳动教育课程建设情况，2023年5~7月，中国劳动教育发展报告团队通过网络检索、查询官方网站、实地考察等方式，对140所高等院校（见表3-2）劳动教育课程实施情况进行了调研，覆盖综合高校及工、农、经等行业高校。调研涵盖了劳动教育课程教学现状、教学内容、开展形式、特色亮点、影响因素、制度保障等内容，同时找出当前劳动教育课程开展中存在的问题，提出有针对性的改进建议。

表3-2 140所普通高等院校一览

| 序号 | 高校名称 | 备注 | 序号 | 高校名称 | 备注 |
| --- | --- | --- | --- | --- | --- |
| 1 | 安徽财经大学 |  | 14 | 北京交通大学 | 211、双一流 |
| 2 | 安徽大学 | 211、双一流 | 15 | 北京科技大学 | 211、双一流 |
| 3 | 安徽工程大学 |  | 16 | 北京理工大学 | 985、211、双一流 |
| 4 | 安徽工业大学 |  | 17 | 北京林业大学 | 211、双一流 |
| 5 | 安徽建筑大学 |  | 18 | 北京师范大学 | 985、211、双一流 |
| 6 | 安徽师范大学 |  | 19 | 北京体育大学 | 211、双一流 |
| 7 | 安徽师范大学皖江学院 |  | 20 | 北京信息科技大学 |  |
| 8 | 安徽外国语学院 |  | 21 | 北京邮电大学 | 211、双一流 |
| 9 | 安徽艺术学院 |  | 22 | 北京中医药大学 | 211、双一流 |
| 10 | 北方民族大学 |  | 23 | 长安大学 | 211、双一流 |
| 11 | 北京大学 | 985、211、双一流 | 24 | 重庆大学 | 985、211、双一流 |
| 12 | 北京工商大学 |  | 25 | 重庆第二师范学院 |  |
| 13 | 北京建筑大学 |  | 26 | 重庆工程学院 |  |

续表

| 序号 | 高校名称 | 备注 | 序号 | 高校名称 | 备注 |
|---|---|---|---|---|---|
| 27 | 重庆交通大学 | | 50 | 合肥工业大学 | 211、双一流 |
| 28 | 重庆师范大学 | | 51 | 河北大学 | |
| 29 | 重庆医科大学 | | 52 | 河北科技师范学院 | |
| 30 | 重庆邮电大学 | | 53 | 河海大学 | 211、双一流 |
| 31 | 常熟理工学院 | | 54 | 河南城建学院 | |
| 32 | 常州大学 | | 55 | 湖北大学 | |
| 33 | 成都信息工程大学 | | 56 | 湖北经济学院 | |
| 34 | 池州学院 | | 57 | 湖北科技学院 | |
| 35 | 滁州学院 | | 58 | 湖南大学 | 985、211、双一流 |
| 36 | 大连理工大学 | 985、211、双一流 | 59 | 湖南工程学院 | |
| 37 | 东北林业大学 | 211、双一流 | 60 | 湖南工学院 | |
| 38 | 东华大学 | 211、双一流 | 61 | 华北理工大学 | |
| 39 | 东南大学 | 985、211、双一流 | 62 | 华南农业大学 | 双一流 |
| 40 | 对外经济贸易大学 | 211、双一流 | 63 | 华中农业大学 | 211、双一流 |
| 41 | 佛山科学技术学院 | | 64 | 淮北理工学院 | |
| 42 | 福建师范大学协和学院 | | 65 | 吉林大学 | 985、211、双一流 |
| 43 | 广东第二师范学院 | | 66 | 济宁医学院 | |
| 44 | 广东石油化工学院 | | 67 | 江南大学 | 211、双一流 |
| 45 | 贵州师范学院 | | 68 | 江苏大学 | |
| 46 | 海口经济学院 | | 69 | 江苏海洋大学 | |
| 47 | 海南热带海洋学院 | | 70 | 江西理工大学 | |
| 48 | 邯郸学院 | | 71 | 兰州大学 | 985、211、双一流 |
| 49 | 杭州师范大学 | | 72 | 辽东学院 | |

续表

| 序号 | 高校名称 | 备注 | 序号 | 高校名称 | 备注 |
|---|---|---|---|---|---|
| 73 | 聊城大学 | | 94 | 商丘工学院 | |
| 74 | 马鞍山学院 | | 95 | 上海财经大学 | 211、双一流 |
| 75 | 闽南师范大学 | | 96 | 上海外国语大学贤达经济人文学院 | |
| 76 | 南昌大学 | 211、双一流 | 97 | 上饶师范学院 | |
| 77 | 南京大学 | 985、211、双一流 | 98 | 沈阳师范大学 | |
| 78 | 南京工程学院 | | 99 | 四川大学 | 985、211、双一流 |
| 79 | 南京工业大学 | | 100 | 四川美术学院 | |
| 80 | 南京林业大学 | 双一流 | 101 | 苏州大学文正学院 | |
| 81 | 南开大学 | 985、211、双一流 | 102 | 泰州学院 | |
| 82 | 南通大学 | | 103 | 天津大学 | 985、211、双一流 |
| 83 | 内蒙古大学 | 211、双一流 | 104 | 天津科技大学 | |
| 84 | 宁德师范学院 | | 105 | 天津师范大学 | |
| 85 | 青岛滨海学院 | | 106 | 天津职业技术师范大学 | |
| 86 | 青岛大学 | | 107 | 重庆三峡学院 | |
| 87 | 泉州师范学院 | | 108 | 皖西学院 | |
| 88 | 厦门大学 | 985、211、双一流 | 109 | 武昌工学院 | |
| 89 | 厦门大学嘉庚学院 | | 110 | 武昌首义学院 | |
| 90 | 山东理工大学 | | 111 | 武汉科技大学 | |
| 91 | 山西大同大学 | | 112 | 武汉轻工大学 | |
| 92 | 山西大学 | 双一流 | 113 | 西安电子科技大学 | 211、双一流 |
| 93 | 山西农业大学 | | 114 | 西安交通大学 | 985、211、双一流 |

续表

| 序号 | 高校名称 | 备注 | 序号 | 高校名称 | 备注 |
|---|---|---|---|---|---|
| 115 | 西北工业大学 | 985、211、双一流 | 128 | 运城职业技术大学 | |
| 116 | 西北农林科技大学 | 985、211、双一流 | 129 | 浙江传媒学院 | |
| 117 | 西北师范大学知行学院 | | 130 | 浙江大学 | 985、211、双一流 |
| 118 | 西藏民族大学 | | 131 | 中国地质大学（北京） | 211、双一流 |
| 119 | 西南财经大学 | 211、双一流 | 132 | 中国海洋大学 | 985、211、双一流 |
| 120 | 西南大学 | 211、双一流 | 133 | 中国计量大学 | |
| 121 | 西南科技大学 | | 134 | 中国矿业大学 | 211、双一流 |
| 122 | 西南医科大学 | | 135 | 中国劳动关系学院 | |
| 123 | 西南政法大学 | | 136 | 中国民航大学 | |
| 124 | 湘潭大学 | 双一流 | 137 | 中国农业大学 | 985、211、双一流 |
| 125 | 新疆大学 | 211、双一流 | 138 | 中国人民大学 | 985、211、双一流 |
| 126 | 新疆农业大学 | | 139 | 中山大学 | 985、211、双一流 |
| 127 | 徐州工程学院 | | 140 | 中央财经大学 | 211、双一流 |

140 所普通高等院校中，19 所来自北京，16 所来自江苏，15 所来自安徽，样本普通高等院校的地区分布情况如图 3-2 所示。

### 3.3.1 课程开设情况

《纲要》中明确提出，"普通高等学校要明确主要依托的课程，可在已有课程中专设劳动教育模块，也可专门开设劳动专题教育必

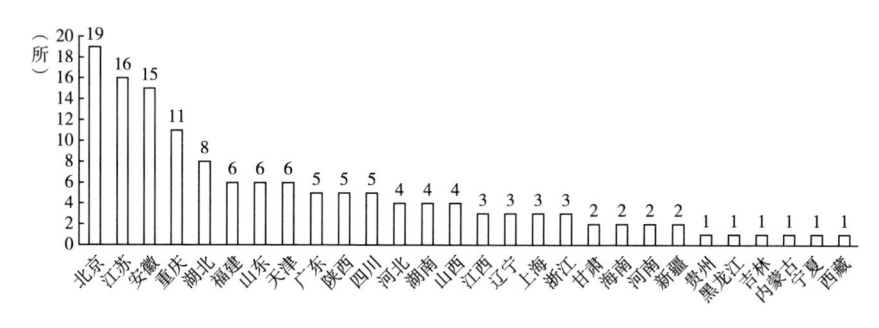

图 3-2 140所普通高等院校的地区分布情况

修课，本科阶段不少于32学时"。对此，在140所高校中，75所高校独立开设劳动教育必修课，114所高校在思政教育中融入劳动教育元素，138所高校在课外校外活动中安排劳动实践，129所高校在学科专业中有机渗透劳动教育，116所高校在校园文化建设中强化劳动文化，39所高校加强劳动教育的学术研究（见表3-3）。总体而言，各学校在实践劳育方面的行动最多，在专业劳育、文化劳育和思政劳育方面进行了大量探索，在课程劳育和学术劳育方面尚显薄弱。

表 3-3 实施劳育类型的高校数量及占比

单位：所，%

| 序号 | 劳动教育的途径 | 类型 | 高校数量 | 占比 |
| --- | --- | --- | --- | --- |
| 1 | 独立开设劳动教育必修课 | 课程劳育 | 75 | 54 |
| 2 | 在学科专业中有机渗透劳动教育 | 专业劳育 | 129 | 92 |
| 3 | 在思政教育中融入劳动教育元素 | 思政劳育 | 114 | 81 |
| 4 | 在课外校外活动中安排劳动实践 | 实践劳育 | 138 | 99 |
| 5 | 在校园文化建设中强化劳动文化 | 文化劳育 | 116 | 83 |
| 6 | 加强劳动教育的学术研究 | 学术劳育 | 39 | 28 |

## 3 课程建设：大中小学探索多样化的方案

在课程内容方面，实践课程的占比远远大于理论课程，140所高校中仅有1所高校的劳动教育以理论学习为主，123所高校实现了理论与实践的结合，15所高校以实践课程为主，还有1所高校没有明确理论与实践的课程比例（见图3-3）。

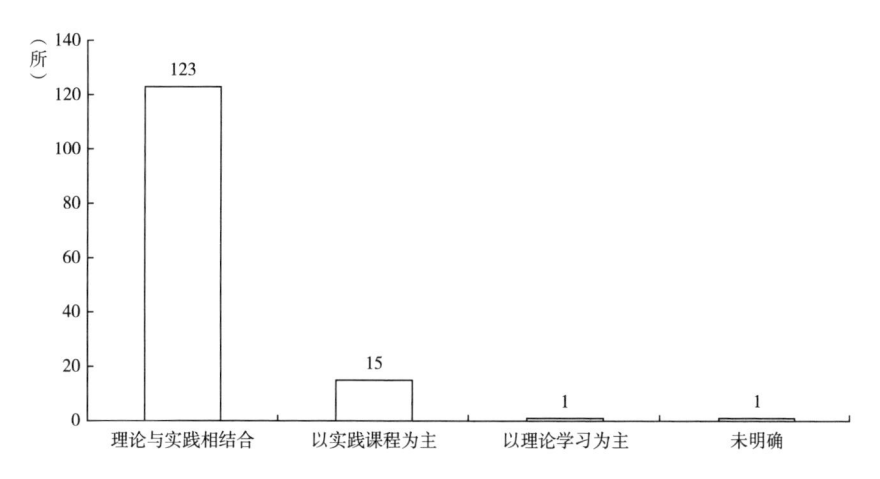

**图3-3 以理论或实践方式落实劳动教育学时要求的高校数量**

在75所独立开设劳动教育必修课的高校中，5所高校的劳动教育课程以理论学习为主，辅之以必要的实践体验；15所高校以实践为主，基本没有理论学习要求；44所高校的劳动教育课程体现为理论与实践结合型，对理论学习和劳动实践学时都有明确要求，且二者比例大致相当；11所高校没明确理论与实践学时的数量或比例（见图3-4）。

在课程设置时间方面，140所样本高校中，63所高校明确了劳动教育的开展时长，其中53所高校设置了全学段或部分学段的连续性教育开展模式。比如，22所高校贯穿全学段8个学期，7所高校贯穿7个学期，13所高校贯穿6个学期，11所高校贯穿4个学期（见图3-5）。

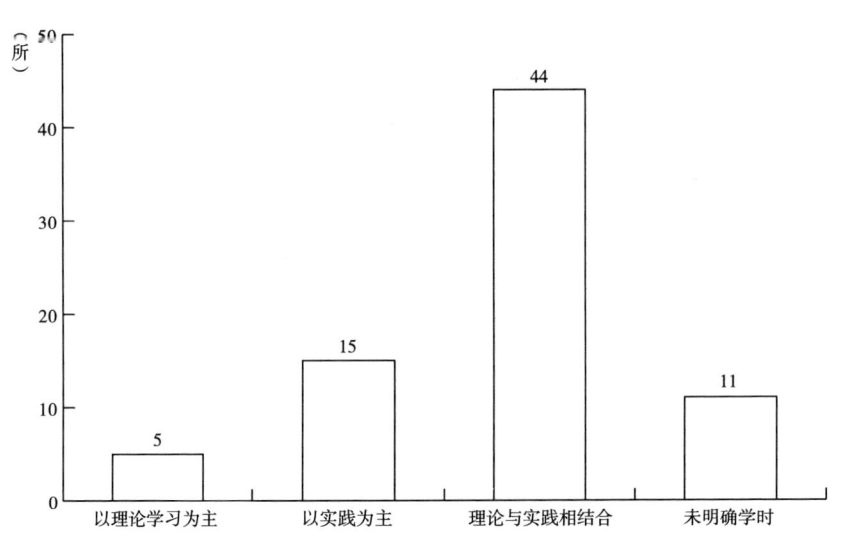

图 3-4 劳动教育专门课程的理论学习与实践锻炼情况

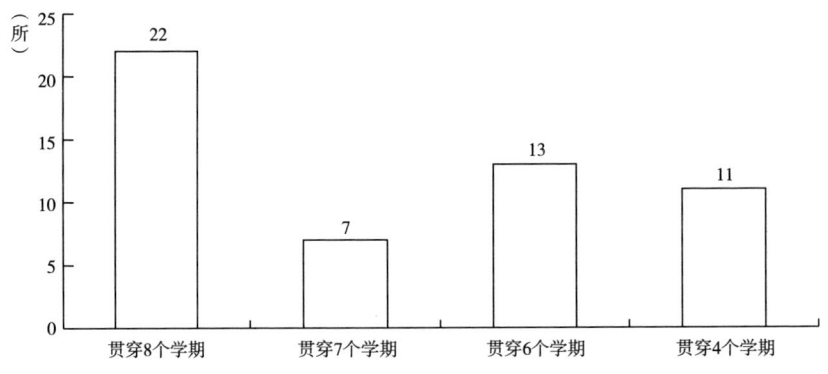

图 3-5 53 所高校开展劳动教育的学期分布情况

### 3.3.2 课程开设类型

根据以上统计和往年的发展报告,我们将"专门开设劳动教育必修课"的称为新增型,将"在已有课程中专设劳动教育模块"的称为依托型,将"公益劳动"或"社会服务"更名为"劳动教育"或"劳动"的称为调整型。统计结果显示,140 所高校中有 45 所高校为

## 3 课程建设：大中小学探索多样化的方案

新增型，占比 32.1%；79 所高校为依托型，占比 56.4%；3 所高校为新增加调整型，占比 2.1%；10 所高校为新增加依托型，占比 7.1%；2 所高校为依托加调整型，占比 1.4%；1 所高校未明确劳动教育课程实施类型（见图 3-6）。

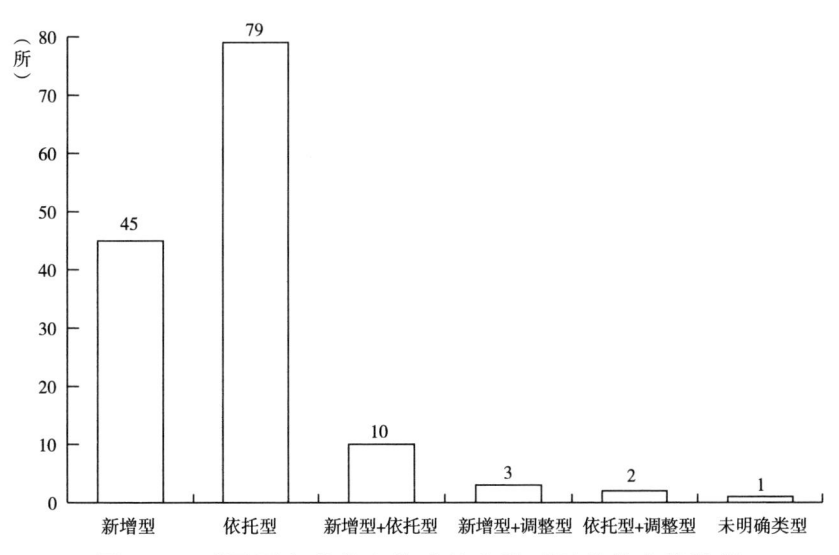

**图 3-6 以不同方式落实劳动教育学时要求的高校数量**

### 3.3.3 劳动实践的形式

《纲要》指出，劳动教育主要包括日常生活劳动、生产劳动和服务性劳动中的知识、技能与价值观。因此，各学校开设劳动实践也要围绕这三类劳动。在调研的 140 所院校中，138 所高校开展了日常生活劳动，134 所高校开展了生产劳动实践，134 所高校开展了服务型劳动。可见，实践课程几乎实现了全覆盖，而且 94.3% 的院校同时开展三类劳动实践，3.6% 的院校做到了同时开展两类劳动实践，只开展一类劳动实践的只有一所高校，说明三类劳动实践在所调研高校中已经实现了基本的普及（见图 3-7）。

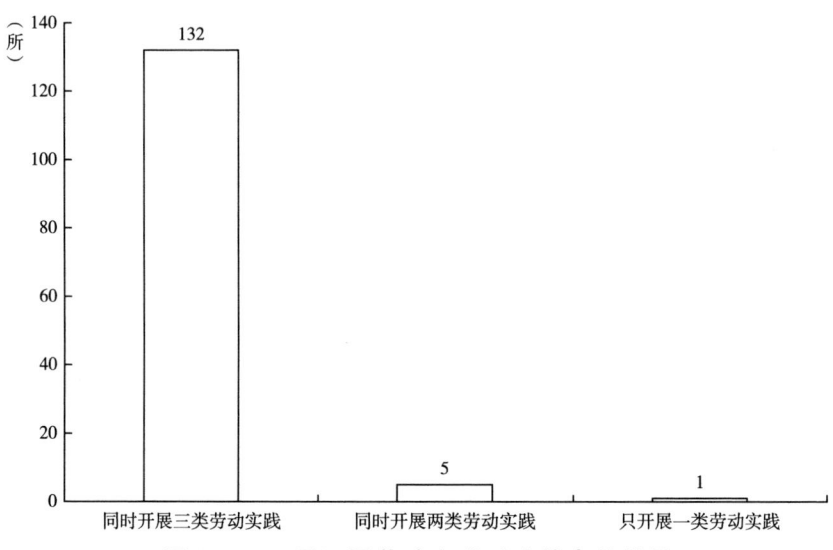

图 3-7 开展不同劳动实践形式的高校数量

- 同时开展三类劳动实践：132
- 同时开展两类劳动实践：5
- 只开展一类劳动实践：1

### 3.3.4 "课程劳育"的开展情况

对于普通高校而言，独立开设劳动教育课程或者依托其他思政、文化类课程开展劳动教育的育人环节较为有限，学生的大量时间都在进行理论与实践的专业学习，而且需要成长为树立正确劳动价值观的专业人才。因此，类比"课程思政"的育人方式，将劳动教育的理念融入专业课程的"课程劳育"是实现劳育课程基础上既增加劳动教育普及性又强化劳动教育针对性的重要路径。在调研的140所高校中，122所高校将劳动教育纳入人才培养方案，129所高校在专业课程中融入劳动教育元素，137所高校明确提出要开展与专业课程相关的劳动教育实践活动。如果专业课教师都形成劳动育人意识，就可以挖掘更多专业课程中的劳动育人元素，让"课程劳育"一步步得到扩大和普及，从而为普通高等院校的劳动教育贴上农、医、理工、艺术等特色标签，更好地服务于各行各业的高素质劳动者的培养。

### 3.3.5 五育课程融合情况

在普通高等院校的实践中,对"劳育+德智体美"的五育课程融合的探索较多,主要有以下几种方式。

#### 3.3.5.1 建设劳动教育课程群

劳动教育是一门综合性和交叉学科性很强的课程,劳动教育通论中的劳动科学知识涉及法学、伦理学、劳动关系学、劳动与社会保障、心理学、劳动安全等各类专业课程的内容,而高素质劳动者的培养和马克思主义劳动价值观的学习又涉及职业生涯规划、职业素养、职业卫生等学科内容。因此,劳动教育完全可以在一门专门课程的基础上,融合各学科专业形成劳动教育课程群,让学生在知识普及的基础上有针对性地开展以劳动为基础的交叉学习。

在调研的140所高校中,113所高校建立了劳动教育课程群,形成了"1+N"的劳动教育课程育人模式。"N"多数为与劳动相关的选修课程。例如,西北农林科技大学在设立劳动教育理论课程的同时,为培养知农爱农的新时代卓越农林人才,开设了"社会实践""大国三农"等十多门选修课程,形成了"一核多环"的劳动教育课程群。

#### 3.3.5.2 劳动清单制度

在调研的140所高校中,仅有14所高校明确列出了劳动清单,113所高校在日常生活劳动、生产劳动和服务性劳动的范围内,聚焦了劳动清单的范围,例如志愿服务、金工实习等,其他高校则没有明确提到劳动清单的设置情况。

四川大学通过以班级、寝室为单位设置劳动小组以及学生社团等组织形式,从"宿舍、班级、校园、家庭、社会"五个方面统筹制定劳动清单,并结合开展新时代校园爱国卫生运动,抓好学生个人清洁卫生整理、宿舍与学习科研场所卫生安全维护、寒暑假返家家庭劳动以及勤工助学等生活劳动教育实践；山西大学建立"劳动教育负面清单"制度，将其纳入学生评价评优体系；河海大学的劳动清单创新融入各类马拉松、博览会等大型赛事志愿服务和利用中国传统节日举办包饺子、厨艺比拼等生活技能大赛，提高学生的动手实践能力和服务精神；长安大学结合专业设立了众多与制造相关的实践课程；重庆第二师范学院、北京林业大学等高校也在探索建立劳动清单制度。

#### 3.3.5.3 劳动周或劳动月

劳动周和劳动月是高校集中开展劳动教育、营造良好劳动氛围的优良路径，在140所样本高校中，目前设立劳动周的有59所高校，其中19所明确了具体时间，多数会结合开学季、五一劳动节、植树节等标志性时间，且21所高校每学年都设立了劳动周，1所高校每学期都设立劳动周。设立劳动月的有36所高校，其中16所高校明确了具体时间，这当中的9所都集中在了5月，5所在寒暑假期间，且20所高校在每学年或每学期都设置了劳动月（见表3-4）。

表3-4 140所样本高校劳动周或劳动月的设置情况

单位：所

| 劳动周 | 高校数量 | 劳动月 | 高校数量 |
| --- | --- | --- | --- |
| 劳动周有具体时间 | 19 | 劳动月有具体时间 | 16 |
| 提出劳动周无明确时间 | 40 | 每学期或每学年设置劳动月，但未明确具体月份 | 20 |
| 没有劳动周的部署 | 81 | 没有劳动月的部署 | 104 |
| 合计 | 140 | 合计 | 140 |

#### 3.3.5.4 在校园文化建设中强化劳动文化

校园文化是彰显五育并举的重要载体之一，可以很好地实现综合育人的功能，在这里，劳动教育一方面可以作为独立的文化内容，另一方面还能作为其他四育的良好载体，因此也是劳动教育发挥树德、增智、育美、强体综合育人功能的重要途径之一。在140所样本高校中，116所高校开设了"五个文明工程"、劳模大讲堂、劳动教育技能大赛等校园文化劳育，24所高校的实施方案中没有文化劳育的体现。

## 3.4 课程评价体系构建

### 3.4.1 劳动教育师资评价

在劳动教育教师评价考核方面，181所样本高校（41所样本高职院校和140所样本高校，下同）中，41所高校以活动组织情况、学生参与情况、计划执行情况、实际取得效果、教师自评、学生评教等多种形式对劳动教育教师进行多元多维的方式评价。安徽财经大学通过本科生劳动俱乐部的形式开展劳动教育，对劳动教育指导教师的准入退出机制都作出了详细的说明，比如弹性退出机制，每年度对各类俱乐部、指导教师和学生助教的考核结果进行公示。根据考核结果，指导教师连续2年考核不合格，予以解聘，3年内不予聘任，相关俱乐部在挂靠单位的指导下按照程序重新聘请指导教师。该校对劳动教育课教师在绩效考核、职称评审、评优评先、专业发展等方面的待遇给予保障。

### 3.4.2 劳动教育学生评价

作为教育的指挥棒，劳动教育的学生评价需要以过程性评价为核心，以劳动素养的提升为目的，这就与普通的知识掌握型的课程评价产生了区别，也给评价体系的建立和评价体系的实施提出了挑战。在

181 所样本高校中，目前有 154 所高校在实施方案中涉及了学生劳动教育的考核方式，其中 65 所高校制定了考核细则，其他 89 所高校只提到了评价考核，没有明确具体考核方式。在 65 所高校中，18 所通过实践过程考核、劳动报告考核，10 所高校以二级学院考核为主，18 所高校将过程性评价与结果性评价相结合，2 所高校开展年级互评、学院互评的考核方式，17 所高校通过"第二课堂成绩单"等第二课堂的考核记录方式进行评价。

## 3.5 课程保障机制

### 3.5.1 组织机构

第一种情况是成立专门机构。劳动教育是一项系统工程，需要全盘设计、形成合力，因此，成立专门的实施机构对于高校劳动教育的开展至关重要。在 181 所样本高校中，110 所高校成立了劳动的专门机构，称为劳动教育委员会或劳动教育工作领导小组，其组长或主任 10 所由党委书记和校长共同担任，18 所由校长担任，25 所由副校长或副书记担任，1 所由教务处处长担任，1 所由辅导员担任，其他 34 所也由校领导或院领导负责，但未明确具体职务，还有 21 所未明确。

在 110 所高校当中，81 所由新成立的专门组织机构统筹学校各部门开展劳动教育工作，46 所高校在专门机构下设置具体牵头部门，其中 16 所为教务处，10 所为学工部，2 所为团委，1 所为后勤部门，1 所为创新创业实践教育中心，1 所为劳动教育工作委员会，1 所为素质教育中心，11 所则由学生所在院系或教学单位牵头，3 所由教务处、学工部或校团委联合牵头。

第二种情况是依托学校已有部门负责。71 所高校依托学校已有部门负责全校的劳动教育实施工作，其中5所依托教务处牵头，19所依托各二级学院负责，1所依托本科生院负责，4所依托学工部负责，3所依托后勤部门负责，1所依托马克思主义学院负责，2所依托教研室和各单位联合负责，9所依托教务处、学生处和本科生院等多个部门联合负责，其他27所没有明确负责部门。

### 3.5.2 师资队伍

师资是劳动教育落地实施的重要方面，但对于高校而言，之前基本没有劳动教育的专门师资，因此，多数高校将马克思主义学院、人文学院等相关院系和学生工作队伍的教师发展为劳动教育的专兼职教师，主要类型有以下几种。

第一，设有劳动教育专任教师。目前，已有部分高校设有劳动教育专任教师，如中国劳动关系学院、西北农林科技大学。

第二，建设劳动教育校内兼职师资队伍。已经开展劳动教育但没有专任教师的高校中，88所高校设立了以学工队伍为主，以创新创业导师、相关行业专业人士为辅的专兼职师资队伍，24所高校则由各二级学院自行指定教师，另外63所高校未明确劳动教育的师资队伍情况。

第三，联合社会力量，引入校外师资。140所高校中，7所高校通过建立劳模工作室、技能大师工作室联合校外力量，设置荣誉教师、实务导师等岗位，形成了劳动教育的"双师型"队伍建设模式。

第四，加大师资培养力度。为了提升劳动教育师资队伍的育人水平和全体教师开展劳动育人工作的积极性，33所高校将劳动教育纳入了教职工培训内容，让劳动教育作为一项专门的培训内容，引起教师的关注，从教师层面树立正确的劳动教育价值观念，同时不断提升全体教师的劳动育人能力和水平。

### 3.5.3 劳育经费

劳动教育作为一项高校新增的教育内容，不论是独立开设课程还是依托其他课程开展，都需要一定的专项经费支持，否则，就会出现名词替换、徒增虚名的劳动教育开展情况。在调研数据中，103所高校在劳动教育的经费保障方面有相关说明，但只有极少数高校具体说明了经费数量和使用方法。例如，邯郸学院设置了专项经费，专项经费的80%根据学生人数按比例划拨到各二级学院，资助劳动课建设、支付任课教师和劳动实践指导教师劳务费、奖励优秀集体和先进个人；专项经费的20%由学校统一掌握，用于奖励劳动实践组织效果好、质量高的先进集体，奖励表现突出的优秀个人。北方民族大学为表彰优秀劳动实践者，专门设立劳动风尚奖助学金。南京林业大学每年安排专项经费，作为学院专门负责劳动教育工作的大一、大二年级辅导员的工作津贴，每人每年1000元，且鼓励各教学单位设立专项经费，保障和激励劳动教育工作有力推进。四川华新现代职业学院则是在指导教师工作完成之后，经基础（素质）教育部审核，按每个学生5元计发课酬，在学期末进行结算。

杭州职业技术学院建立经费保障机制，设立劳动课程建设及教学实施专项经费5万元/年，用于线上课程资源拍摄、劳动教育过程所需的耗材费用等，实施专款专用。重庆工业职业技术学院健全以自筹经费为主体、以争取政府和社会资金投入为补充的经费投入机制，多种形式筹措资金。每年在人才培养经费中安排200万元左右用于劳动教育，主要用于建设校内劳动教育场所和校外劳动教育实践基地，加强学校劳动教育设施标准化建设，建立学校劳动教育器材、耗材补充机制，为学校劳动教育提供充分的保障。沈阳师范大学设立劳动教育专项经费。学校在大学生思想政治工作年度资助经费预算中，设立生均不低于10元的专项经费，用于学校劳动教育宣传引导、劳动教育实践活动、师资培训等方面支出。

在劳动教育的安全保障方面，112所高校提出了相关要求，58所高校鼓励通过购买保险、制作安全操作手册、落实安全责任等方式建立健全劳动安全保障体系。

### 3.5.4 劳育研究

自劳动教育重回社会焦点以来，开展劳动教育的相关研究工作也成了一项时代命题，为防止劳动教育的异化发挥着重要作用，而高校正是开展科学研究的重要阵地，对于劳动教育也应起到引领作用。在181所样本高校中，开展劳动研究的有47所，占比26%。其中22所高校成立了教研室，2所成立了研究中心，8所挂靠在教务处，2所挂靠在马克思主义学院，1所挂靠管理学院，1所挂靠在素质教育中心，1所挂靠在综合素质教育学院，4所挂靠在学生工作处，其他134所未明确相关内容。

广东南华工商职业学院设立了劳动关系与工会理论研究院负责开展劳动教育活动；西南政法大学设立劳动教育教研室与教务处、各学院共同开展劳动教育实践活动；海口经济学院设置了公共劳动教育与专业劳动教育教研室，挂靠在学生工作处和教务处，分别负责公共劳动教育和专业劳动教育，公共劳动教育重点是劳动价值观的培育，专业劳动教育主要是结合专业特点制定教学大纲，形成具有综合性、实践性、开放性、针对性的劳动教育课程体系。

### 3.5.5 信息技术应用

在181所样本高校中，有一些具有代表性的信息化劳动教育方式。青岛大学主张因地制宜、因材施教，注重与物联网、大数据、区块链、5G/云计算和人工智能等代表未来发展方向的新技术和劳动技能相衔接，培养大学生的科学精神和创新思维，引导学生"线上线下互动，开展创造性劳动"，以利于培养专业技能过硬、自主创新能力较强的新型劳动者。北京中医药大学结合学校"一站式学生事务管理"模式，引入"互联网+"思维，完善德智体美劳综合素质教育平台，给劳动教育赋予更多的创造性内涵，打造劳动教育的数字化和数据化课程资源，融入多元教育元素，指向综合素质提升，构建网格化管理新生态，加强新时代劳动教育的信息化建设，推动劳动教育与信息技术的融合创新。

## 3.6 总结与评析

劳动教育课程是实施劳动教育、实现培养目标的基础和关键，同时也是保障学生形成系统性、结构性以及发展性劳动素养的主要载体。《意见》在"全面构建体现时代特征的劳动教育体系"部分明确要求"设置劳动教育课程"。本章基于截至2022年12月底181所样本高校的劳动教育课程开展现状，分析高校劳动教育课程建设情况，研究结果表明，普通高等学校、职业院校劳动教育课程建设呈现出以下五大特点。

第一，课程开课率持续上升。目前，劳动教育课程开课率与日俱增，174所高校开设此门课程，占比96.1%，较2020年度、2021年度有显著提升。理论课程有"劳动教育""劳动教育通识""劳动通论""马克思主义劳动观教育"等，引导学生树立正确的劳动观念，培养优良的劳动精神，掌握基本的劳动技能，形成良好的劳动习惯，立志做德智体美劳全面发展的社会主义建设者和接班人。同时，在实践课程中也形成了各具特色的做法，取得了初步成效。

第二，课程内容多元丰富。高校在课程设置时，能够结合教学资源、课时数量、知识点覆盖、易难递进、教学载体等多维度考量，完成课程内容框架的搭建，基于框架来输出具体内容进行完善。比如，西南财经大学实施"5+4+4"新时代大学生劳动教育模式，五大劳动教育目标是劳动价值观、观念、精神、能力、习惯，四大实施体系是劳动价值观思想引领、课堂教育、知识技能培训、实践锻炼，四大保障体系是组织领导、师资队伍、基础条件、考核评价。南京科技职业学院构建"三维三阶渐进式"劳动教育工作体系；打造三个平台：校内、社区、企业实践平台；责任绿，我的区域我负责；匠心蓝，我的专业我精通；旭东红，我的祖国我建设。

第三，课程考核评价形式多样。科学的课程评价体系不仅是新时代高校劳动教育课程建设的指南针，而且是新时代高校劳动教育课程质量的检验器，更是新时代高校劳动教育课程改革的助推器。构建新时代高校劳动教育课程评价体系应体现针对性原则，把握过程性原则，坚持发展性原则。各高校劳动教育课程考核评价以多元化视角界定新时代高校劳动教育课程评价的主体，让评价参与者更多元更协同；以课程全要素视角界定新时代高校劳动教育课程评价的客体，确保评价对象更全面更系统；将课程评价体系的研究重心聚焦评价指标的构建上，将课程评价体系的应用具体到评价方式方法的探索上。例如，四川大学将劳动教育课程考核纳入思政研究专项和教改专项，形成资源包，优质资源共享；纳入单位及个人工作考核。西北农林科技大学理论课程采取考查方式，在课程结束时进行考察评价；实践课程采取综合性学段评价，在学生毕业前根据其参与的劳动实践项目课时累计数给予合格性评价。

第四，课程建设成果丰硕，部分已经形成特色劳育。例如，安徽财经大学成立劳动俱乐部教学中心，实行星级管理和弹性退出机制。

重庆工程大学构建"家庭—学校—社会"一体化劳动教育网络，开展劳动培训，针对毕业年级开展"留给母校一间干净整洁的教室"活动。北京师范大学开设13个项目，包括安全教育、中餐、健康教育、花卉培育、AED、理发、垃圾分类、家政等。

第五，课程保障机制不断优化完善。在劳动教育的不断推进中，各高校成立的劳动教育领导小组、劳动教育师资队伍情况有了显著提升。同时，多数学校在实施方案中明确提出了对劳动教育给予经费支持，劳动教育的研究方面也逐步进入了百家争鸣的状态。可以说，从实施方案的总体情况分析，劳动教育迎来了在高校全面实施的良好局面。

# 4 教材建设：大中小学教材继续涌现

为深入贯彻习近平新时代中国特色社会主义思想和习近平总书记关于教材建设的重要指示批示精神，落实教育部关于《纲要》的决策部署，2022年各教育机构、出版社在丰富的劳动教育教材供应的基础上，着重加强大中小学各学段的劳动教育通识教材编写，着眼于实际需求，培养提升学生的劳动价值观、劳动技能、实践能力和劳动素养等，更好地适应新时代的新要求。

## 4.1 劳动教育教材现状

近年来，劳动教育教材在国内得到了广泛关注和重视，随着人们对劳动教育的认识逐渐深化，劳动教育教材的数量及质量也得到了大幅提升，更加注重基础知识和技能，注重培养学生的实践操作能力、职业规划和社会参与意识。同时，一些地方政府和学校也加大了对劳动教育的投入，为劳动教育教材建设提供了更多支持。2022年以来，全国各大出版社陆续出版了一批新的劳动教育教材（见表4-1）。

表 4-1　2022 年以来出版的劳动教育教材一览

| 序号 | 书名 | 作者 | 出版社 | 出版时间 | 类型 |
| --- | --- | --- | --- | --- | --- |
| 1 | 大学劳动教育 | 谭志福 | 山东人民出版社 | 2022年1月 | 高等教育 |
| 2 | 劳动教育 | 杨伟国、蔡飞 | 高等教育出版社 | 2022年1月 | 基础教育 |
| 3 | 新时代高校劳动教育实务 | 劳赐铭、朱颖 | 中国人民大学出版社 | 2022年1月 | 职业教育 |
| 4 | 劳动教育 | 成尚荣 | 辽宁教育出版社 | 2022年1月 | 基础教育 |
| 5 | 新时代青少年劳动教育实践手册 | 景通桥 | 中国纺织出版社 | 2022年1月 | 基础教育 |
| 6 | 大学生劳动教育 | 莫玲玲、杜峰、夏小惠 | 中国人民大学出版社 | 2022年1月 | 职业教育 |
| 7 | 新时代大学生劳动教育 | 史钟锋、董爱芹、张艳霞 | 清华大学出版社 | 2022年1月 | 高等教育 |
| 8 | 职业院校劳动教育教程 | 赵放、王千文 | 高等教育出版社 | 2022年1月 | 职业教育 |
| 9 | 劳动教育 | 成尚荣、赵士英、黄琼 | 湖南人民出版社 | 2022年2月 | 基础教育 |
| 10 | 劳动教育实践活动手册 | 劳动实践活动手册编委会 | 青岛出版社 | 2022年2月 | 基础教育 |
| 11 | 高职劳动教育实务 | 晏杉、赵庆樱、罗建华、翁琛闵 | 高等教育出版社 | 2022年2月 | 职业教育 |
| 12 | 劳动教育概论 | 田鹏颖 | 工人出版社 | 2022年2月 | 高等教育 |
| 13 | 劳动教育 | 重庆市涪陵区教育委员会 | 四川大学出版社 | 2022年3月 | 基础教育 |

续表

| 序号 | 书名 | 作者 | 出版社 | 出版时间 | 类型 |
| --- | --- | --- | --- | --- | --- |
| 14 | 新时代高校劳动教育探究 | 杨小军 | 中国社会科学出版社 | 2022年3月 | 高等教育 |
| 15 | 新时代大学生劳动教育教程 | 余金保 | 北京理工大学出版社 | 2022年3月 | 高等教育 |
| 16 | 劳动教育我们这样做 | 王春喜 | 广东高等教育出版社 | 2022年4月 | 基础教育 |
| 17 | 高等职业教育劳动教育教程 | 张政利 | 化学工业出版社 | 2022年4月 | 职业教育 |
| 18 | 小学劳动教育导论 | 陈鹏 | 北京师范大学出版社 | 2022年4月 | 基础教育 |
| 19 | 新时期劳动教育理论体系建构研究 | 班建武 | 浙江教育出版社 | 2022年5月 | 高等教育 |
| 20 | 劳动教育 | 陈宇、高庆芳 | 人民邮电出版社 | 2022年5月 | 职业教育 |
| 21 | 新时代劳动教育课程设计与实施 | 李臣之、黄青春 | 广东教育出版社 | 2022年5月 | 基础教育 |
| 22 | 培智学校劳动教育课程纲要 | 俞林亚 | 南京师范大学出版社 | 2022年5月 | 基础教育 |
| 23 | 大学生劳动教育 | 谢颜 | 中国人民大学出版社 | 2022年5月 | 高等教育 |
| 24 | 培智学校劳动教育新探索 | 俞林亚 | 浙江工商大学出版社 | 2022年6月 | 教育教材 |
| 25 | 新时代劳动教育教程 | 黄华俊 | 东北大学出版社 | 2022年6月 | 高等教育 |
| 26 | 小学劳动教育与实践 | 田艳 | 天津人民出版社 | 2022年7月 | 基础教育 |

续表

| 序号 | 书名 | 作者 | 出版社 | 出版时间 | 类型 |
| --- | --- | --- | --- | --- | --- |
| 27 | 工匠素养与劳动教育实践教程 | 罗燕、杨燕 | 江西高校出版社 | 2022年7月 | 职业教育 |
| 28 | 青少年劳动教育："培技育德"双元驱动劳动教育 | 彭利荣、冯子川 | 中国轻工业出版社 | 2022年7月 | 职业教育 |
| 29 | 劳动课与养活教育 | 聂圣哲 | 浙江文艺出版社 | 2022年7月 | 基础教育 |
| 30 | 劳动教育与职业发展 | 李珂、汪鑫 | 高等教育出版社 | 2022年7月 | 职业教育 |
| 31 | 劳动教育 | 段福生 | 中国人民大学出版社 | 2022年7月 | 职业教育 |
| 32 | 新时代大学生劳动教育与实践 | 陈刚 | 西安电子科技大学出版社 | 2022年7月 | 高等教育 |
| 33 | 高校创新创业与劳动教育 | 吴娟、夏懿娜 | 上海交通大学出版社 | 2022年7月 | 高等教育 |
| 34 | 劳动教育通论 | 冯喜良 | 中国人民大学出版社 | 2022年7月 | 高等教育 |
| 35 | 劳动教育与实践 | 王小华、高丽兰、杨雪琴 | 天津科学技术出版社 | 2022年8月 | 基础教育 |
| 36 | 劳动教育 | 劳动教育编写组 | 江西美术出版社 | 2022年8月 | 基础教育 |
| 37 | 新时代劳动教育与实践 | 黄建科、邓灶福 | 中国轻工业出版社 | 2022年8月 | 职业教育 |
| 38 | 新时代劳动教育教程（微课版） | 杨亚萍 | 人民邮电出版社 | 2022年8月 | 高等教育 |
| 39 | 大学生劳动教育教程 | 褚敏 | 华东师范大学出版社 | 2022年8月 | 高等教育 |

续表

| 序号 | 书名 | 作者 | 出版社 | 出版时间 | 类型 |
|---|---|---|---|---|---|
| 40 | 劳动教育指导手册 | 何健勇 | 机械工业出版社 | 2022年8月 | 职业教育 |
| 41 | 劳动教育（职教版） | 朱国苗、窦祥国、潘新 | 安徽大学出版社 | 2022年8月 | 职业教育 |
| 42 | 新时代大学生劳动教育与实践 | 何晓红、熊柏祥、石国凤 | 苏州大学出版社 | 2022年8月 | 高等教育 |
| 43 | 劳动教育导论 | 孙锐、杨彬楠、纳佳 | 高等教育出版社 | 2022年8月 | 高等教育 |
| 44 | 大学生劳动教育理论与实践 | 陈行 | 高等教育出版社 | 2022年8月 | 高等教育 |
| 45 | 劳动教育（活页版） | 王新华、王洪法 | 苏州大学出版社 | 2022年8月 | 高等教育 |
| 46 | 劳动教育理论与实务 | 严运楼、王佳杰、朱蓓 | 中国劳动保障出版社 | 2022年8月 | 职业教育 |
| 47 | 新时代大学生劳动教育概论 | 仰和芝、齐亮、钟益兰 | 高等教育出版社 | 2022年8月 | 高等教育 |
| 48 | 2022年义务教育劳动课程标准解读 | 顾建军 | 北京师范大学出版社 | 2022年8月 | 基础教育 |
| 49 | 大学生劳动教育 | 郑文、陈伟 | 高等教育出版社 | 2022年8月 | 高等教育 |
| 50 | 劳动素养 | 王敬良 | 中国人民大学出版社 | 2022年8月 | 职业教育 |
| 51 | 大学生劳动教育与实践 | 经庭如、方章东、廖信林 | 安徽大学出版社 | 2022年8月 | 高等教育 |
| 52 | 劳动教育与能力评价 | 郭雅、马旭晨、杨连明 | 高等教育出版社 | 2022年9月 | 高等教育 |

续表

| 序号 | 书名 | 作者 | 出版社 | 出版时间 | 类型 |
|---|---|---|---|---|---|
| 53 | 新时代劳动教育教程 | 刘晓君、耿帮才、章莉 | 上海交通大学出版社 | 2022年9月 | 高等教育 |
| 54 | 劳动教育实践手册 | 耿业斌 | 安徽科学技术出版社 | 2022年9月 | 基础教育 |
| 55 | 劳动教育的历史考察与现实建构 | 王飞 | 中国社会科学出版社 | 2022年9月 | 高等教育 |
| 56 | 大学生劳动教育通识 | 刘向兵 | 高等教育出版社 | 2022年9月 | 高等教育 |
| 57 | 劳动教育与实践 | 黄爱春、贾云秋、屈耿钊 | 中国人民大学出版社 | 2022年9月 | 职业教育 |
| 58 | 大学生劳动教育教程 | 刘社欣 | 清华大学出版社 | 2022年9月 | 高等教育 |
| 59 | 劳动教育 | 王新华、孔帅、李中锋 | 中国人民大学出版社 | 2022年9月 | 职业教育 |
| 60 | 大学生劳动教育与实践 | 郑耿忠、袁德辉、冯健文 | 清华大学出版社 | 2022年10月 | 高等教育 |
| 61 | 爱上劳动点亮未来：幼儿园劳动教育课程实践 | 俞沈江、李阿慧 | 华东师范大学出版社 | 2022年10月 | 基础教育 |
| 62 | 新版课程标准解析与实践指导 | 刘霞、黄琼 | 北京师范大学出版社 | 2022年10月 | 基础教育 |
| 63 | 中小学劳动教育 | 熊建文、张臣 | 高等教育出版社 | 2022年10月 | 基础教育 |
| 64 | 劳动教育 | 李莉 | 北京理工大学出版社 | 2022年10月 | 高等教育 |
| 65 | 基于新农科建设的高校劳动教育创新研究 | 孔华 | 西南交通大学出版社 | 2022年10月 | 高等教育 |

续表

| 序号 | 书名 | 作者 | 出版社 | 出版时间 | 类型 |
|---|---|---|---|---|---|
| 66 | 耕读传家——新时代劳动教育实践 | 范双喜 | 中国农业出版社 | 2022年10月 | 职业教育 |
| 67 | 劳动教育（小学1~6年级） | 姚俊 | 中国大百科全书出版社 | 2022年11月 | 基础教育 |
| 68 | 农耕劳动教育实践与创新 | 左欣、丁云鹏、朱厚颖 | 中国农业出版社 | 2022年11月 | 高等教育 |
| 69 | 大学生劳动教育理论与实践指导研究 | 林伟淳、丁立杰、陆玲 | 北京工业大学出版社 | 2022年12月 | 高等教育 |
| 70 | 新时期劳动教育全面育人体系建构理论研究与实践探索 | 姜平 | 湖南师范大学出版社 | 2022年12月 | 基础教育 |
| 71 | 劳动教育读本 | 劳动教育读本编写组 | 江西美术出版社 | 2022年12月 | 基础教育 |
| 72 | 高职院校劳动教育理论与实践——成都职业技术学院劳动教育体系研究 | 张开江、李丹、姚任均、赵晓丹 | 西南交通大学出版社 | 2022年12月 | 职业教育 |
| 73 | 劳动教育实施教程：项目化劳动教育PPP模式原理与实务 | 马旭晨、林旭曦、张志辉、崇静、郭雅 | 中国铁道出版社 | 2022年12月 | 高等教育 |
| 74 | 劳动教育与实践（高职版） | 周兴国、宣岩松、辛治洋 | 安徽大学出版社 | 2022年12月 | 职业教育 |
| 75 | 陶行知劳动教育思想研究——"五育融合"的视角 | 董美英、宁本涛 | 河海大学出版社 | 2022年12月 | 高等教育 |
| 76 | 高等职业院校劳动教育 | 叶颖娟、程晓静、范光林、许亚非 | 北京理工大学出版社 | 2022年12月 | 职业教育 |

续表

| 序号 | 书名 | 作者 | 出版社 | 出版时间 | 类型 |
|---|---|---|---|---|---|
| 77 | 劳动启蒙教育与科技创新实践 | 焦玉君、华群青、黄桂胜 | 重庆大学出版社 | 2022年12月 | 职业教育 |
| 78 | 区域高品质推进劳动教育：以上海宝山为例 | 何光辉 | 华南理工大学出版社 | 2022年12月 | 高等教育 |
| 79 | 新时代劳动教育理论与实践教程 | 刘丽红、肖志勇、赵彤军 | 中国民主法制出版社 | 2023年1月 | 高等教育 |
| 80 | 新劳动教育：时代意蕴与实践创新 | 章振乐 | 华东师范大学出版社 | 2023年4月 | 基础教育 |
| 81 | 职业与劳动——大学生劳动教育十讲（第2版） | 党印 | 人民交通出版社 | 2023年5月 | 高等教育 |

资料来源：根据公开信息整理。

表4-1中的教材数量和比例显示，大中小学段中，高等教育领域的劳动教育教材数量最多，其次是职业教育领域的劳动教育教材，而基础教育领域的劳动教育教材数量最少。这表明在不同教育阶段，劳动教育的重要性和关注程度存在明显的差异。

高等教育阶段更加注重培养学生的理论认识、实操能力和创新创业精神，因此与之相关的劳动教育教材数量较多。这些教材为学生在高等教育阶段的劳动教育和职业发展提供了有力的支持和指导。职业教育领域的劳动教育教材数量也相对较多，这表明职业教育注重培养学生的动手能力和专业素养。这些教材为学生提供了实践操作的指导和帮助，使他们能够更好地适应职业市场的需求。相比之下，基础教育阶段的劳动教育教材数量较少，这可能是因为该阶段的劳动教育主要着重培养学生的劳动意识和基本劳动技能。尽管教材数量相对较少，但这些教材仍然对学生在基础教育阶段的劳动教育和综合素质培养起到了一定的作用。

综上所述，不同教育阶段的劳动教育教材数量和比例反映了劳动教育在不同教育阶段的重要性和关注程度的差异。我们认为，在高等教育和职业教育领域，劳动教育更加注重培养学生的实战能力和创新创业精神，因此相关教材较多。而在基础教育阶段，劳动教育主要着重培养学生的劳动意识和基本劳动技能，因此教材数量相对较少。这种差异反映了不同教育阶段劳动教育的不同目标和重点。

## 4.2 劳动教育教材特点

2022年在劳动教育教材的编写方面，总体呈现以下特点。

一是多样性和专业化。劳动教育教材种类不断丰富，领域不断扩展，覆盖大中小学段，包括实践技能、职业导向、劳动伦理和社会实践等方面，既有理论探究、实践指导、教材教辅，也有活动课教材、专业基础教材、公共课程教材等类别，着力建设适应新时代新要求、体现中国特色的原创性劳动教育教材体系。

二是实践导向和应用性强。2022年出版的劳动教育教材更注重实践导向，强调实践在劳动教育中的指导意义，逐渐加强了劳动教育组织操作的规范指导。通过提供实际的案例和实践活动，让学生能够将所学知识应用于实际生活和劳动实践中，引导学生进行实验和观察，以深入了解劳动过程和技能的实际运用。同时，教材注重提供具体的操作步骤和指导，提供练习题、实践项目和模拟场景，让学生通过反复实践和操作来巩固所学的知识和技能。这有助于学生在实际工作中培养熟练的操作能力。比如，耿业斌主编的《劳动教育实践手册》一书中指出，可以定期组织学生进行小型农作活动，让他们亲自体验种植、养殖和收获的过程。通过参与实际的农作活动，学生学习到种植技巧、动手能力和团队合作等实践技能。让学生学习如何整理书包、打扫卫生、整理床铺等基本生活技能,并通过实践操作来加深理解。陈行主编的《大学生劳动教育理论与实践》一书介绍了一些简单的维修和保养技能,如更换电池、更换轮胎、清洁车辆等,这些技能在日常生活中非常实用。通过实践操作,学生可以更好地理解这些技能的基本原理和操作方法,从而在实际生活中更加熟练地运用。此外,各类教材还提供了一些实践项目和模拟场景,让学生进行实验和观察,以深入了解劳动过程和实际技能。例如,在农业劳动中,学生亲手种植和采摘农作物,了解作物的生长过程和种植技术。在制造业劳动中,学生亲手操作机器设备,了解生产过程和制造技术。这些实践项目可以帮助学生更好地理解劳动过程和技能的实际运用,从而更加熟练地掌握和应用所学知识。

三是注重与科技融合。随着科技的发展,劳动教育教材也在不断融合科技元素,利用多媒体技术、在线资源等,提供更丰富的学习方式和工具。比如,陈鹏主编的《小学劳动教育导论》提出学校劳动教育课程中,学生可以通过多媒体技术,学习植物栽培、食品加工、家居装修等技能,通过视频、图片、动画等方式,更加直观地了解相关知识和技能。张开江等著的《高职院校劳动教育理论与实践——成都职业技术学院劳动教育体系研究》介绍到学生可以通过在线平台,学习各种劳动技能和知识,如编程、机械设计、电子电路等。通过在线平台,学生可以获得更广泛的学习资源和工具,同时也可以与老师和同学进行交流和互动,提高学习效果。姜平的《新时期劳动教育全面育人体系建构理论研究与实践探索》认为可以引入虚拟实境技术,让学生通过虚拟场景来模拟实际的劳动环境和操作过程。这样的教学方式可以增加学生的参与度和兴趣,同时提供更直观的学习体验。

总的来说,2022年出版的一些教材在实践性和操作性方面有了更大进步，积极探索新的教材编写方法和教学模式。通过提供实践活动、操作指导和案例研究等，促进学生参与实践和培养技能。通过提供更多综合性的实践项目和实际案例，培养学生的综合能力和解决问题的能力，并更好地涵盖现代劳动形式和新兴职业的内容。培养具备实践能力、创新思维和适应性的劳动者，以应对未来劳动市场的挑战。

## 4.3 劳动教育教材内容

### 4.3.1 内容深度和覆盖广度进一步拓展

2022年出版的相关教材在理论知识和实践技能、职业发展等内容的深度和广度上有了较大提升，涵盖从劳动技能到职业素养的各个方面，包括广泛的劳动知识和技能，从基础的劳动概念、劳动道德到不同行业的技能要求等均有涉及。以陈宇、高庆芳主编的《劳动教育》为例，该教材着眼于职业院校劳动教育需求，由认知劳动世界、培养劳动情感、投身劳动实践三个部分组成，共11个模块，具体内容包括劳动本源和劳动观、劳动分工和劳动者、劳动法规和劳动权益、拥抱未来的劳动世界、劳动的育人价值、劳动态度和劳动精神、劳动素养与劳动能力、学校劳动实践、家庭劳动实践、社会劳动实践、职场劳动指导等，内容丰富、覆盖面广。强调学生的实践操作能力培养，通过实验、实践项目和案例研究等方式，引导学生进行实际的劳动实践和问题解决，培养学生的实际操作技能。提供了关于劳动价值、劳动市场、职业技能和劳动伦理等方面的理论知识，并提供了相关的概念和框架，实践类教材也提供了丰富的案例和实际操作指导，帮助学生进行实践学习。提供了有关职业选择、职业发展和就业市场的信息，帮助学生了解不同职业的特点、发展前景和就业机会，引导学生进行自我评估,探索自己的兴趣和能力,制定个人的职业规划。新出版的劳动教育教材逐渐重视促进培育学生的创新思维和创业精神,通过引入创新案例、创业项目和实践机会来实现激发学生的创新意识和实践能力,培养他们在不断变化的劳动市场中的竞争力。

2022年新出版的劳动教育教材在内容深度和广度上均有所改进,注重基础知识和技能,培养学生的实践操作能力、职业规划和社会参与意识,也出现了涵盖现代劳动形式和新兴职业、加强创新思维和创业精神培养的教材,这有助于学生培养综合素养和实践能力,更好地适应未来劳动市场的需求。

### 4.3.2 实践性和操作性进一步加强

劳动教育教材在内容中应注重实践性,提供实际的案例和实践活动,让学生能够将所学知识应用于实际生活和劳动实践中,以深入了解劳动过程和技能的实际运用。近些年,中国出版的一些劳动教育教材在内容实践性和操作性方面已经有所改善,2022年出版的相关教材进一步提高了操作性标准,利用实践活动、操作指导和案例研究等方式,促进学生的实践参与和技能培养。通过提供具体的操作步骤和指导,帮助学生掌握劳动技能。同时,注重教学互动和反复,提供练习题、实践项目和模拟场景,让学生通过反复实践和操作来巩固所学的知识和技能。不少基础教育阶段的劳动教育教材结合学生的知识水准与劳动能力发展特点,选取恰当的课题和不同主题的活动内容,综合学习与实践,用安全、准确、科学的方式引导学生完成各项劳动实践课程。大部分教材包含两大主题方向:家庭劳动实践和学校劳动实践。家庭劳动实践着重介绍小学生日常生活起居必备的基本常识、卫生常识等方面的基本知识与劳动技能。设置丰富的课程实践内容,帮助学生在实践中掌握基础的、必备的生活技能和劳动技能,加强学生的自理自立能力，帮助小学生树立基础的劳动观念。

劳动教育教材内容的实践性和操作性标准对于学生的学习和发展至关重要。这些标准要求教材提供实际的案例和实践活动，在学习和实际操作中提升技能水平，并培养他们的创新思维和解决问题的能力。在2022年出版的教材中，研究机构和学者也出现了对现代劳动形式和新兴职业的覆盖，对劳动市场的变化和技术的发展以及新兴职业和技能需求的讨论逐渐增加。

随着科技的发展和社会的变化，一些新兴职业和技能需求逐渐受到关注。比如，人工智能工程师、数据科学家、网络安全专家等职业在近年来迅速崛起。劳动教育教材可以引入这些新兴职业的案例，让学生了解这些职业的特点、技能要求和就业前景。通过学习这些案例，学生可以更好地了解未来劳动市场的趋势，并为自己的职业规划做出更明智的选择。

此外，劳动教育教材还关注一些新兴技能的培养，例如人工智能编程、大数据分析、网络安全等。通过提供相关的实践项目和操作指导，学生可以学习到这些新兴技能的基本原理和实际应用。这样的教学方式可以帮助学生跟上科技发展的步伐，为他们未来的职业发展打下坚实的基础。

通过引入新兴职业和技能需求的案例，劳动教育教材可以帮助学生更好地了解劳动市场的变化和未来的就业趋势。同时，通过提供实践项目和操作指导，劳动教育教材可以培养学生的实践能力和创新思维，使他们能够适应未来劳动市场的挑战。

### 4.3.3 学科融合与学科渗透进一步加强

学科融合与学科渗透是新时代素质教育的重要抓手和发力点，2022年分析劳动教育教材与学科相结合，学科渗透与学科融合成为重要发展方向。通过收集整理发现，很多教材力图通过指导与科学、技术、社会科学等学科相衔接，形成跨学科的教育体验，帮助学生理解劳动在各个领域中的重要性和应用。整体来看，学科渗透主要表现为融入学科，学科融合则表现为跨学科的资源整合。

在融入学科方面，劳动教育教材通过文学作品、实际案例等方式，培养学生的阅读理解和写作能力。通过实际应用问题，帮助学生运用数学知识解决劳动实践中的计算和测量问题。在跨学科融入上，劳动教育教材可以利用科学和技术领域的知识，帮助学生理解劳动过程中涉及的科学原理和技术应用。劳动教育教材涉及社会科学领域的内容，帮助学生了解劳动对社会的影响和意义。通过与科学、技术、社会科学等学科的融合，学生可以全面了解劳动的多个方面，培养综合学科素养和综合问题解决能力。

2022年出版的劳动教育教材在内容融入学科和跨学科方面已经有所改进，教材通过将劳动教育与不同学科知识相结合，帮助学生全面理解劳动的多个方面，培养其学科贯通能力和综合问题的解决能力。将劳动教育与语文、数学等学科知识结合，通过文学作品、实际案例和实际应用问题等方式，培养学生的语言表达能力、阅读理解能力和数学运算能力。这样的设计使得学生在学习劳动教育的同时，也能够提升相关学科的知识和技能。在跨学科融入方面，教材将劳动教育与科学、技术、社会科学等领域的知识结合起来。教材通过介绍劳动过程中的科学原理和技术应用，帮助学生理解劳动的科学性和技术性。同时，教材还涉及社会科学领域的内容，让学生了解劳动对社会的影响和意义，培养社会分析能力和职业意识。

### 4.3.4 劳动价值观及劳动素养进一步加强

劳动教育教材应该帮助学生培养正确的劳动价值观及劳动素养，

引导他们了解不同职业的特点和要求，以及相关的劳动价值。2022年劳动教育教材在鼓励学生培养创新意识和创业精神方面有了新发展，通过介绍创新的理念和方法，讲解案例和实践活动，激发学生的创新思维和创造力，引导学生了解创业的过程和要素，培养他们的创业意识和能力。在传统劳动技能学习上，包括传授与劳动相关的基本技能和操作方法，如安全操作、工具使用、生产流程等，也有了更详细的示范和指导。同时，2022年劳动教育教材的内容设计注重与学生的年龄特点和学科要求相适应，综合考虑学生的年龄特点、学科要求和社会需求等因素，满足了学生不同层次、不同需求的学习需求，并提供更全面、更实用的劳动教育知识和技能；进一步关注社会需求和发展趋势对新兴职业和技能劳动素养的新需求，例如人工智能、互联网技术等领域。

2022年新出版的劳动教育教材在内容设计上更加注重学生的年龄特点、学科要求和社会需求，涵盖劳动价值观和劳动素养、创新与创业教育、职业规划与发展以及职业道德与社会责任等方面。通过这样的内容设计，劳动教育教材能够更好地满足学生的学习需求，培养他们的综合素质和职业能力。注重培养学生的实践能力和操作技能，使学生具备实际动手能力，并能在实践中应用所学知识和技能。此外，劳动教育教材还引入了更多的真实的职业案例和经验分享，让学生了解成功的职业人士的故事和经历，激发学生的职业兴趣，启发他们对不同职业的认知和理解。李珂和汪鑫编写的《劳动教育与职业发展》共4篇12个专题，围绕学生劳动价值观引导、劳动精神面貌改善、劳动技能养成、职场劳动知识积累等方面阐述了劳动理论知识与实践应用，通过名人名言、理论知识、实践案例、问题思考等内容学习，帮助学生把握劳动教育的基本内涵，使学生树立积极向上的劳动观，培养劳模精神、劳动精神和工匠精神，培育遵纪守法、诚实守信等优良品质，掌握基本的劳动技能，了解劳动关系、劳动法律、劳动安全、劳动心理等工作中常常应用的劳动知识，提升学生整体劳动素质，做有职业理想、有本领、勇于担当的新时代劳动者。

## 4.4 劳动教育教材风格

劳动教育教材作为大中小学不同教育层次的实操指导，其风格应该是具有指导规范性、清晰简明、实用可操作，能够用多样灵活的方式启发引导学生。2022年新出版的教材采用清晰简明的语言，通过提供明确的指导和规范，进一步帮助学生系统学习和掌握劳动技能和知识。2022新出版教材具有以下特点。

第一，指导性和规范性全面加强。多数教材提供了详细的步骤和指导，教导学生如何正确使用工具和设备，遵守安全规定，并强调职业道德和职业操守。在俞沈江等主编的《爱上劳动 点亮未来：幼儿园劳动教育课程实践》中既有理论的阐释、理念的引领，又有操作上的指导，还有实践范例的展示，为幼儿教师提供幼儿园劳动教育的课程操作指南，促进幼儿夯实劳动之根基、养成劳动之习惯、培育劳动之素养、获得劳动之情趣。

第二，语言清晰简明，适合大多数学生学习。在解释某种劳动技术或操作步骤时，大多数教材使用图表、插图和简明的说明文字，以帮助学生更好地理解。以杨亚萍主编的《新时代劳动教育教程（微课版）》为例，教材内容新颖，形式活泼，每章开头设有思维导图、情境导入等内容，文中穿插榜样力量、资料链接等栏目；注重理论结合实践，提高动手能力，每章后都配有丰富的实践活动方案，供学生实践。

第三，具备一定的实用性和可操作性。不少教材注重实践性和操作性，使学生通过实际动手操作来学习。例如，在劳动操作方面的教材中，提供具体的项目和实践活动，引导学生从选择木材、测量和切割，到拼接和涂装等一系列实际操作的过程。

第四，启发性和引导性进一步深化。很多教材提出一些实际的问题，鼓励学生进行创新性思考和实践，从而培养他们的创造力和解决问题的能力。不少义务教育阶段的劳动教育教材根据中小学生的身心发展特点和可接受能力，凸显劳动教育的实践性，引导学生乐于实践、勇于实践、创造性实践。教材内容及其呈现方式充分发挥了学生的主体性，培养学生的创新精神以及发现问题和解决问题的能力。

第五，充分展现多样性和灵活性。比如，面向中小学生的科技创新教材提供了多种不同的实践项目选择，让学生根据自己的兴趣和能力选择感兴趣的项目，并以小组合作的形式进行探索和实施。

总之，2022年劳动教育教材的风格具有鲜明的指导性和规范性，清晰简明，可操作性强，并具备启发引导的鲜明特点。通过提供明确的指导和规范，劳动教育教材帮助学生系统学习和掌握劳动技能和知识。同时，采用清晰简明的语言，以便学生轻松理解内容。实用性和可操作性的设计使学生在实践中应用所学的知识和技能，通过实际操作来提升技能水平。启发性和引导性的风格能激发学生的思考和创新能力，鼓励他们主动探索和解决问题。多样性和灵活性的设计能满足不同学生的需求和学习方式，同时也能为教师提供多种教学方法和活动形式。

## 4.5 总结与展望

近些年劳动教育教材在多样性、实践导向、与科技融合等方面取得了一定进展，涵盖了劳动价值和劳动素养、创新与创业教育、职业规划与发展以及社会责任等方面。教材内容和设计旨在培养学生全面发展所需的各种能力和素养。教材编写者也逐渐重视内容更新、教师培训、多元化设计和创新评估方式等方面，不断改进劳动教育教材的质量和实效性。劳动教育教材的设计旨在培养学生全面发展所需的各种能力和素养，使他们能够在职业生涯中取得更大的成功。因此，教材设计必须进一步强调实践和操作的重要性，需引入优秀的实例、案例和实践活动，帮助学生进行动手操作和实践探索，培养他们的实践能力和操作技能。此外，教材还可以利用真实的职业案例和经验分享，来激发学生的职业兴趣和规划意识，为培养其正确的劳动价值观提供启示和指导。

目前，劳动教育教材在多样性、实践导向、与科技融合等方面取得了一定进展，但在实用性方面依旧有所欠缺。以下是对未来编写劳动教育教材的建议。

第一，加强劳动教育教材与行业和实际工作场景的联系。劳动教育教材应该更加紧密地与各个行业和实际工作场景相结合，引入更多真实的案例和实践经验，使学生能够更好地理解和应用所学知识和技能。邀请行业专家和实际工作者参与教材编写，分享他们的经验和案例，让学生能够了解真实的工作环境和挑战。组织学生进行实地考察和实习，让他们亲身体验不同行业和工作场景，将理论知识与实际操作相结合。引入真实案例和问题，让学生通过分析和解决实际问题来应用所学知识和技能。与企业建立合作关系，开展实践项目和合作研究，让学生能够与企业员工一起解决实际问题，提升他们的实践能力和职业素养。

第二，引入新兴职业和技术，使劳动教育教材与时俱进。随着社会的不断发展和变化，新兴职业和技术的出现日益增多。劳动教育教材应该及时跟进这些变化，引入相关的内容，帮助学生了解和适应未来的职业发展趋势。教材编写团队应该密切关注新兴职业和技术的发展动态，及时更新教材内容，确保教材与时俱进。教材中应该引入新兴职业的案例和实践经验，让学生了解这些职业的特点、要求和机会，培养他们对未来职业发展的认知和兴趣。教材应该提供相关技术的学习资源，如在线课程、虚拟实验室等，让学生能够学习和掌握新兴技术，为未来的职业发展做好准备。

第三，强化创新和创业教育，培养学生的创新思维和创业精神。劳动教育教材应该加强创新和创业教育的内容，培养学生的创新思维和创业精神，使他们具备在竞争激烈的职业市场中脱颖而出的能力。教材中应该引入成功的创新和创业案例，让学生了解创新和创业的过程和经验，激发他们的创新意识和创业热情。教材应该提供创新和创业的学习资源，如创业课程、创新实验室等，让学生能够学习和实践创新和创业的方法和技巧。组织学生参与创新和创业项目，让他们能够实际运用所学知识和技能，培养创新思维和创业能力。

第四，加强劳动教育教材的跨学科整合，促进不同学科之间的融合和互动。劳动教育涉及多个学科领域，教材的内容应该加强跨学科的整合，促进不同学科之间的融合和互动。教材中应该整合相关学科的知识和技能，让学生能够综合运用不同学科的知识和技能解决实际问题。教材中应该引入跨学科的案例和实践经验，让学生能够了解不同学科之间的关联和互动，培养他们的综合素养和跨学科学习能力。组织学生参与跨学科的项目和活动，让他们能够与不同学科的同学合作，共同解决复杂的问题，促进学科之间的融合和互动。

第五，提供个性化学习和多样化资源，满足不同学生的需求和兴趣要求。劳动教育教材应该提供个性化学习的机会，满足不同学生的需求和兴趣。教材中应该引入个性化学习的方法和工具，如自主学习、合作学习、项目学习等，让学生能够根据自己的需求和兴趣进行学习。提供多样化的学习资源，如在线课程、实践项目、虚拟实验室等，让学生能够选择适合自己的学习途径和资源。教材应该支持学生制订个性化的学习计划，让学生根据自己的学习目标和兴趣选择学习内容和学习方式。

第六，强化劳动教育教材中的职业规划和发展指导，帮助学生制定职业目标和规划职业发展。劳动教育教材应该加强职业规划和发展的指导，帮助学生了解不同职业领域的要求和机会，培养他们制定职业目标和规划职业发展的能力。教材中应该提供职业规划的学习资源，如职业测评、职业咨询等，让学生能够了解自己的兴趣和能力，制定适合自己的职业目标。教材中应该引入职业发展的案例和实践经验，让学生了解不同职业领域的要求和机会，培养他们的职业意识和职业规划能力。开展职业规划的活动和讨论，组织学生参与职业规划的活动和讨论，让他们能够与同学和老师一起探讨职业发展的问题，互相分享经验和建议。

# 5 实践基地：在需求带动下蓬勃发展

2022年是党和国家历史上的重要年份。2022年是"坚定不移用习近平新时代中国特色社会主义思想铸魂育人，加快完善德智体美劳全面培养的教育体系"稳步推进的一年，也是劳动教育以及劳动教育实践基地蓬勃发展的一年。

2022年1月全国教育工作会议强调："在'两个大局'背景下，教育内外环境发生深刻变化。必须跳出教育看教育、立足全局看教育、放眼长远看教育，准确识变、主动求变、积极应变，抓住重大机遇，开创教育新局面。" 2022年4月21日，教育部颁布《义务教育课程方案（2022年版）》、《义务教育劳动课程标准（2022年版）》（以下简称《课标》），将劳动从综合实践活动课程中独立出来，成为单独课程。《课标》指出，"劳动课程是实施劳动教育的重要途径，具有鲜明的思想性、突出的社会性和显著的实践性"。其中，实践性最能表征劳动课程的特点，直接决定着劳动课程能否真正得到落实。为体现劳动教育课程的实践属性，《课标》指出，"劳动课程强调学生直接体验和亲身参与，注重动手实践、手脑并用，知行合一、学创融合，倡导'做中学''学中做'"①。劳动教育具有树德、增智、强

---

① 罗祖兵、吴必园：《劳动教育须坚持以体力劳动教育为主——兼论劳动课程的实践属性及其实现》，《中国教育学刊》2023年第6期。

体、育美的综合育人功能。开展劳动教育，让学生动手实践、身体力行，经历完整的劳动过程，需要合适的实践基地、配套的设施设备、专业的指导人员等多方面支撑。劳动教育实践基地是开展劳动教育的重要场所，是专项劳动实践的基础和必要条件。[①]

劳动教育是中国特色社会主义教育制度的重要内容，是全面发展教育体系的重要组成部分，对全面贯彻党的教育方针、落实立德树人根本任务、培养德智体美劳全面发展的社会主义建设者和接班人具有重要意义。随着新时代到来，劳动教育在学校教育中的地位越来越重要，为了更好地推进劳动教育，建设和管理实践基地是必不可少的。新时代加快推进劳动教育基地建设既是大中小学劳动教育育人的需要，也是落实相关文件精神的现实要求。全国各地区劳动教育实践基地建设情况存在哪些典型和不足，我们希望在全景式分析的基础上为进一步推进和完善劳动教育实践基地建设提供参考。

## 5.1 新设实践基地概况

据本章作者粗略统计，2018 年全国教育大会前，2010 年至 2017 年劳动教育实践基地的建设数量为 87 个，各级各类学校普遍依托校内现有场地和校企合作基地开展劳动实践活动。2018 年至 2021 年全国成立劳动教育实践基地或企业 398 个，呈现大幅度增长的趋势。在此期间，一些新的校外劳动教育实践基地由政府主导筹建转向市场主体建设，具备实践功能更全面、实践项目更丰富的特点。

2022 年 4 月，教育部发布新课标，义务教育劳动课程标准单列一项，并把劳动、信息科技从综合实践活动课程中独立出来，科学、综

---

① 党印、魏玲云：《新时代劳动教育实践基地建设与发展状况探析》，《中国校外教育》2023 年第 1 期。

合实践活动起始年级提前至一年级。课程变化足以突出劳动实践的重要性，倡导统筹利用学校、社区和家庭资源，开展个性化的劳动周活动。在此背景下，新增劳动实践基地更加注重多渠道拓展实践场所，充分利用现有综合实践基地、青少年校外活动场所、职业院校和普通高等学校劳动实践场所，建立健全开放共享机制。农村地区安排相应土地、山林、草场等作为学农实践基地，城镇地区确认一批企事业单位和社会机构，作为学生参加生产劳动、服务性劳动的实践场所，各学校逐步建好配齐劳动实践教室、实训基地。高等学校充分发挥自身专业优势和服务社会功能，建立相对稳定的实习和劳动实践基地。2022年，广东省、江苏省、四川省、山东省、河北省、河南省、福建省、湖北省、陕西省、湖南省、云南省、广西壮族自治区、山西省、贵州省、甘肃省、海南省劳动教育基地新设36家（见图5-1）。实践教育基地评选更加注重组织领导、健全机制、督导考核，增强育人功能、引领作用，助推基地高质量发展。科技类劳动教育活动日益得到社会各界的重视，例如广东省中小学科技劳动教育实践活动涉及小学、中学、高（职）学段，2022年共评出2040件获奖作品、11个优秀组织单位。

各类实践基地承载的功能主要有如下几种。第一，培养正确的劳动观念。这类实践基地包括各类场馆和学校场地，例如青少年宫、博物馆、纪念馆、科技馆和普通高等学校实践基地等。这些基地普及劳动教育知识，提高学生劳动素养，通过开展丰富多彩、形式多样的劳动实践活动，引导学生崇尚劳动、尊重劳动、热爱劳动，培养学生正确的劳动价值观和良好的劳动品质。第二，培养必备的劳动能力。这类实践基地与各类劳动直接相关，例如生态农场、果蔬种植专业合作社和牧场等。它们以真实劳动体验为主，可满足学生参加日常生活劳动、生产劳动和服务性劳动的需求，让学生动手实践，强调身心参

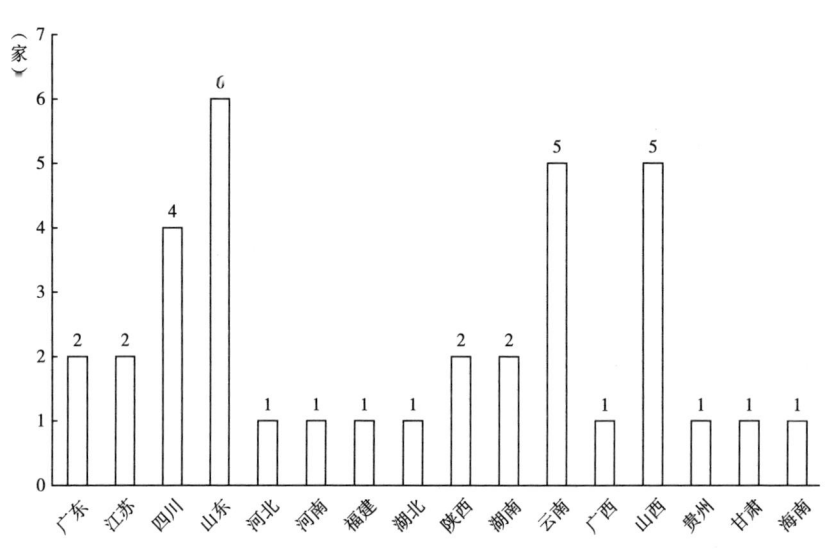

**图 5-1　2022 年全国新建的劳动教育实践基地数量**

注：本章作者在企查查网站搜索的机构名称中包含"劳动教育实践基地""劳动教育""实践基地""综合实践"等，从业务范围中搜索包含"劳动实践""劳动教育基地""劳动教育""实践基地""研学实践教育""劳动基地""综合实践""研学实践""研学旅行"的机构，剔除其他机构，得到 2022 年新建机构的注册信息。

与，通过技能训练提升劳动技能。第三，培养全面的职业认知。这类实践基地与职业发展场景密切相关，主要包括职业院校的实训中心和虚拟仿真中心，以及各类校企合作的企业生产线和真实工作场域。这类基地为学生提供实训和实习机会，具有专业特色鲜明、操作性强、设施设备齐全、场地资源丰富等优势，可以强化学生的职业认知，增强他们的职业荣誉感和责任感。

## 5.2　实践基地运营模式

《纲要》明确要求，在大中小学设立劳动教育课程，而实践基地是全面落实劳动教育课程的重要支撑。综观全国各类劳动教育实践基地，既有农场、企业，也有场馆、活动中心和学校。这些实践基地的运营模式有四种：政府主导、企业运营、学校自建运营、合作运营，共同功能是各学段学生到实践基地参加劳动实践、接受劳动教育。

### 5.2.1 政府主导模式

有效发挥政府的统筹功能，发挥教育主管部门的领导力量和督导力量，是劳动实践教育基地建成的关键；实现劳动实践教育的整体化、系统化、规范化、协同化，是实践基地建成的难点；完善劳动实践教育制度，发挥劳动实践教育机制的保障功能，是实现教育主管部门统筹引导劳动教育实践的重要条件。[①] 政府可根据地区经济水平、气候特征、产业特征、城乡差别等实际情况，制定符合地域特点的劳动教育实践基地相关制度文件，以制度为抓手，在政策、资金和项目安排等方面对劳动教育实践基地建设予以支持，系统推进劳动实践教育基地科学建设。例如，浙江省平阳县将劳动教育与当地产业振兴、县域旅游、美丽乡村建设等重点项目相结合，拓展劳动基地、挖掘劳动资源、创新劳动课程，打造宠物养护、红色研学、现代农业等县域劳动教育新名片，全力推进当地劳动教育从"基本均衡"迈向"优质均衡"；上海市宝山区充分实现劳动教育实践与社会融合，政府主导，教育、工会、社区等部门积极作为，成立学校周边三公里实践圈，将学校周边三公里之内适合用来做劳动教育实践的真实岗位拿出来为劳动教育实践服务；陕西省通过政府创办、有条件的学校自建和政府购买服务等方式，组织开展扎实有效的劳动教育实践活动；浙江省政府主导建设的温州市学生实践学校项目，由教育部和温州市人民政府共同投资建设，是浙江省教育系统校园占地面积最大、设施完备

---

[①] 吴暇：《政府主导的中学生劳动实践教育基地建设探究》，《长春师范大学学报》2021年第11期。

的公办学生实践基地和研学营地，且具备全国一流的硬件、软件接待条件。

### 5.2.2 企业运营模式

劳动教育不是空洞说教，它要求有真实的生产场景和具体的生产劳动，而企业是提供真实场景和具体劳动岗位的主力军。因此，进行基于企业工作场景的劳动教育实践基地建设具有重要意义。各级政府部门要积极协调和引导企业公司、工厂农场等组织履行社会责任，开放实践场所，支持学校组织学生参加力所能及的生产劳动，参与新型服务性劳动，使学生与普通劳动者一起经历劳动过程。此外，新时代劳动教育要充分体现时代特征，紧随科技发展和产业变革的步伐，准确把握新时代劳动形态、劳动工具、劳动技术带来的新变化。高新技术企业应该积极响应劳动教育的号召，充分利用各种资源，将传统劳动与新知识、新技术、新工艺、新方法进行有效融合，为开展劳动教育提供支持。[①] 例如，陕西省西安新未来文化传媒有限公司下属的新未来劳动教育实践基地，基于自身农业类园区优势，将科学与文化、劳动教育相结合，将各种学科知识融入劳动教育实践课程中，加深青少年对历史、文化、科学、艺术、园林、建筑、语文、素养、地理、物理、化学等学科的理解，开发108大类280多课时研学实践劳动教育课程，以满足大中小学生各年级段需求，让同学们真切体会到知识的奇妙与劳动教育的魅力；广东省深圳观澜湖百工传艺文化有限公司下属的观澜湖手艺工场，依托自身手工艺术门类体验空间的优势，通过传统与现代、艺术与生活、动脑与动手的结合，将知识与实践相互融入，开发了玻璃、皮艺、木艺、布艺、纸艺、陶艺、软陶、金工、

---

① 杨佩东：《产教融合背景下高职院校新时代劳动教育研究与探索》，《中国现代教育装备》2023年第7期。

非遗、花植美学、雕塑、雅集等大手工艺术劳动教育实践课程，深受学生和家长的欢迎；浙江省育才控股集团股份有限公司投资兴建的温州育才学生综合实践基地，依托集团在学习空间环境创设与教育教学领域的产业优势，把教育价值与社会责任联系起来，先后建成"生命科学探索、工程技术创意、科学数学创意、人文艺术体验、生活实践体验、未来教育研究"六大劳动教育实践体验中心，构建可选择、阶梯式的课程结构体系，使劳动教育实践课程内容有主题、有梯度、有延伸，有力提升了基地内生发展动力与专有特色。

### 5.2.3 学校自建运营模式

学校是劳动教育的主阵地，各级学校必须发挥校级劳动教育实践基地建设的主动性和积极性。学校首先要统整"人"的资源。除了教师，校内教职工、家长、外聘辅导员经过简单培训后都可以是学生的劳动教育实践老师，也可接纳更多普通劳动者成为学生的老师。其次要统整"物"的资源，也就是劳动实践基地资源。从校内农庄到自主管理的岗位，再到五彩缤纷的大自然、纷繁复杂的大社会，都是学生的劳动实践场所。在劳动教育实施中，学校可以依照集中指导与分散实践的原则，从课内与课外两个时间阶段化指导实施，可以每天的晨会、午谈教育时间、一周一课时的德育综合实践活动课、学校主题文化节相关活动等为主阵地，以周末假期实践为辅助，形成"人人皆资源，处处是课堂，时时可实践"的教育理念。[①] 目前，大中小学阶段劳动教育实践基地的建设初步呈现百花齐放、一校一品的良好态势。有些高校依托自身原来的专业实践场所增加劳动教育内容，达到劳动教育的目的。比如，西北大学建造的西北大学"地质+"劳动教育实

---

① 张亚伟：《指向"全面培养"的劳动教育校本化探索》，《中国德育》2022年第9期。

践基地，贵州大学建设的贵州大学工程训练中心、贵州大学教学实验场、浙江大学建设的长兴浙江大学劳动实践基地等。有些学校利用相应的土地、山林、草场等作为学农实践基地，打造出从荒草废地到"金角银边"劳动实践基地模式。例如，浙江省温州市瓯海区开展"美丽瓯海全域行动"，将校园周边闲置脏乱差的土地"变身"为学生劳动教育实践基地"后花园"。还有学校在有限的校园空间里面深度挖掘闲置空间，克服各种困难，以微改造的形式开展劳动教育。例如，浙江省温州市黄龙第三小学，积极克服"场地较小、布局固化、设施老化、经费短缺"等城市学校劳动教育空间痛点的困难，实施更沉浸、更个性、更智慧的校园空间微改造，以此来赋能新时代劳动教育，开发出"由一棵桂花树长出的'农创中心'""从巧手染坊浸润出的'文创中心'""从创客基地组建开的'科创中心'"等劳动教育空间微改造典型案例。

### 5.2.4 合作运营模式

各地政府应多渠道大力拓展实践场所，满足各级各类学校多样化劳动实践需求。充分利用现有综合实践基地、青少年校外活动场所、职业院校和普通高等学校劳动实践场所，建立健全开放共享机制。将志愿服务联合会、慈善机构、福利院、敬老院、基金会和社区等机构作为劳动教育实践基地，开展困难救助、尊老爱幼、拥军优属和爱心义捐等社会服务性劳动。这类项目强调公益性、无偿性和实效性，在切实帮助困难人群解决实际问题的过程中提高学生思想觉悟，强化学生社会责任感，培养学生的劳动精神和奉献精神。例如，北京市海淀区中小学综合实践教育中心是海淀区教委直属的中小学校外教育综合实践基地，坚持教育与生产劳动和各种社会服务性实践相结合，积极开发劳动教育课程项目，努力满足学生的劳动教育实践需求；浙江省杭州（国际）青少年洞桥营地是杭州青少年活动中心下属二级事业独立法人单位，是以"体验教育"和"五自教育"理念建设的青少年综合性实践基地，通过"自学、自理、自护、自强、自律"为主题的核心教育课程，开展丰富多彩的劳动教育实践。此外，有些劳动教育实践基地采用公益性与公办民营相结合的运行模式，以求为更多的学生提供劳动教育实践服务。例如，浙江省瑞安市乡悦文化旅游发展有限公司是中青旅与瑞安市曹村镇18个村股份经济合作社合资成立的旅游发展公司，公司在曹村镇创建"瑞安市天井垟劳动教育实践基地"，充分发挥曹村旅游人文景观的教育科普功能，构建了以"文化创意·实践成长"为主题的劳动教育实践课程体系，包括"创意木活字印刷""无骨花灯"等非遗手工类，"3D打印""智造工场"等科技制作（创客）类，"一颗稻谷的旅行""创意草绳"等耕读体验类等20余门劳动教育课程。还有一些企业、职业院校充分发挥自身在劳动教育专业研究、实践等方面的优势，为中小学提供劳动教育实践帮助服务。比如，深圳市爱创科技教育有限公司从"中小学劳动教育缺乏安全的教具和系统的课程，而创客教育门槛高，学生参与度低"的难点入手，将劳动实践与创新教育融合，立足"原创专利设备—安全节能耗材—多元全能课程"，依据青少年发展需求，开发符合人脑发展、未成年人心智成长的工业劳动课程教学实践，很好地解决了当下学校开展工业劳动实践的"必须性与安全性"不能兼得的问题；深圳四季耕耘文旅产业集团多年来专注于劳动教育、科学教育、未来教育等项目发展，独创"工程+课程"的"双程"模式，帮助学校利用各类有限空间，充分利用现有的园林绿化基础及闲置空地，通过统一规划、设计、改造，将校园打造成一个主题明确、布局科学、生物多样、底蕴丰富，可开展自然教育和新劳动教育的生态校园；深圳职业技术大学教育部职业院校文化素质教指委非遗教育传承示范基地，学校学生团队研发的安锯乐创劳动教育教具参加广东省"互联网+创新创业"大赛获金奖，学校依托安锯乐创劳动教育教具开发了一系列创造创新类的劳动教育项目，并组织青年大学生成立中小学生劳动教育志愿服务队，学习传承传统技艺、基于创新思维依托安锯乐创劳动教育教具开展产品设计制作，将个人劳动教育学习成果以服务性劳动的形式助力中小学劳动教育实践。

## 5.3　优秀实践基地评选情况

劳动教育实践基地涉及学校、学生、家庭及大量的社会资源，优质的劳动教育实践基地可发挥辐射带动作用，提升整个地区的劳动教育质量。因此，各级政府和教育主管部门要进一步引导劳动教育实践基地规范建设，评选示范基地，以评促建，使劳动教育受到社会各界的高度重视，劳动教育在"五育"融合中基础性的地位逐渐凸显，全国上下必将劳动育人这一大课题做实、做细，取得符合大中小学各学段的新成果。

### 5.3.1　各省（区、市）劳动教育基地遴选情况

教育部组织开展了全国中小学劳动教育试验区遴选推荐工作，要求各省（区、市）进一步加强对本区域内试验区的指导工作。2022年，陕西、山西、江西、福建、安徽、贵州、湖南、河北、浙江、云南、甘肃、江苏、广西等开展了劳动教育实践基地的申报、遴选、公示等活动（表5-1），并在教育主管部门网站公布了省级优秀劳动教育实践基地共582家。实践基地遴选更加注重大中小学相互衔接、资源共享，以此构建了形式多样、内容丰富、各具特色的劳动实践新平台。

表 5-1　2022 年全国各类劳动教育实践基地遴选通知一览

| 文件来源 | 文件名称 | 发布时间 |
| --- | --- | --- |
| 浙江省 | 浙江省教育厅办公室、浙江省农业农村厅办公室、浙江省林业局办公室关于公布浙江省中小学劳动实践基地（第三批）暨学农基地名单的通知 | 2022 年 1 月 |
| 甘肃省 | 关于对 2022 年全省中小学劳动实践基地评审结果的公示 | 2022 年 5 月 |
| 安徽省 | 安徽省教育厅关于公布安徽省第一批省级学生劳动教育实践基地立项建设单位和培育建设单位的通知 | 2022 年 7 月 |
| 贵州省 | 贵州省教育厅关于省级劳动教育示范县（市、区）、实践（实训）基地、示范学校、优秀工作和教学案例评审结果的公示 | 2022 年 7 月 |
| 湖南省 | 关于首批湖南省中小学劳动教育实验县市区、实验校和劳动教育实践基地名单的公示 | 2022 年 7 月 |
| 江西省 | 关于公布江西省级劳动教育实践示范基地名单的通知 | 2022 年 7 月 |
| 河北省 | 河北省教育厅关于公布第三批省级中小学生劳动与研学实践教育基地的通知 | 2022 年 9 月 |
| 云南省 | 云南省教育厅关于公布 2022 年云南省中小学生研学实践教育基地评选结果的通知 | 2022 年 10 月 |
| 福建省 | 福建省教育厅关于公布第三批福建省中小学生劳动教育实践基地名单和第五批福建省中小学生研学实践教育基地营地名单的通知 | 2022 年 10 月 |
| 江苏省 | 江苏省教育厅关于公布 2022 年中小学思政育人特色学校、心理健康教育特色学校、劳动教育与综合实践优秀基地名单的通知 | 2022 年 12 月 |
| 广西壮族自治区 | 自治区教育厅关于公布第二批自治区级中小学劳动教育实践基地、示范校名单的通知 | 2022 年 12 月 |

**续表**

| 文件来源 | 文件名称 | 发布时间 |
| --- | --- | --- |
| 陕西省 | 陕西省教育厅关于命名第二批"陕西省大中小学劳动教育实践基地"的通知 | 2023年1月 |
| 山西省 | 山西省教育厅关于公布首批省级大中小学生劳动教育实践基地名单的通知 | 2023年2月 |

资料来源：根据公开信息整理。

就遴选标准而言，各省（区、市）对劳动教育实践基地建设均提出申报资质、课程设置、师资配置、安全防控、配套设施、规范管理、周边环境等要求。在申报资质上，大部分对法人资质作了要求，一般要求具备法人资质，成立并正常运营1年以上。在设施条件上，一般要求基础设施配套齐全、布局科学合理，相关的教学仪器、劳动工具和设施设备性能完好，可供中小学生开展劳动实践的项目内容较多、种类较齐全。实践活动场所配备的仪器设备按国家或行业有关标准、规范安装并布置。在课程设置上，一般要求有主题课程，学生可以亲自参与劳动教育实践活动，课程对不同学段的劳动教育实践有层次区分。在师资配备上，一般要求配有与接待学生相适应的专业辅导和讲解人员，能结合劳动实践教育要求进行讲解、示范和辅导教学，提供有针对性、互动性和引导性的指导服务。在安全保障上，一般要求制定安全预案，设备和器材布置安全、科学、规范、合理。在效果评价上，一般要求建立学生劳动实践教育评价制度，落实课程计划，使学生掌握劳动技术，提高综合素质。陕西省制定了劳动教育实践基地建设指导意见，按照劳动教育各学段学生的培养目标优化课程标准、发挥特色地域、融合行业特色、完善配套设施、跟进服务功能、细化管理措施等。山西省在申报劳动教育实践基地时要求，申请单位及法人近三年来未发生安全事故，未受到行政处罚，未被追究刑事责任。福建省对申报实践基地建设提出了方案设计要求，主要包括基本概况、建设目标、建设计划、实施途径、支持保障（政策举措）、预期成果等，并且省级基地营地管理周期为3年，届满复评，复评合格，保留其称号，进入下一个管理周期，复评不合格，撤销其称号并摘牌。陕西省教育厅每年组织认定省级基地，每5年组织复查。安徽省要求省级学生劳动教育实践基地立项建设单位和培育建设单位建设期一年，一年后组织验收，通过验收的立项建设单位认定为省级学生劳动教育实践基地，在基地建设纳入项目安排等方面予以大力支持。

现有劳动教育实践基地遴选标准的共同点有六个。第一，在基本要求上，基地应建立健全内部管理制度，具有固定的管理机构和人员，设置专人负责食品安全、应急安全等工作；教学仪器、劳动工具、设施设备的性能要完好，应采用信息化手段，与相关部门、科研院所、学校、社会团体及企事业单位等建立长期合作关系，定期组织劳动教育活动，提高基地的利用率。第二，在硬件设施上，要求选址安全、交通便利；基地建筑防火标准、消防设施的设置、室内空气质量、环境质量等需满足国家相关专项规范的要求。第三，在教育产品服务上，基地应根据校外劳动教育实践课程要求，全面、客观地记录劳动实践过程和结果；可组织开展劳动技能和劳动成果展示、劳动竞赛等活动。第四，在配套服务上，提供交通服务、餐饮服务、住宿服务的基地，均应达到相应标准。第五，在安全管理体系上，应配置与其规模相适应的安全设施，具备必要的医疗及救助资源；建立安全管理机制、预警机制和紧急救援机制，设置安全管理机构，建立安全事故上报机制和安全责任机制；配备安全管理人员和巡查人员，有常态化安全检查机制和安全知识辅导培训。第六，在认定管理体系上，需建立全面的档案资料，定期自我评估，选择第三方机构认定评审，定期提交工作计划和总结。

### 5.3.2 遴选结果

2022年，浙江省公布104个劳动教育实践基地，贵州省遴选64个劳动教育实践基地，湖南省遴选60个劳动教育实践基地，河北省公布57个劳动教育实践基地，云南省遴选53个劳动教育实践基地，安徽省公布51个劳动教育实践基地立项，广西壮族自治区公布46个劳动教育实践基地，江苏省公布25个劳动教育实践基地，甘肃省遴选13个劳动教育实践基地，福建省公布10个劳动教育实践基地（见图5-2）。另有一些省（区、市）劳动教育实践基地跨年度遴选，2023年公布结果，比如陕西省命名41个，山西省公布30个，江西省公布28个。

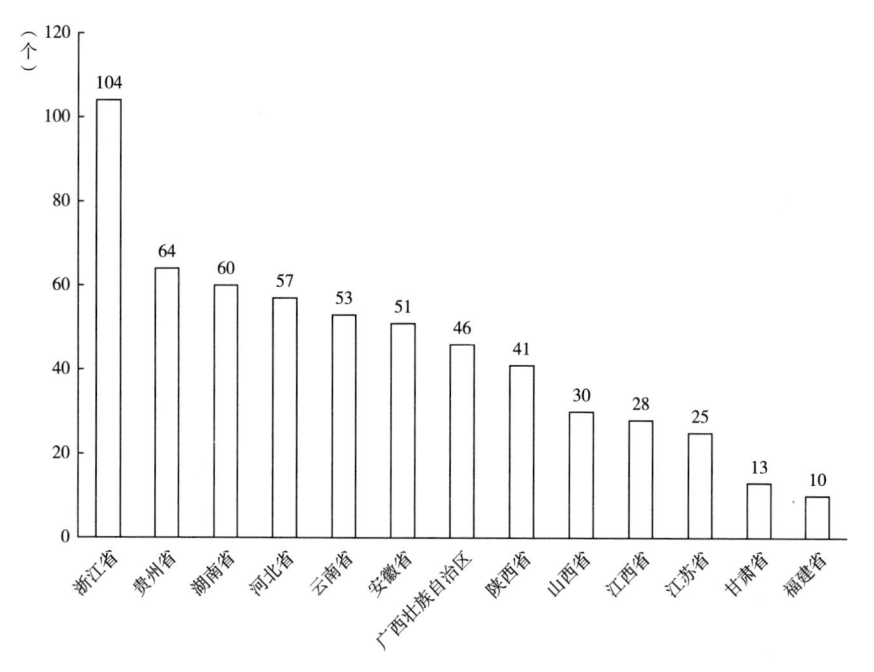

**图5-2　2022年省级劳动教育实践基地公布数量**

资料来源：作者在百度搜索"劳动教育实践基地评选"，在各省（区、市）教育厅网站找到大部分相关数据，在其他网站找到补充数据。

劳动教育实践基地的遴选对于劳动教育实践基地的健康成长具有重要的导向作用，可更好地为提高学生的劳动素养服务。基地遴选可以引领各个劳动教育实践基地将运行安全作为劳动教育实践基地建设的重心，将设施完备作为劳动教育实践基地建设的中心，将育人功能作为劳动教育实践基地建设的核心。

第一，运行安全是劳动教育实践基地建设的重心。必要的安全保障不仅是开展劳动教育的前提基础、重要支撑，而且对学生树立科学的劳动观念，形成"生命至上，安全第一"的劳动生产理念，培养具备初步的职业安全素质具有重要意义。各省（区、市）的评定标准体系都对基地的安全保护措施、安全演练、应急预案等方面提出要求，强调劳动教育实践基地在运行过程中安全是第一原则，基地应采取各项措施形成全方位的安全保障。具体而言，一是强调劳动教育实践基地安全运行中机制安排的系统性，各省（区、市）在评定标准体系中设置了对此项工作的组织机构保证、安全教育及人员保障情况等相关环节的指标，只有具备完善安全机制的劳动教育实践基地才能获得运营资质。二是强调劳动教育实践基地安全运行中硬件设备的全面性。各省（区、市）在评定标准体系中均综合考虑了教学过程中能够保障学生安全的有效措施，包括基地是否配备消防设施、放置安全警示标志、发放安全指导手册等，力求无事故、无危险地开展劳动教育实践教学活动。

第二，设施完备是劳动教育实践基地建设的中心。劳动教育实践基地教学设施的硬实力和教育资源的软实力是各省（区、市）实践基地评定的两大关键。首先，在基地教学设施方面，主要包括教学器材、住宿餐饮条件、交通便利、医疗保障条件、基础设施和录像监控六个方面。各省（区、市）的评定标准体系均强调劳动教育实践基地的基础设施建设情况，强调基地环境整洁、布局合理，房建、水电等基础条件完善，通信设施齐全畅通；强调有可供学生集中学习、体验、休息、饮食的场馆；强调有授课教室，配备满足现代教学使用需求的教具；强调配有必要且种类齐全的劳动工具和器材；强调有24小时全方位实时录像监控设施；强调基地设有医务室、专职医护人员和基本医疗用品。其次，在分析劳动教育实践基地的评定标准体系中，发现各省（区、市）对基地拥有的教学资源情况十分重视，如将"能整合相关部门职责和资源，形成上挂高等学校科研机构、中靠职业院校实践设施设备、下联中小学的现代化劳动实践与资源中心，促进资源共享，形成劳动实践教育的良性运行机制""能够围绕基地特色资源设计主题实践活动""能够建设起劳动教育课程资源与劳动教育资料库，形成多样化的优质课程资源。能制订劳动教育精品课程资源建设计划，促进优质劳动教育资源的共建共享""能够整合本校专业实践、创新创业等基地和省内有关资源，大力开展劳动教育相关研究"等纳入指标。值得注意的是，劳动教育实践基地的评定标准体系不仅要求基地本身具备优质的劳动教育资源，更倡导基地将劳动教育融入自然生态、创新创业，以及优秀传统文化等其他教育资源之中，将丰富的教学资源服务于劳动教育。

第三，育人功能是劳动教育实践基地建设的核心。劳动教育的目的是引导青少年参与、感受整体性的社会生活，经由热爱劳动、学会劳动从而找到自身创造、发展的道路[①]，让青少年在劳动中成长。"培育"成为各省（区、市）评定标准体系中出现的高频词，涵盖了"培育劳动精神""提高劳动素养""促进全面发展""提供劳动能力""促进理论与实践融合"等内容。如河北省在评定标准体系中提出"劳动教育实践基地开展劳动教育要以培养劳动情感、掌握劳动技

---

① 位涛、刘铁芳：《劳动意涵的历史演变与劳动教育的当代实践》，《国家教育行政学院学报》2022年第3期。

能、发展劳动素养为核心追求,结合学生身心特点、接受能力和实际需要,既要注重劳动知识传授、劳动技能培养和劳动实践锻炼,也要注重劳动价值观的塑造"的教育旨向。陕西省的评定标准体系中要求基地"课程能够围绕党的育人目标,落实立德树人根本任务,将社会主义核心价值观融入劳动教育的全过程,使学生树立正确的劳动观念,教授必备的劳动技能,培育积极的劳动精神,养成良好的劳动品质和习惯,全面提高学生的劳动素养"。正是因为评定标准体系明确指出了基地的育人作用,各省(区、市)劳动教育实践基地在建设发展中积极响应其号召,探索出特色鲜明的课程体系,开发了一大批精品实践活动,有效提高了劳动教育的实际效果。

## 5.4 总结与展望

劳动教育是中国特色社会主义教育制度的重要内容,直接决定社会主义建设者和接班人的劳动精神面貌、劳动价值取向和劳动技能水平。长期以来,各地区和学校坚持教育与生产劳动相结合,在实践育人方面取得了一定成效。未来,我们要把劳动教育纳入人才培养全过程,着力劳动教育的支撑保障能力,从多方面紧密融合,大力拓展实践场所,满足各级各类学校多样化劳动实践需求,培养担当民族复兴大任的时代新人。

而实践基地的劳动教育是一种具有重要意义和广泛应用的教育模式,它通过将劳动教育与实践活动相结合,为学生提供实际操作和实践体验的机会,促进学生劳动素养和实践能力的发展。在劳动教育基地管理的实施过程中,需要关注教育资源的均衡分配、教师的专业发展、评估和测量方法的改进、学生参与意愿的激发等方面的问题和挑战。为满足各学段学生的劳动实践需求,未来几年各类劳动教育实践基地数量会继续增加。现有劳动教育实践基地建设标准为其他基地和后续新建基地的建设提供了参考,在未来的实践基地建设中,应着力加强以下四个方面的工作。

第一,因地制宜,科学规划。劳动教育实践基地的规划要从宏观综合规划、中观规划和微观设计三个层面展开。① 规划从总体宏观经济规划的层面开始,主要是通过城市经济、文化研究、区位研究和产业发展来确定劳动教育基地的初步规划和设计、发展定位以及相关主题的定位。确定总体定位后,将进入中观规划阶段。该层面主要用于规划和分析基地的环境条件(包括基地周边环境和内部环境),阐明基地规划的功能结构分区,以便在后面的劳动教育课程设计中能够形成一致。中观的布局主要包括总体定位、规划和设计目标、总体规划布局、劳动教育实践基地园区规划、系统规划和相关产业规划。最后是微观设计。此阶段是详细的基地设计,包括建筑设计、景观草图、出入口设计等。此外,还需要对劳动教育基地进行效益层面的分析,从而形成劳动教育实践基地规划设计的方案。

第二,课程丰富,设计合理。劳动教育实践基地课程可以通过学习任务式、项目式的方式来设计,通过课程模块、主题任务、实践活动来呈现。② 一个专题课程模块包括一组情境化的主题学习任务,每个学习任务包含一组结构化的实践活动,由此组成学习任务群。首先,课程模块设计专题化。专题化的课程模块设计应该体现一定的分类逻辑。劳动学习专题模块设计有很多分类视角,可以从劳动的类型、对象、工具、材料和成果等对课程模块进行分类。其次,主题任务设计情境化。情境化主题设计可以围绕自然、经济、人文、社会等

---

① 席骥飞:《林农融合背景下劳动教育实践基地的规划初探》,硕士学位论文,安徽农业大学,2021。
② 梁惠燕:《基于学习任务群的中小学劳动教育课程设计》,《教育理论与实践》2022年第8期。

线索来展开。一是自然。自然界为人类社会提供了生存和发展的永久和必要的生活资料与生产资料，主题设计可从自然环境的适应与改造这一视角来展开。二是经济。不同地区经济发展的重点与特点不同，各个劳动教育实践基地可充分利用这些特点，适当拓展相关学科内容，引导学生了解并适当体验相关学科在社会生产中的应用，设计相关主题任务。三是人文。传统技艺、工艺是劳动人民在生产生活中长期研究和实践的结晶，蕴含着丰富的劳动教育意义。我国非物质文化遗产资源丰富，是很好的劳动教育资源。这些传统工艺需要通过劳动教育来传承与创新，可以此为情境线索，结合新技术应用，设计传统工艺传承与创新主题任务。四是社会。行业职业是社会劳动的现实载体，以社会现实职业认知与体验为情境设计主题任务，通过认识职业人物、了解职业内容、体验职业实践，让学生感受真实的社会劳动，加强与社会的联结。最后，实践活动设计结构化。结构化的实践活动设计突出劳动学习任务群的序列性特征，在广度上搭建家庭、学校和社会劳动有序过渡的空间结构，在难度上搭建学段螺旋上升的时间结构，在深度上搭建"知情意行"循环递进的逻辑结构。

第三，健全师资，定期培训。教师是劳动教育的实际组织者和领导者。提升教师的专业化水平、壮大劳动教育的师资队伍成为发展劳动教育必须加快解决的现实问题。劳动教师的质量决定了劳动教育的质量，提升教师的劳动教育专业化水平是加强劳动教育建设、提高劳动教育质量的关键所在。但是，考虑到当前劳动课师资力量不足以及劳动教育基地课程实践性、广泛性的特点，可以鼓励提高劳动教育教师来源的丰富性，这样在扩充劳动教育师资力量的同时，又能够促进社会优质教育资源的有效整合并形成资源共享共融机制。[①] 一是鼓励

---

① 王鹏飞、钱永慧、杨帆：《新教育视角下的劳动教育理想及其行动路径研究》，《中国电化教育》2023年第2期。

劳动课教师实践反思，正确认识劳动教育的独特价值，自觉主动地学习并掌握劳动教育理论和实践知识，在此基上把握育人导向、遵循教育规律、创新教育模式，促进劳动教育的"知行合一"。二是要借助网络等教师在线学习平台，围绕"五育并举"构建起基于网络的教师发展体系和教师学习共同体，建立一支师德高尚、业务精湛，具备劳模精神和工匠精神，具有强烈职业认同、能够主动寻求自我发展的高素质劳动教育师资队伍。三是将社会人士的广泛参与作为将社会公共教育资源引入劳动教育的前提条件，[1] 邀请家长或有劳动经验的社会志愿者利用拥有的劳动资源或场景激发学生的劳动兴趣和劳动潜能，使学生掌握劳动知识和技能，树立正确的劳动价值观。

第四，评价科学，以评促建。劳动教育实践基地的科学评价是劳动教育持续改进提高的重要手段，也是劳动教育育人目标实现的重要保证。人的学习和发展是动态变化的，从过程中获得的信息更加真实全面，在过程中的积极反馈比结果控制更加有效可行。劳动教育实践基地的评定，固然应关注劳动教育的内容、手段、环境等，但也更应该关注学生知、情、意、行各方面的变化。[2] 各地区不能因为劳动教育实践基地的效果难以测验而忽略设立基地教学反馈的评测指标，相反在评定标准体系的设计中应增加教学效果与反馈指标，促使实践基地以长效性思维为逻辑原则，借鉴其他学科所运用的"成长档案"等具有历时性的记录方式，从学生认知与体验、实践与收获等多个维度综合评价教学效果，以克服教学活动的形式主义与应付现象。坚持以评价促实施、以评价促完善的推进策略[3]，将教学效果反馈纳入实践基地评定标准体系，切实发挥评定标准体系在提高劳动教育实践基地

---

[1] 徐长发：《新时代劳动教育再发展的逻辑》，《教育研究》2018年第11期。
[2] 吕进、易双：《基于Nvivo12 Plus的劳动教育实践基地评定标准分析》，《高等建筑教育》2022年第5期。
[3] 付红军：《劳动教育新样态的区域探索》，《人民教育》2021年第22期。

教学工作中的引领作用。

综合而言,劳动教育实践基地是一个值得关注和深入研究的主题,它对于学生的全面发展和培养实践能力具有重要意义。通过不断的研究和探索,可以进一步提升劳动教育管理的效果和影响力,为学生未来发展和社会进步作出积极贡献。

# 6 教师队伍建设：各方探索建设方案

中共中央、国务院《关于全面深化新时代教师队伍建设改革的意见》开篇即讲到"百年大计，教育为本；教育大计，教师为本"。教师是教育发展的第一资源，高素质专业化创新型的教师队伍是加快教育现代化的关键[1]，这已成为社会共识。劳动教育作为一门全新的国家课程，劳动教育教师作为劳动教育课程的设计者和实施者，在整个劳动教育课程中起着主导作用，直接影响劳动教育的效果和质量。[2]

目前劳动教育在师资数量质量、培养培训、管理评价制度建设等诸方面尚存在较大提升空间，严重阻碍了劳动教育学科整体发展，需要各级政府教育主管部门、各级各类学校及其他相关部门在相关文件制定及具体实施等方面不断探索和努力，不断壮大劳动教育师资队伍，完善师资培养培训机制，建立健全考核体系及激励机制，提升劳动教育师资质量，激发其内在动力，从而打造出高素质高水平的劳动教育师资队伍，为提升社会主义建设者和接班人的劳动技能水平和劳动精神面貌，树立正确的劳动价值取向提供重要保障。

---

[1] 《中共中央、国务院印发〈中国教育现代化2035〉》，中国政府网，http://www.gov.cn/zhengce/2019-02/23/content_5367987.htm。

[2] 陈锟春：《中小学劳动教育的现状与提升——基于大规模调查数据的分析》，《教育研究》2022年第11期。

# 6 教师队伍建设：各方探索建设方案

## 6.1 教师队伍建设现状

### 6.1.1 教师队伍供求现状

#### 6.1.1.1 劳动教育专任教师供求情况

第一，中小学学段。

需求方面，教育部2023年3月公布的《2022年全国教育事业发展基本情况》显示，全国共有普通小学14.91万所，在校生1.07亿人；全国共有初中5.25万所，在校生5120.60万人；全国共有普通高中学校1.50万所，在校生2713.87万人。即中小学共21.66万所，在校生共1.85亿人。根据教育部2017年印发的《县域义务教育优质均衡发展督导评估办法》，每百名学生拥有体育、艺术（美术、音乐）专任教师数，小学、初中均达到0.9人以上，即体育、艺术专任师生比大致为1∶200，依照此比例，中小学劳动教育专任教师的需求数量为92.67万人。

供给方面，中小学劳动与技术课程教师、综合实践活动课程中偏向劳动与技术教育的教师、中国劳动关系学院等高校培养的劳动教育方向的公共管理硕士毕业生等均是中小学劳动教育教师队伍的重要来源。根据教育部发布的数据，2021年全国义务教育阶段劳动技术课程教师为10.9万人[1]，是中小学专任劳动教育教师的重要构成。此外，思想政治教育、人文教育、科学教育、心理学、电子信息工程、安全工程等专业及相关职业技术院校硕士研究生、本科生经培养后亦

---

[1] 《教育部：近87%的学生在中小学接受了艺术教育》，教育部网站，http://www.moe.gov.cn/fbh/live/2022/54875/mtbd/202209/t20220927_665357.html。

可充实到中小学劳动教育专任教师队伍中。①

第一，高等教育学段。

需求方面，2022年全国共有高等学校3013所，各种形式的高等教育在学总规模4655万人②。教育部规定高校思政课的生师比为350∶1③，依据此比例，高校劳动教育专任教师的需求数量为13.3万人。有研究参照体育、美育的师生比，测算中国高校至少需要3万名劳动教育专任教师，从事学校层面劳动教育的整体设计、课程讲授、活动组织、基地运营和教师培训等任务。④

供给方面，据教育部统计，截至2022年全国高校专兼职辅导员达24.08万人⑤，部分辅导员经过劳动教育理论实践知识技能的培训学习，能补充劳动教育师资不足；马克思主义理论、哲学、教育学、管理学、社会学、经济学、民商法学（含劳动法、劳动与社会保障法）等学科博士、硕士毕业生，可充实到劳动教育专任教师队伍中⑥；除此之外，团委、后勤、学工、教务等职能部门也是劳动教育师资队伍的补充来源⑦。北京师范大学班建武、中国人民大学周光礼

---

① 党印、曲霞：《劳动教育专任教师：职责、供求与培养路径》，《劳动教育评论》2021年第2期。
② 《2022年全国教育事业发展基本情况》，教育部网站，http://www.moe.gov.cn/fbh/live/2023/55167/sfcl/202303/t20230323_1052203.html。
③ 《新时代高等学校思想政治理论课教师队伍建设规定》，教育部网站，http://www.moe.gov.cn/srcsite/A02/s5911/moe_621/202002/t20200207_418877.html。
④ 党印、曲霞：《劳动教育专任教师：职责、供求与培养路径》，《劳动教育评论》2021年第2期。
⑤ 《教育部：全国高校专兼职辅导员达24.08万人 师生比1∶171》，教育部网站，http://www.moe.gov.cn/fbh/live/2022/54301/mtbd/202203/t20220317_608428.html。
⑥ 党印、曲霞：《劳动教育专任教师：职责、供求与培养路径》，《劳动教育评论》2021年第2期。
⑦ 凌亢、孙友然、张相学：《中国教师教育发展报告（2022）》，社会科学文献出版社，2022，第297页。

等长期从事劳动教育研究的教师学者所指导的硕士、博士毕业生亦是高校劳动教育专任教师的重要来源。

6.1.1.2 劳动教育兼职教师供给情况

第一，中小学学段。

教育部教育技术与资源发展中心（中央电化教育馆）劳动教育与综合实践处副研究员陈韫春在一项研究中[①]，在东部的江苏省、浙江省和山东省，中部的安徽省、河南省和湖南省，西部的四川省、云南省和甘肃省，每个省选取3个以上教育水平有梯度的地级市进行统计发现，在开展劳动教育活动的17501所学校中，有4390所学校配备了劳动专任教师，占比25.1%。这意味着13111所学校是以兼职教师的形式开展劳动教育活动的，占比74.9%。独立设置劳动课的学校有9606所，配备专任教师的学校有4390所，有一半以上独立设置劳动课的学校课堂教学由非专任教师兼任。

由以上数据可以看出，中小学劳动教育师资力量中，兼职教师占绝大部分，而小学配备劳动兼任教师的比例远高于初中和高中，其原因在陈韫春看来，在于小学通常设置综合实践活动课，初中和高中通常设置劳动与技术和通用技术课，而劳动与技术和通用技术课的教师对劳动教育更了解，认同感高，容易转为劳动专任教师。

第二，高等教育学段。

在目前已开设劳动教育相关课程、活动的高校里，有相当数量的兼职教师参与了劳动教育相关课程和活动，其中又以辅导员为重要力量。根据高校劳动教育师资队伍建设调查（第二轮），有95.72%的受调查辅导员从事劳动教育实践活动。根据刘向兵和党印的研究，在兼职教师方面，80所样本高校中，有6所高校设立了劳模工作室、技

---

① 陈韫春：《中小学劳动教育的现状与提升——基于大规模调查数据的分析》，《教育研究》2022年第11期。

能大师工作室，设置荣誉教师、实务导师岗位等。①

### 6.1.2 教师队伍建设制度现状

6.1.2.1 国家制度层面的劳动教育师资队伍建设

2020年3月20日中共中央、国务院印发《意见》。为深入贯彻习近平总书记关于教育的重要论述，全面贯彻党的教育方针，落实《意见》精神，加快构建德智体美劳全面培养的教育体系，2020年7月9日教育部印发《纲要》，分别就劳动教育师资队伍提出了专门建设意见。

第一，配备专兼职教师。

《意见》提出，要根据学校劳动教育需要，为学校配备必要的专任教师。《纲要》指出，要建立专兼职相结合的劳动教育教师队伍。根据学校劳动教育需要，明确劳动教育责任人，进行劳动教育规划、组织实施、评价等，配齐劳动教育必修课教师，保持教师队伍的相对稳定性。要充分发挥教职员工特别是班主任、辅导员、导师的作用，利用少先队、共青团、党组织以及学生社团等各方面的力量，合力开展劳动教育实践活动。建立劳动课教师特聘制度，为学校聘请具有实践经验的社会专业技术人员、劳动模范等担任兼职教师创造条件。充分利用家长及当地人力资源，聘请相关行业专业人士担任劳动实践指导教师。推动中小学、职业院校与普通高等学校建立师资交流共享机制，发挥职业院校教师的专业优势，承担普通学校劳动教育教学任务。《意见》《纲要》指出应通过建立劳模工作室、技能大师工作室，设置荣誉教师、实务导师岗位等，多渠道引入社会力量参与学校劳动教育。

---

① 刘向兵、党印：《高校劳动教育实施推进的多元与统一——基于80所高校劳动教育实施方案的文本分析》，《中国高教研究》2022年第5期。

第二，加强劳动教育教师专项培训培养。

《意见》指出，把劳动教育纳入教师培训内容，开展全员培训，强化每位教师的劳动意识、劳动观念，对承担劳动教育课程的教师进行专项培训，提高劳动教育专业化水平。《纲要》指出，把劳动教育纳入教育行政干部、校长、教师、辅导员培训内容，开展全员培训，强化劳动意识、劳动观念，提升劳动教育的自觉性。对承担劳动教育课程的教师进行专项培训，提高劳动育人意识和专业化水平。《意见》《纲要》指出高等学校要加强劳动教育师资培养，有条件的院校、师范院校开设劳动教育相关专业。

第三，建立健全考核体系及激励机制。

《意见》指出建立健全劳动教育教师工作考核体系，分类完善评价标准。《纲要》指出，要明确劳动课教师管理要求，保障劳动课教师在绩效考核、职称评聘、评先评优、专业发展等方面与其他专任教师享受同等待遇。建立健全劳动教育激励机制，在国家级、省级教学成果奖励中，将劳动教育教学成果纳入评奖范围，对优秀成果予以奖励。依托有关专业组织、教科研机构等开展劳动教育经验交流和成果展示活动，激发广大教师实践创新的潜能和动力。积极协调新闻媒体传播劳动光荣、创造伟大思想，大力宣传劳动教育先进学校、先进个人。

#### 6.1.2.2 地方性制度层面的劳动教育师资队伍建设

第一，多渠道壮大专兼职师资队伍。

师资队伍是教学任务保质保量完成的基础。各省市通过保障专任教师、多渠道聘请兼职教师、建立劳动教育教师特聘制度、各级各类学校师资共享等多种方式丰富壮大专兼职师资队伍，满足劳动教育师资需求。

配备专兼职劳动教育教师。湖南省、海南省、福建省等出台的劳动教育实施文件中均要求配备专兼职劳动教育教师。山东省、广西壮族自治区、河南省、上海市等明确指出根据学校需要配备必要的专任教师。其中，东南沿海地区的要求更具体明确，如浙江省要求在"十四五"期间培养省中小学劳动教育骨干教师300名，要求各级教研机构应配备劳动教育教研员，加强对劳动教研的指导；广州市要求每所中小学至少配备1名专任教师，并逐步增大专职人员配比；深圳市明确指出培养100名劳动教育名师。

建立劳动教育教师特聘制度。安徽省、青海省、四川省等指出建立劳动教育教师特聘制度，鼓励学校设立劳模工作室、技能大师工作室、荣誉教师岗位等，聘请能工巧匠、劳动模范、技术能手、专业技术人员等担任兼职教师；利用少先队、共青团、党组织以及学生社团等各方面的力量，合力开展劳动教育实践活动。内蒙古自治区鼓励小规模学校通过"一师多校"走教等模式开展劳动教育。河北省实施"送课上门"，鼓励科研院所、高新企业选派专家等参与大中小学劳动教育；重庆市、广州市要求充分发挥劳动教育专任教师、班主任、生活教师以及劳动基地指导教师骨干作用，共同指导学生开展劳动实践。

建立各级各类学校师资共享制度。山西省、黑龙江省、天津市等多省市支持普通中小学、普通高等学校与职业院校建立师资共享交流机制，充分发挥职业院校教师的专业优势，承担普通学校劳动教育教学任务。吉林省推动普通中小学、职业院校和普通高等学校采用"结对子""手拉手"等方式，促进劳动教育教师资源共享。福建省加强职业院校和普通高等学校"双师型"劳动教育教学团队建设。

第二，开展相关培训，开设相关专业。

师资培训是提高师资质量的重要路径和保障。全国大部分省份均把劳动教育纳入教师培训内容，开展全员培训，对承担劳动教育课程的教师进行专项培训,部分省份明确了劳动教育师资培训的细节要求。如河北省、河南省、江西省等明确将劳动教育内容纳入中小学教师国培、省培计划;吉林、四川等省份提出扩大培训范围,四川省加强主管校长和教研员培训,海南省把劳动教育纳入教育行政干部、校长、教师、辅导员培训内容;重庆市坚持开展校本培训、校本教研等活动;江苏省支持高等学校特别是师范院校开展劳动教育教师培养培训,建立20个左右省级劳动教育教师培养培训基地,将劳动教育纳入青年教师基本功大赛、教学大赛内容,探索建立德育、体育艺术、心理健康教师与劳动教育教师融合培养培训新机制;天津市提出聘请"大国工匠"、劳动模范、先进工作者等对劳动教育教师进行专项培训。

多省市明确支持高等学校开展劳动教育师资培养、开设劳动教育相关专业。如湖南、湖北、河南、海南等省份指出高等学校要加强劳动教育师资培养,有条件的院校(师范院校)开设劳动教育相关专业。河南、上海、福建等省份明确要求探索培养劳动教育方向的专业学位研究生。天津市明确支持天津师范大学、天津职业技术师范大学等高等学校开设劳动教育相关专业。

第三,建立健全劳动教育教师工作考核体系。

大部分省份明确建立健全教师工作考核体系,分类完善评价标准,保障劳动课教师在绩效考核、职称评聘、评先评优、专业发展等方面与其他专任教师享受同等待遇。

具体考评细节方面,河北省在省级教学成果奖励中,将劳动教育单列为一类;河南省明确在大中小学教师专业技术职务评审系列中设立劳动教育学科,建立符合劳动教育师资特点的评价考核和职称评定体系;天津市明确要拓宽教学成果和研究成果认定范畴。

吉林省、四川省、山东省、江苏省等强调健全教师激励机制。吉林省、四川省明确将劳动教育课教师纳入教师职称评审范围，在省级教学成果奖励中，将劳动教育成果纳入评奖范围，对优秀成果予以奖励；山东省支持符合条件的劳动教育课教师申报齐鲁名师，参加山东省优秀教师等评选，把开展和参与劳动教育情况纳入教师工作评价；新疆维吾尔自治区明确建立劳动教育名师、学科带头人、骨干教师等遴选机制；浙江省、江苏省将劳动教育履职情况纳入教师职务评聘和教育教学考核内容，开展劳动教育学科的教师职称评审，保障劳动教育教师专业发展和晋升权利；新疆维吾尔自治区、吉林省明确开展劳动教育经验交流和成果展示活动，宣传一批劳动教育示范区、示范学校和先进个人；四川、山东等省份强调要注重宣传优秀劳动教育课教师。

多地在劳动教育教师工作量计算方面也做出了具体规定。如天津市要求把组织开展课外劳动教育、劳动周或劳动月等纳入教学工作量；云南省、河北省明确兼职教师承担劳动教育工作应计算工作量；浙江省要求高校教师指导学生劳动实践计入教学工作量，并纳入教师评优评先和相关评价激励；四川省强调落实学校外聘劳动教育人员待遇，合理取酬。

6.1.2.3　其他部门对劳动教育工作的相关制度规定

第一，共青团等相关规定。

2015年7月20日，教育部、共青团中央、全国少工委共同发布的《关于加强中小学劳动教育的意见》指出，通过劳动教育，提高广大中小学生的劳动素养，促进他们形成良好的劳动习惯和积极的劳动态度，使他们明白"生活靠劳动创造，人生也靠劳动创造"的道理，培养他们勤奋学习、自觉劳动、勇于创造的精神，为他们终身发展和人生幸福奠定基础。对于师资建设，文件强调，要"加强师资建设。采取有效措施，在工资待遇、绩效考核、职称评聘、评优选先、骨干教师培养等方面，对劳动教育教师同等对待，保持劳动教育教师队伍的稳定与发展。积极探索建立专兼职结合的劳动教育教师队伍，广开渠道，开门办学，聘请能工巧匠、专业技术人员担任兼职教师。加强对劳动教育教师的专业培训，配备专兼职教研员，组织经常性的教研活动，开展教学竞赛，促进劳动教育教师专业化，不断提高劳动教育教学质量"。

团中央2022年4月20日公布的《新时代加强和改进共青团思想政治引领工作实施纲要》第7点强调，要不断提升青少年劳动教育内涵和外延，把养成劳动习惯、强化劳动情感、掌握劳动技能结合起来。探索建立共青团、少先队义务劳动机制，组织团员、队员积极参与校园美化绿化、社会公益等劳动。推广普通劳动职业体验活动，利用周末、节假日组织青少年深入厂矿车间、农村社区、田间地头，开展农民、农民工、环卫工人、保洁员、外卖小哥、快递员等职业体验。加强劳动情感宣传，引导青少年尊重普通劳动者，珍惜劳动成果，认识和体会劳动最光荣、劳动最崇高、劳动最伟大、劳动最美丽。

第二，人社部相关规定。

人社部2020年4月29日发布《关于加强技工院校劳动教育的实施意见》，强调要结合技工教育特点，构建技工院校劳动教育体系，精准把握劳动教育基本原则和基本内涵，开展以"新时代、新青年、新技能、新梦想"为特色的技工院校劳动教育。以培养担当民族复兴大任的新时代技能人才为导向，以引导学生理解和形成马克思主义劳动观、培养劳动精神和形成良好劳动习惯为目标，以日常生活劳动、生产劳动和服务性劳动等为抓手，在技能学习和劳动实践中磨炼学生艰苦奋斗、精益求精的意志品质，引导其成长为辛勤劳动、诚实劳动、创造性劳动的高技能人才。

在师资建设方面，文件强调，要加强师资队伍建设，建立技工院校专兼职结合的劳动教育教师队伍。将劳动教育纳入教师培训内容，开展全员培训，强化教师的劳动意识、劳动观念，提升实施劳动教育的自觉性。对承担劳动教育课程的教师进行专项培训，提高劳动教育专业化水平。鼓励开展劳动教育科学研究，组织经常性的劳动教育课程教研活动，促进劳动教育理论与实践相结合，不断丰富教学内容，优化教学方式，增强教学效果。有条件的地区和院校可组织开展劳动教育教学竞赛，提高教师能力水平。

第三，中华全国总工会相关规定。

中华全国总工会 2020 年 7 月下发《关于在全面加强新时代劳动教育中充分发挥工会组织作用的指导意见》。文件指出，要认真贯彻落实《中共中央国务院关于全面加强新时代大中小学劳动教育的意见》精神，深刻认识和准确把握在全面加强新时代劳动教育中发挥工会组织作用的重要意义和任务要求，立足工会职能定位，紧紧围绕推动强化劳动育人功能，大力弘扬劳模精神、劳动精神、工匠精神，搭建体现工会特色的劳动实践平台，推动构建体现时代特征的劳动教育体系，促进劳动最光荣、劳动最崇高、劳动最伟大、劳动最美丽的观念蔚然成风，引导广大学生充分认识劳动的价值和意义，认同劳动、热爱劳动、尊重劳动者，学会劳动、善于劳动、养成劳动习惯，掌握满足生存发展需要的基本劳动知识和劳动能力，通过辛勤劳动、诚实劳动、创造性劳动开创今后的美好生活。

关于师资建设，文件指出，要与中央宣传部、教育部等部门联合开展"奋斗的我 最美的国"新时代先进人物进校园活动，坚持举办"劳模大讲堂"活动，组织劳模和大国工匠走上讲台，分享成长历程，讲述劳动的意义、劳动的价值、劳动的快乐。推动将"劳模进校园""大国工匠进校园"活动作为大中小学生的劳动教育课程，计入课时。

推动大中小学选聘劳模、大国工匠担任兼职辅导员,鼓励兼职辅导员积极参加班级劳动主题教育活动。

## 6.2 教师队伍建设成绩与不足

### 6.2.1 劳动教育师资队伍建设已取得的成绩

教师队伍建设是教育事业发展最重要的基础工作,在劳动教育中,师资的培养和发展也是提升教育"软实力"的关键。近年来,全国各地教育行政部门、中小学校等持续推进开展师资队伍建设,在劳动教育师资数量、师资培养培训、师资考评激励体系建设等方面取得了丰硕成果。

6.2.1.1 教师队伍以专兼职相结合为主,专任教师占比增大

中小学方面,多地明确每所学校至少配备1名劳动教育专任教师,专任教师数量逐渐增多,如河北省石家庄市、山东省青岛市等明确要求每所学校至少配备1名劳动教育专任教师,湖南省衡南县近5年引进中小学劳技课专业教师218名。整体上劳动教育师资队伍仍以专兼职相结合为主,如石家庄市已配备1.5万余名专兼职劳动教育教师,江苏省常州市金坛区拥有劳动教育专兼职教师663人。多省市中小学聘请能工巧匠、劳动模范、非遗传人等专业技术人员开展劳动教育教学实践活动,师资结构呈多元化发展,师资数量亦获得了大量补充,如山东省济南市天桥区聘请家长、校外活动指导师、非物质文化遗产传承人等300余人充实到劳动教育教师队伍中,形成"专职+兼职+家长导师+特聘工匠"的劳动教师队伍结构。成都市青羊区聘请20余名国家级非遗传承人、四川省"五一劳动奖章"获得者、成都市劳模等工匠、大师走进中小学校园,开展"青羊向上"劳动教育特色项目。温州市鼓励全市中小学选聘地方非遗大师、能工巧匠为兼职

教师，与本校教师合作开发开设瓯绣、瓯菜烹饪等校本课程。

高校方面，大部分高校拥有劳动教育专任教师，部分高校师资以专兼职结合为主，师资构成呈现多元化趋势。中国劳动关系学院劳动教育学院（研究院）于 2022 年 5 月针对全国 104 所高校的调查显示，85.39%的高校明确了承担劳动教育必修课的教师，80.9%的学校拥有劳动教育专任教师，34.83%的高校拥有劳动教育教师 30 人以上。劳动教育师资构成多元化趋势明显。高校劳动教育师资构成主要包括学校行政工作人员、学校领导、辅导员、校外兼职教师[①]，部分高校以专兼职相结合为主，兼职教师构成愈加丰富多元。比如，浙江农林大学所有劳动课程由学校专任教师和后勤骨干员工共同授课：拥有教师资格证书的专任教师，主要教授理论方面的内容；由后勤骨干组成的授课团队，主要指导学生开展相关的实践、参加相关劳动。又如，山东财经大学建立了一支以专业教师、创新创业导师、辅导员为主，以校外企业导师、行业专家为辅的专兼职相结合的劳动教育教师队伍。

各级各类学校实施劳动教育师资共享，各地职业院校专业教师到中小学开展劳动教育特色课程，专业性、趣味性并具，深受学生欢迎。比如，广州番禺职业技术学院旅游商务学院联合番禺红基学校开展了"岭南工夫茶茶艺"和"咖啡兴趣班"劳动教育主题课程，福建省湄洲湾职业技术学院携手中小学校开展劳动教育融入思政课一体化建设活动。通过各级各类学校师资共享，充分发挥专业师资价值，缓解部分学校劳育师资不足问题。

6.2.1.2 劳动教育师资培养、培训初现规模

师资培养、培训是教师队伍质量不断提升的保障。目前国内已有两所大学开设了劳动教育本科专业，对劳动教育专业师资培养具有开

---

[①] 刘洪银、边立云：《新时代高校劳动育人效果评价、影响因素及提升理路——基于天津市 19 所高校的调查分析》，《中国劳动关系学院学报》2023 年第 1 期。

创性意义。部分地区亦开始重视劳动教育教师专业培养。

2022年2月,劳动教育作为教育学学科门类下的新专业被列入《普通高等学校本科专业目录(2022年版)》[①],5月,教育部批准开设劳动教育本科专业,并列入了相关高等学校2022年本科招生计划。2022年9月,首届35名劳动教育本科生在中国劳动关系学院报到入学[②],与此同时,天津职业技术师范大学也开始招收劳动教育本科专业学生。

部分地区也开始重视劳动教育教师培养。如深圳市南山区以"课题+课程"为抓手,强化劳动教育教师的专职专向培养,依托"3+2"课题研究,区域"大"课题、学校"中"课题、教师"小"课题,借助课程开发和教材编写,组织近百名中小学骨干教师参与劳动教育的课程开发和教材编写,通过"学习理论—开发课程—撰写教材—再学习—再修改—再开发—实践—反馈"的循环式定制培养,提高教师专业水平;上海市于2004年推出中学教师进修高等师范本科(专科起点)劳动技术教育专业教学计划,"十三五"期间,上海在教师专业培养中将劳动教育教师的专项培养列入计划,从经费、学时、职称和名师评定出台一揽子制度安排。

师资培训方面,部分地区已将劳动教育纳入"国培""省培"计划,劳动教育师资培训朝专业化、系统化方向发展。如黑龙江省(2021年)、河南省(2022年)、湖南省(2022年)已开展劳动教育"国培计划",吉林省(2022年)将劳动教育质量提升纳入国培项目申报中;山东省自2020年开始每年分学段开展劳动教育骨干教师培

---

① 《教育部关于公布2021年度普通高等学校本科专业备案和审批结果的通知》,教育部网站,http://www.moe.gov.cn/srcsite/A08/moe_1034/s4930/202202/t20220224_602135.html。

② 刘向兵:《培养劳动教育专业人才 夯实人才强国战略基础》,《人民政协报》2022年11月9日。

训；江苏省 2022 年开展了高等院校劳动教育师资培训，2023 年开展了省培初中劳动教育培训；安徽省（2022 年）、辽宁省（2022 年）、上海市（2022 年）、天津市（2022 年）、福建省（2023 年）开展了劳动教育省培项目。

此外，大部分地区以开展劳动教育专项培训为主，培训方式以专家讲座、现场教学和结构化研讨、政策解读、集体备课、小组交流教学经验、参观劳动教育实践基地等形式为主，培训对象不仅包括各学校劳动教育教师，劳动教育行政管理干部、各校校长、教研员等也参与培训。如广东省、海南省、山东省青岛市、重庆市城口县等开展了劳动教育专题培训，贵州省、天津市等举办了劳动教育师资研修班，辽宁石油化工大学、安徽工商职业学院等开展了劳动教育集体备课。个别地区劳动教育师资培训朝体系化方向发展。如山东省济南市天桥区启动劳动教育教师培养工程，重庆市荣昌区 2021 年起实施劳动教育"种子"教师培养计划。温州市建立了双向融通的培训机制，市、县教育行政部门及大中小学把劳模精神、劳动精神、工匠精神纳入教师全员培训内容；鼓励大中小学劳动教育专兼职教师走进劳动实践基地、劳模工匠所在单位开展实践训练、技术研发等，同时组织劳动教育专家对劳模工匠进行教育业务培训，提升劳模工匠授技育人能力。

#### 6.2.1.3 多地将劳动教育纳入师资考评

完善的劳动教育教师评价体系有助于提高劳动教育的质量和促进教师能动性的发挥。近年来，多地市将劳动教育纳入师资考评体系，制定相关制度文件。如天津市部分区已制定发布了劳动教育督导评价文件，形成区一级的劳动教育监管体系，大部分中小学校将劳动教育纳入对班级和教师的考评中。[①] 部分地区开展劳动教育优秀教师评选，

---

① 岳静：《中小学劳动教育师资的现状、问题与提升路径》，《教学与管理》2022 年第 3 期。

加强以赛促教,为劳动教育教师发展提供多种渠道。如哈尔滨市已连续30余年组织开展"哈尔滨市劳动技术教育优秀教师"评选工作,为劳动教育教师成长搭建了平台;天津市举办劳动教育教师基本功竞赛,每学年开展1次劳动教育课观摩、1次劳动教育优质课评选、1次劳动教育成果展,组织评选市级劳动教育优秀导师,评选"劳动优秀教师";湖南省株洲市石峰区(2022)增设"辛勤园丁"奖表彰劳动教育优秀教师;克拉玛依市教育系统推进劳动教育评价改革,对教师劳动教育工作手册编写、课题研究、课程实施、教学效果等进行考评,评选"劳动教育优秀教师"。

部分高校亦通过出台政策建立健全劳动教育教师考核体系,保障其在职称评定、评优评先等方面的权益待遇。如上海交通大学出台《全面加强劳动教育工作实施方案》,强调建立健全劳动教育教师工作考核体系,加强劳动教育教学督导,在职称评聘中探索增设劳动教育评价指标;山东财经大学明确劳动课教师管理要求,保障劳动课教师在绩效考核、职称评聘、评先评优、专业发展等方面与其他专任教师享受同等待遇。

### 6.2.1.4 部分地区设立劳动教育专门机构

劳动教育教学教研专门机构的设立有助于稳定师资队伍结构,凝聚师资队伍力量,集中力量开展教学教研工作,促进劳动教育学科建设。近年来,多地成立劳动教育专门机构,明确劳动教育部门归属,为劳动教育师资队伍建设、开展教学研究、课程研发、教师培训等提供组织支持。如2021年"河南省劳动教育研究中心"在河南师范大学正式揭牌,把研究中心建设成为劳动教育研究基地、劳动教育教师培训基地、劳动教育宣传基地和劳动教育研究成果转化基地,引领全省劳动教育工作。天津职业技术师范大学和全市16个区教育局共同组建"天津市大中小学劳动教育联盟",同时成立了天津市劳动教育师资培养培训中心和天津市劳动教育教学研究中心，建设集师资培训、课程研发、研究指导等功能于一体的劳动教育研究机构。温州市成立市中小学劳动教育指导中心，中心协助开展劳动教育调研、评估、交流、重难点问题研究等工作，参与劳动教育相关政策研究、文件制定。此外，福建省、山东省、四川省、辽宁省、海南省成立了新时代大中小学劳动教育指导中心、指导委员会、劳动教育联盟、劳动教育教师工作室等劳动教育专门机构，全面推进劳动教育试点、教学、科研、师资队伍建设发展。

高校方面，大部分学校成立了劳动教育教研室等专门机构，教研室主要隶属于党委学工部、马克思主义学院等部门。2022年5月课题组对80所高校的调查显示，64.04%的高校成立了劳动教育课程教研室等专门机构，19.1%的高校计划成立中。各省教育厅官网检索显示，安徽科技学院成立了劳动教育教研室全面加强劳动教育；枣庄学院成立了劳动教育教学研究与实践中心；西安外国语大学成立了劳动教育教研室，由党委学工部和马克思主义学院共同指导和管理，教研室目前有20名任课教师，由专职辅导员、思政课专业教师构成。劳动教育专门机构的成立为劳动教育师资稳定及规范管理提供了支持。

综上所述，劳动教育师资队伍建设在多方面取得了突破性进展。多地已配备专任教师，兼职教师构成多元丰富，师资队伍不断壮大，教师参与意愿强；劳动教育师资培养、培训初现规模，国内已有两所大学开设了劳动教育相关专业，对劳动教育专业师资培养具有开创性意义，部分地区已将劳动教育纳入"国培""省培"计划，劳动教育师资培训朝专业化、系统化方向发展；多地将劳动教育纳入师资考评，劳动教育受重视程度不断提升；部分地区设立劳动教育教研专门机构，劳动教育部门归属趋于明晰。但长期来看，劳动教育师资队伍建设尚处于发展的初级阶段,各方面虽有突破但发展水平较低,提升空间较大。

### 6.2.2 劳动教育师资队伍建设尚存在的不足

高水平师资队伍应具备扎实的专业知识和技能、高尚的职业道德和职业操守、团队合作和领导能力以及持续学习和提高自己的能力,要达到这一目标,需配备充足的教师数量、专业的师资来源,具有完善的师资培养培训系统、完善的评价奖励机制以及明确的管理部门归属,目前劳动教育师资建设在以上方面均存在较大欠缺。

#### 6.2.2.1 专任教师数量缺口大

全面加强劳动教育必须配足配齐劳动教育教师。部分地区已采取多种措施,建立专兼职相结合的劳动教育师资队伍,为学校配备必要的专任教师。但多项调查显示,各级各类学校劳动教育专任教师数量仍存在较大缺口。

中小学方面,调查显示,配备专任劳动教育教师的学校仅占25%,半数学校劳动教育课程由非专任教师兼任;从区域上看,东部地区学校配备劳动专任教师的比例显著高于中部地区学校,中部地区学校高于西部地区学校;从学段上看,高中配备劳动专任教师比例高于初中,初中配备比例显著高于小学。[①] 高校方面,2022 年针对全国104 所高校的调查显示,64.42%的被访教师认为推进劳动教育工作的主要难点是缺乏劳动教育专任教师,此结果与刘洪银等对天津市 19 所高校的调查结果基本一致。[②] 具体测算显示,小学学段缺 15.8 万名

---

① 陈锟春:《中小学劳动教育的现状与提升——基于大规模调查数据的分析》,《教育研究》2022 年第 11 期。
② 刘洪银、边立云:《新时代高校劳动育人效果评价、影响因素及提升理路——基于天津市 19 所高校的调查分析》,《中国劳动关系学院学报》2023 年第 1 期。

劳动教育教师，初中学段缺6.3万名，高中学段缺3.4万名，普通本专科缺6.1万名。① 如此庞大的教师数量缺口成为劳动教育持续推进的严重阻碍，不利于劳动教育具体工作落实与开展。此外，挤占现有师资资源也将影响既有的各项教育工作。②

6.2.2.2 师资专业化程度不足

具备劳动教育学科专业背景的教师对劳动教育成效的影响较大。经过系统的理论学习和实践锻炼、具备劳动综合素养的劳动教育专业教师能够给予学生科学的引导、指导和示范，有针对性地干预学生的劳动课程学习和劳动实践锻炼。但相关调查发现，不管是主观层面还是客观层面，劳动教育师资都缺乏专业学科背景及理论、实践教学组织能力。2022年11月针对662所高校1120名辅导员的调查显示，当被问及"是否具备承担劳动教育必修课教学任务/组织劳动教育实践活动的能力和水平"时，仅四成左右的认为具备相关能力。刘洪银对天津19所高校的调查发现，具备劳动教育学科背景的教师占比34.1%，不具备学科背景但属于就业创业教育的教师占比11.2%。③ 整体上，多数教师对于劳动学、劳动精神理解不够深入，缺乏劳动理论教学内容储备，对学生特点和教学规律掌握不够，教学易局限于理论层面的讲授或实践层面的操作，无法满足学生综合素质发展的需要，劳动教育教学的针对性与实效性有待提高。

6.2.2.3 劳动教育教师培训系统性、针对性有待加强

系统的师资培训是保障与提升劳动教育教学质量的重要基础，但

---

① 凌亢、孙友然、张相学：《中国教师教育发展报告（2022）》，社会科学文献出版社，2022，第297页。
② 党印、曲霞：《劳动教育专任教师：职责、供求与培养路径》，《劳动教育评论》2021年第2期。
③ 刘洪银、边立云：《新时代高校劳动育人效果评价、影响因素及提升理路——基于天津市19所高校的调查分析》，《中国劳动关系学院学报》2023年第1期。

截至目前，大中小学劳动教育师资培训尚处于起步探索阶段，培训次数较少、培训体系不完善、零散化边缘化。

中小学方面，开展劳动教育"国培计划"及"省培计划"等大规模、系统培训的省份较少，截至 2022 年底，开展劳动教育"国培计划"的省份仅有黑龙江、河南和湖南等少数，开展劳动教育省培项目的仅有安徽、辽宁、上海和天津等。此外，各地中小学校教师培训内容针对性不足，难以满足教师的实际需求；培训形式以主题讲座、公开课为主，现场观摩和实地调研较少；定期劳动教育课程研讨和跨校跨地区劳动教育交流活动不足，相较其他科目，劳动教育师资培训次数较少。[①]

高校方面，很多高校没有开展劳动教育专兼职教师培训，多数教师不了解《意见》和《纲要》等政策内容，期望获得劳动教育实践活动组织、劳动教育理论知识、课程教学教法、劳动教育学术研究、劳动教育经验案例交流、相关政策解读等方面的培训。劳动教育教师培训的系统性、针对性有待加强。

6.2.2.4 劳动教育教师评价奖励机制不完善，同等待遇难保障

科学完善的教师评价奖励机制能起到监督和管理的双重作用，促进教师之间良性竞争，激发其工作积极性和创造性，直接推动劳动教育教学研究的进步与创新。中央到地方相关意见均强调"建立健全教师工作考核体系，分类完善评价标准，保障劳动课教师在绩效考核、职称评聘、评先评优、专业发展等方面与其他专任教师享受同等待遇"，但具体落实方面尚有差距。

目前劳动教育教师专业资格认定和规范的职前评定机制尚未完善，普遍存在劳动教育教师社会地位偏低、晋升渠道不畅、发展前景

---

① 岳静：《中小学劳动教育师资的现状、问题与提升路径》，《教学与管理》2022 年第 3 期。

不明等问题,容易造成劳动教育教师队伍结构性失衡以及流失问题。此外,中小学普遍采用的评价考核方式和指标与劳动教育教师日常工作不匹配,使其在职称评聘、职业晋升方面与其他学科教师相比缺少竞争优势[①],客观上对劳动教育教师发展产生消极影响。虽已有部分学校将开展劳动教育纳入教师考评,但因为没有专门的针对劳动教育教师的考评标准,评价准确度较差,随意化程度较大,不能对教师起到较好的引导与规制,教师考核评价的专业性与系统性有待健全,缺少具体可行的激励标准。[②]

#### 6.2.2.5 劳动教育部门归属不明确,专门机构设立不充足

由于劳动教育作为独立学科发展时间短,相关政策落实尚不到位,经费投入不足等,劳动教育专门机构设立较少,学校内部存在部门归属不明确问题,导致劳动教育日常教学管理缺乏规范性系统性,出现劳动教育被淡化、边缘化的现象,劳动教育的实施质量和效果难以保障。

各级各类学校普遍设有思政部门、各专业院系(教研部门)、体育教学部门,中小学有专门的美术教研室等,然而各学校普遍没有专门的劳育机构。[③] 调查显示,近六成的高校教师认为劳动教育牵涉部门太多,缺乏负责劳动教育工作的专门管理人员,统筹协调困难。目前各级各类学校劳动教育工作主要由其他岗位的教师分散承担,由于各教师均有其他方面的工作,劳动教育只是其兼任的事务,劳动教育

---

① 朱悦、孙承毅:《现实与突围:中小学劳动教育教师队伍建设的实践困境与路径优化》,《吉林省教育学院学报》2022 年第 10 期。
② 刘俊玮、尹旭:《新时代背景下加强劳动教育师资队伍建设的路径探究》,《中国成人教育》2022 年第 14 期。
③ 党印、曲霞:《劳动教育专任教师:职责、供求与培养路径》,《劳动教育评论》2021 年第 2 期。

的事务和人员没有从既有的教育工作中分离出来,进行专门推进,这不利于统筹协调全面综合实施。①

## 6.3 总结与展望

劳动教育师资队伍是开展劳动教育教学研究、劳动教育实施落地的人力保障,师资队伍建设是劳动教育学科建设、人才培养的基础中的基础。目前,我国劳动教育师资队伍建设已取得了突破性进展。多地已配备专任教师,师资队伍不断壮大;劳动教育师资培养、培训初现规模,已有两所大学开设了劳动教育相关专业,部分地区已将劳动教育纳入"国培""省培"计划,劳动教育师资培训朝专业化、系统化方向发展;多地将劳动教育纳入师资考评,劳动教育受重视程度不断提升;部分地区设立劳动教育教研专门机构,劳动教育部门归属趋于明晰。但长期来看,劳动教育师资建设尚处于初级阶段,各方面虽有突破但发展水平较低,仍存在专任教师数量缺口大、专业化程度不足、教师培训缺乏系统性针对性、评价奖励机制不完善、部门归属不明确等问题,亟待改进提升。

首先,要多措并举配齐配好教师,满足师资数量需求。学校可采取多种形式聘任劳动教育教师,可鼓励本校现有劳动教育相关专业背景教师经培训后改编为专任劳动教育教师;可面向高校应届毕业生招聘,如从马克思主义理论、哲学、教育学等学科中招聘博士、硕士毕业生进行培养,充实到大学劳动教育专任教师队伍中;从思想政治教育、心理学等专业及相关职业技术院校中选拔硕士研究生、本科生,

---

① 党印、曲霞:《劳动教育专任教师:职责、供求与培养路径》,《劳动教育评论》2021年第2期。

经培养后充实到中小学劳动教育专任教师队伍中[①];亦可聘请职业院校或企业技术人员作为专业课教师等[②]。此外应鼓励有条件的高校尽快开设劳动教育专业,为大中小学劳动教育培养专业师资。[③] 通过以上聘任、培养措施,建立充足稳定的劳动教育师资队伍。

其次,要完善培训体系、加强学科培养,满足师资专业化需求。鼓励各地设立劳动教育任课教师培训专项,开展劳动教育教师全员培训;对标劳动教育教师所需的核心能力,优化培训内容与方式,加强劳动项目设计、劳动任务群开发、劳动教育课程实施评价、家校社合作沟通等方面能力的提升。培训内容方面应更加全面,覆盖劳动教育制度政策、劳动教育理论知识、劳动教育实践活动组织能力等内容;培训形式应更加多样,除了专家讲座、案例分享、研讨交流等常规形式外,还应增加现场观摩、实地调研的比重;培训对象应扩大范围,达到重点培养、覆盖全员的目标,整体上提升全体教师、相关教育工作者的劳动教育素养。

再次,要完善评价体系、明晰发展路径,满足教师发展需求。加强制度建设,建立有效、科学、系统的劳动教育教师考核评估体系,对各级各类教师进行定期评价;优化兼职劳动教育工作的工作量核定机制,完善劳动教育相关的科研成果认定机制,在评奖评优等方面将教师开展劳动教育的情况作为重要指标;加快建立劳动教育教师资格准入制度、劳动教育教师激励机制及劳动教育师资职称评定等制度,明晰发展路径,为广大劳动教育兼任教师提供一个目标明确、路径清

---

① 党印、曲霞:《劳动教育专任教师:职责、供求与培养路径》,《劳动教育评论》2021年第2期。
② 岳静:《中小学劳动教育师资的现状、问题与提升路径》,《教学与管理》2022年第3期。
③ 党印、曲霞:《劳动教育专任教师:职责、供求与培养路径》,《劳动教育评论》2021年第2期。

晰、投入和回报相协调的工作机制，提高其开展劳动教育的积极性，促进劳动教育的实施和发展。

最后，要做好劳动教育部门归属、提升劳动教育教师地位等支持保障工作。可由各省市教育行政主管部门牵头，依托相关专业高校、职高或师范类院校，建立劳动教育专门机构，统筹协调劳动教育教学、科研、培训等资源；各级各类学校设立劳动教育教研室，统一开展劳动教育教学、科研等活动，为劳动教育教师提供部门归属和资源支持。

# 7 评价标准建设：多层多元多主体评价

近年来，国家一直高度关注劳动教育，也对劳动教育评价提出了明确的要求。《意见》《纲要》以及《中共中央国务院深化新时代教育评价改革总体方案》《普通高等学校本科教育教学审核评估实施方案（2021~2025年）》等政策文件，都对劳动教育做出了具体的要求：健全劳动素养评价制度，将劳动素养纳入学生综合素质评价体系，创新劳动教育评价方法；把劳动教育纳入教育督导体系，开展劳动教育质量监测；支持各地利用大数据、云平台、物联网等现代信息技术手段开展劳动教育评价和监测。本章将梳理总结中小学、职业院校和普通高等学校劳动教育评价的政策导向、研究进展、现实状况和评价困境，为各级各类学校进一步优化劳动教育评价提供参考。

## 7.1 中小学劳动教育评价标准建设

### 7.1.1 政策导向

教育各级部门和学校认真学习贯彻习近平总书记重要讲话精神，切实贯彻落实《意见》《纲要》提出的劳动教育评价任务，并将文件精神转化为改进劳动教育评价工作的思路、措施和具体项目，以问题为导向、以改革创新为动力，加强政府统筹，抓住主要环节，中小学劳动教育评价标准建设呈现出良好态势。

#### 7.1.1.1 国家层面

2022年，国家教育主管部门纷纷出台相应政策，进一步把中小学劳动教育评价放到重要的位置。《教育部2022年工作要点》明确指出持续监测学生劳动素养发展，将其纳入综合素质评价。评价工作要以劳动教育目标、内容要求为依据，将过程性评价和结果性评价结合起来，健全和完善学生劳动素养评价标准、程序和方法，鼓励、支持各地利用大数据、云平台、物联网等现代信息技术手段，进一步强化劳育的育人功能，促进学生身心健康全面发展。《教育部基础教育司2022年工作要点》要求各地各校需因地制定劳动教育清单，落实劳动教育指导纲要，切实保障劳动教育时间，创新劳动教育载体，拓展劳动教育实践场所，推动劳动教育常态化有效开展，充分发挥劳动教育综合育人作用。

2022年1月，教育部印发《普通高中学校办学质量评价指南》，强调要加快建立以发展素质教育为导向的普通高中学校办学质量评价体系，将劳动实践列为学生发展方面的关键指标。2022年3月，教育部发布新课标，劳动课程作为国家课程而独立设置。《义务教育劳动课程标准（2022年版）》同时发布，明确了劳动课程评价建议，注重评价内容多维、评价方法多样、评价主体多元。2022年11月，教育部办公厅印发《关于开展信息技术支撑学生综合素质评价试点工作的通知》，计划用5年左右的时间形成百万级规模中小学生综合素质发展基础数据库，利用人工智能、大数据等现代信息技术，探索开展学生各年级学习成长情况全过程纵向评价、德智体美劳全要素横向评价，形成数据驱动的学生综合素质评价解决方案。

#### 7.1.1.2 省市层面

劳动教育涉及方方面面，要真正落地，必须树立大劳动教育观。

各地教育行政部门以系统思维设计劳动教育推进路径，营造积极的劳动教育生态。多地积极探索中小学劳动教育评价，纳入学生综合素质评价体系，切实加强对政府和学校落实劳动教育主体责任的检查。福建省委教育工作领导小组印发《关于全面加强新时代大中小学劳动教育的实施方案》，山东省人民政府印发《全面加强新时代大中小学劳动教育重点任务及分工方案》，安徽省教育厅印发《安徽省中小学劳动教育实施细则》。各地实施方案都明确学校是劳动教育的实施主体，要建立学生劳动评价制度，开展劳动教育监测，记录学生劳动次数、劳动态度、实际操作、劳动成果等，具体劳动情况和相关事实材料记入学生综合素质档案，并作为升学评优的重要参考或依据。

各地积极研制劳动素养评价指标和办法，以全面客观地评价学生的劳动素养。2022年1月，上海市教委印发《上海市学校劳动教育"十四五"规划》，明确要实施"创新引领"行动，建立评价研究基地，研究评价指标和办法，全面客观评价学生劳动素养。湖北搭建全省统一的学生综合素质评价管理平台，如实记录学生劳动教育活动情况，如宜昌市、咸宁市、神农架林区等将评价结果折算20分计入中考总分。山西省教育厅印发《山西省普通高中学生综合素质评价实施办法》，将劳动素养评价纳入高中学生综合素质评价体系，并在教学质量监测中予以考察。哈尔滨市建立学生劳动素养多元评价体系，从品质、观念、能力、习惯、劳动成果等方面加强过程性评价。江西萍乡构建了一套"学习生活习惯评价—劳动态度评价—劳动自立能力评价—班级评价—综合评价"的立体劳动教育评价体系。海南省将劳动素养评价纳入综合素质评价体系，包括初中阶段将"劳动技术"内容列入综合素质评价"社会实践"模块，高中阶段将劳动教育列入综合素质评价"研究性学习与社会实践"模块，并作为毕业和高校录取的重要参考。

为深化新时代教育评价改革，不少省市在劳动教育评价制度改革方面作出积极探索。浙江省深化新时代教育评价改革实施方案，提出培养全面发展的社会主义建设者和接班人，并引导学生参加劳动教育，实施劳动清单制度，明确劳动内容，让学生在多种形式劳动中养成习惯并学会劳动。内蒙古自治区则全面加强和改进新时代学校劳动教育工作，提出建立劳动教育评价机制系列措施，把劳动素养纳入学生综合素质评价体系，规范评价程序和方法，将参与劳动教育课程学习和实践情况纳入学生综合素质档案。

课程是实施劳动教育的重要载体，不少地区以此进行评价改革。湖南省教育厅发布的《湖南省义务教育课程实施办法（2022年版）》，劳动课程被设定为必修课，每周至少1课时。河北省教育厅制定《河北省大中小学劳动教育课程建设评价指标体系》，包括劳动教育目标清单和成长档案，确保平时表现评价、学段综合评价以及劳动素养监测实施，形成"监测—反馈—导向"的良性动态评价模式。

完善督导机制，进一步凝聚推进劳动教育合力也成了各地共识。广东省公布了《广东省人民政府履行教育职责自评报告》，提出加强体育、美育和劳动教育，编制《广东省中小学劳动教育实施指引》，推动大中小学开设劳动教育必修课。北京市海淀区教委把劳动教育的实施过程与效果纳入教育督导体系。湖北省教育厅将劳动教育纳入市（州）、县（市、区）人民政府履行教育职责和中小学责任督学挂牌督导内容，组织市（州）、县（市、区）人民政府履行教育职责督导评估。江苏省南京市将中小学劳动教育情况纳入区级人民政府履行教育职责评价内容，要求市、区教育行政部门每年至少向党委教育工作领导小组汇报一次劳动教育工作情况，同时加强对有关部门保障劳动教育情况以及学校组织实施劳动教育情况的督导督办。江西省完善督导办法，将督导结果向社会公开，并作为被督导学校主要负责人考核奖惩的依据，真正使劳动教育评价"硬"起来。

部分地市积极实践劳动教育评价创新，已积累了显著成果。山东省加强过程性评价，将参与劳动教育课程学习和开展劳动、成果展示、劳动竞赛等实践情况全面真实客观地记入档案，纳入学生综合素质评价体系，如烟台将"家务劳动""志愿服务"列为综合素质评价获评A等级的必要条件。天津市教育委员会印发《天津市"中小学生劳动成长任务书"工作实施方案》，明确"任务书"的制定和使用，将"任务书"作为学生劳动素养全面评价或学生综合素质全面评价等工作的依据，并与学生单项或综合的评优表彰、交流展示、宣传报道等工作相联系。贵州省凯里市借助现代信息技术手段，探索开发了中小学生劳动教育云平台"凯里智慧劳动"平台，通过大数据管理，全面客观地记录学生课内外劳动过程和结果，一人一评价、一人一档案、一人一报告，在管理上做到对学生、班级、年级、学校均有量化，科学合理指导全市中小学劳动教育评价工作。这些评价的新尝试，有力助推了学生全面发展。

#### 7.1.1.3 学校层面

学校是劳动教育的实施主体，广大一线教育工作者、教育学研究者等结合当地和本校实际情况，对中小学劳动教育评价进行整体设计、系统规划，明确具体考核评价办法，建设实绩凸显。刘营营、向艳[①]等通过对广东省367所中小学劳动教育情况的调研发现，当前中小学普遍重视并广泛开展劳动教育评价，劳动教育评价体系初步建立，评价机制逐渐形成，八成左右的中小学已将劳动教育活动纳入学生综合素质档案，多数学校开展平时表现评价、学段综合评价，且广泛采用劳动照片或视频、劳动任务单、劳动知识竞赛等多种评价方

---

① 刘营营、向艳、王红：《中小学劳动教育实施困境与突破——基于广东省367所学校的调研》，《中小学德育》2023年第7期。

法。劳动教育评价在中小学的实践中取得了良好的成果。例如，浙江省杭州市富阳区作为全国中小学劳动教育实验区，依托劳动素养数字化评价平台，明晰评价内容，以"四大"劳动清单引导学生实践，重视评价过程，劳动实况记录促进干预辅导，开发激励系统，多途径多形式提供评价载体，强调综合素质，对学生成长报告给予数据支持，持续开展新时代劳动教育评价的区域实践探索，解决了评价中缺抓手、缺载体、缺指标的问题。[①] 又如，重庆市谢家湾学校整体构建了一至九年级螺旋式上升的劳动教育课程体系，充分发挥评价的反馈、激励作用，建立了以"劳动学业评价+劳动综合素质评价"为核心的评价内容，不仅关注学生劳动技能的习得，更关注学生参与劳动的积极性以及学生劳动品质的发展。在评价过程中，质性评价与量化评价相结合，并在评价主体上尽可能多元，让学生能更辩证地去理解和接纳评价结果。

### 7.1.2 研究进展

新时代对劳动教育质量提出了新要求，只有全面理解新时代劳动教育质量的基本内涵，彰显劳动教育未来价值，建构劳动教育的条件质量、过程质量和结果质量的整合性评价框架，才能真正体现学校劳动教育的新时代特性，提高新时代学校劳动教育质量，而学者们的理论和实践研究恰是劳动教育评价改革的最好支撑。

#### 7.1.2.1 研究现状

在中国知网以"中小学劳动教育评价""中学劳动教育评价""小学劳动教育评价""初中劳动教育评价""高中劳动教育评价""小学生劳动素养评价""中学生劳动素养评价"等为主题词，时间

---

① 章振乐：《区域劳动素养评价的数字化平台构建》，《中国基础教育》2022年第12期。

范围设置为 2018 年 1 月至 2023 年 8 月，进行高级检索，显示中小学劳动教育评价相关研究成果共有 495 篇，其中期刊 282 篇、学位论文 184 篇。如表 7-1 所示，2018 年以来中小学劳动教育评价相关研究成果的发表呈井喷态势，在中小学劳动教育评价的研究机构中，高等院校几乎占尽所有江山。

表 7-1　2018 年 1 月至 2023 年 8 月中小学劳动教育评价研究论文发表年度趋势

单位：篇,%

| 年度 | 2018 | 2019 | 2020 | 2021 | 2022 | 2023 |
| --- | --- | --- | --- | --- | --- | --- |
| 发文量 | 3 | 8 | 49 | 170 | 196 | 69 |
| 占比 | 0.6 | 1.6 | 9.9 | 34.3 | 39.6 | 13.9 |

根据知网检索数据对比，2022 年中小学劳动教育评价研究文献共 196 篇，较 2021 年增长 15.3%，其中期刊 105 篇、学位论文 76 篇，总参考数 100 次，总被引数 180 次，总下载数 122042 次，篇均下载数 622.66 次。如图 7-1 所示，中小学生劳动教育评价研究主题领域包括劳动价值意蕴、劳动教育课程、学生劳动素养等内容。

7.1.2.2　指标构建

劳动教育评价是衡量劳动教育开展成效的标尺，构建科学合理的劳动教育评价体系，充分发挥评价的导向、激励、反馈作用，需要考虑评价内容、评价方式、评价主体的合理性与可行性。因此，劳动教育评价既是检验学校劳动教育实施效果的重要依据和标准，也是学校劳动教育实施的指挥棒。评价离不开评价指标体系的构建，而评价指标体系的设置会直接影响学校劳动教育的具体实施。

第一，中小学校劳动教育评价体系建设。

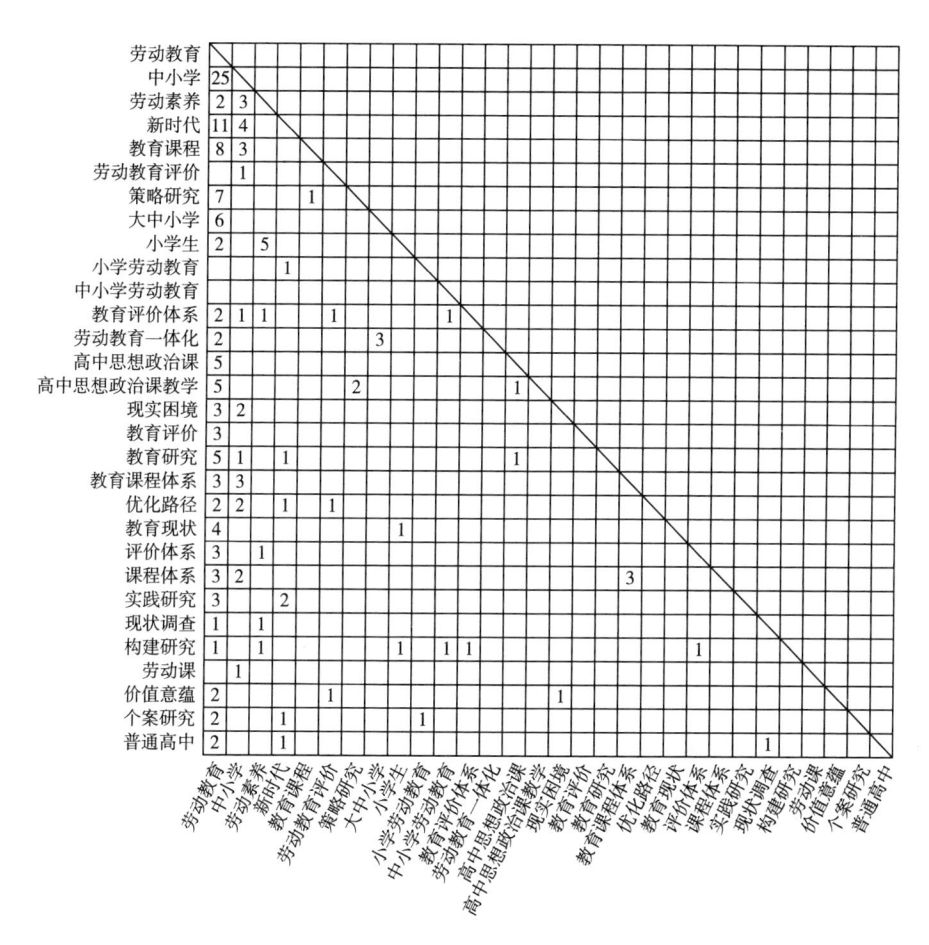

图 7-1　2022 年度中小学劳动教育评价研究主要主题的共现矩阵

左璜等①通过探讨世界各国关于中小学劳动教育评价经验中可借鉴的理念与做法，提出凸显人性、时代性、多样性等策略，推进我国劳动教育评价实施。宁淑同、刘佳等②构建过程性评价模型，从劳动认知、劳动能力、劳动情感态度与价值观等不同维度进行评价。谌舒

---

① 左璜、樊蓉、唐诗等：《国外中小学劳动教育评价的现状述评》，《中国校外教育》2022 年第 4 期。
② 宁淑同、刘佳、黄朋：《中小学劳动教育评价体系构建研究》，《中学课程资源》2022 年第 11 期。

山、王瑞①运用德尔菲法,构建了包含劳动教育素养、劳动教育内容、劳动教育实施、劳动教育保障、劳动教育伦理等5个一级评价指标、17个二级评价指标和32个具体评价细则的评价指标体系,并采用层次分析技术得出各级评价指标的权重值,其中"教育保障"和"教育伦理"权重较高。

第二,中小学劳动教育课程评价体系建设。

朱美韵②构建了小学劳动教育课程评价体系,包含课程定位与管理、课程条件、课程设计、教师施教、学生学习、学生学业发展与课程满意度、教师专业提升与课程满意度,以及课程实施的社会评价等方面。方嘉静等③、王勇等④采用CIPP评价模型作为评价方式,从背景、输入、过程和成果四个方面以不同角度分别建立了小学劳动教育课程评价指标体系、中小学劳动教育课程评价指标模型、中小学劳动教育课程实施质量评价体系。

第三,中小学生劳动素养评价体系建设。

黄琼和胡昆明⑤认为劳动素养评价应关注五个方面,即劳动观念、劳动能力、劳动精神、劳动习惯和劳动品质。伍晋影⑥构建了新时代初中生劳动素养评价指标体系,具体内容为劳动认知、劳动能力、劳

---

① 谌舒山、王瑞:《构建中小学劳动教育评价指标体系》,《教育评论》2022年第7期。
② 朱美韵:《小学劳动教育课程评价体系的构建》,硕士学位论文,安庆师范大学,2022。
③ 方嘉静、田秋华:《基于CIPP模式构建中小学劳动教育课程评价指标体系》,《教育导刊》2022年第5期。
④ 王勇、薛芳、卢长娥:《基于CIPP模型的中小学劳动教育课程实施质量评价体系构建》,《成都师范学院学报》2022年第11期。
⑤ 黄琼、胡昆明:《指向劳动素养培育的中小学劳动教育评价体系建设》,《中国德育》2022年第9期。
⑥ 伍晋影:《新时代初中生劳动素养评价指标体系研究》,硕士学位论文,天津师范大学,2022。

动习惯、劳动精神 4 个一级指标，下设 8 个二级指标和 28 个三级指标。靳大林[1]根据课标提出学生劳动素养的 8 个二级指标，包括劳动观念、劳动精神、劳动常识、劳动技术规范、劳动技术设计、劳动技术优化、劳动习惯、劳动品质等，评价主体包括教师、学生、小组和家长，以及多样式的劳动素养评价载体，如评价量表、评价记录卡、评价统计图和评价成长袋。

#### 7.1.2.3 现状评价

各地区积极引入督导评价，以促进劳动教育评价体系的完善，以督增效、以督提质。山东省人民政府教育督导委员会印发《2022 年对市级人民政府履行教育职责评价报告》，指出部分学校对劳动教育重视不够，未将劳动素养纳入学生综合素质评价，要求规范办学行为，全面落实立德树人，切实加强学生劳动教育，促进学生德智体美劳全面发展。

陈韫春[2]对江苏、浙江、山东等 9 省的劳动教育开展调研，发现评价在学校劳动教育活动中开展比例较高，但仍有提升空间，地区间差异明显。东部地区学校开展的劳动教育已基本从追求劳动教育条件保障层面过渡到追求劳动教育质量提升层面，西部地区学校劳动教育评价方面明显弱于中部地区学校。韩姝[3]调查发现，初中最常采用的劳动教育评价方法是检查与评分和档案袋评价，结合信息技术开展的评价方式最少被采用，对初中生劳动表现进行评价的时间多集中于劳动结束后，过半数的初中生已经能接受来自多元主体的劳动表现评

---

[1] 靳大林：《新时代中小学劳动素养评价的探索与实践》，《考试周刊》2022 年第 47 期。
[2] 陈韫春：《中小学劳动教育的现状与提升——基于大规模调查数据的分析》，《教育研究》2022 年第 11 期。
[3] 韩姝：《初中劳动教育现状及对策研究》，硕士学位论文，黑龙江大学，2022。

价。董俊美[①]依据 CIPP 评价模式确定小学劳动教育评价指标体系并设计调查问卷和访谈提纲进行个案调查，通过分析发现小学劳动教育发展整体上处于中等水平，劳动教育各维度按发展水平从高到低依次为结果效益、过程实施、资源配置和环境基础。

#### 7.1.2.4 评价困境

李珍、王芳芳[②]认为当前小学劳动教育评价存在偏重结果性评价、弱化过程性评价、忽视劳动精神培养等现实困境，应坚持实践取向建立小学劳动教育评价体系，明确目标、发挥导向功能，聚焦素养、优化评价内容，深化体验、强化过程管理，扭转倾向、改进结果评价。张霞等[③]认为目前中小学劳动教育评价存在主体、目标、内容以及方式等困境，从评价目标上看，忽略了学生内隐性的发展与变化；从评价主体上看，家长、学生以及社会并没有真正参与到劳动教育评价中来；从评价内容上看，忽略了劳动情感态度价值观的形成；从评价方式来看，评价指标体系过于繁杂细化。杨洋[④]对小学劳动教育现状进行调查，发现部分教师评价缺乏改进作用，停留在"表面"，未能激励学生发展。

## 7.2 职业院校劳动教育评价标准建设

为了推进职业院校劳动教育及评价，各部门和学校在 2022 年因地制宜探索劳动教育新模式，帮助学生培养正确的劳动价值观、积极

---

① 董俊美：《小学劳动教育评价的问题与对策研究》，硕士学位论文，郑州大学，2022。
② 李珍、王芳芳：《实践取向的小学劳动教育评价体系构建研究》，《成都师范学院学报》2022 年第 11 期。
③ 张霞、安丽娟：《论中小学劳动教育的价值意蕴、现实困境及其超越路径》，《当代教育与文化》2022 年第 2 期。
④ 杨洋：《小学生劳动教育现状及对策研究》，硕士学位论文，延边大学，2022。

的劳动精神、精湛的劳动能力和优秀的劳动习惯和品质，促进学生德智体美劳全面发展。职业院校劳动教育评价标准建设有序开展并不断取得新进展和新成效。

### 7.2.1 政策导向

#### 7.2.1.1 国家层面

《教育部 2022 年工作要点》明确指出要推进职业院校劳动教育。《中华人民共和国职业教育法》（2022 年 4 月修订版）规定，县级以上人民政府教育行政部门应当会同有关部门、行业组织建立符合职业教育特点的质量评价体系，对职业学校的办学质量进行评估，职业教育质量评价应当突出就业导向，把受教育者的职业道德、技术技能水平、就业质量作为重要指标。《中国职业教育发展报告（2012~2022 年）》指出，要发挥利益相关方的评价作用，借助第三方评价，定期跟踪评价人才培养质量，发挥监测评价、预测预警功能，提升教育发展动态监测能力；鼓励各地充分依托大数据技术，探索构建区域教育综合评价体系，进一步做好教学质量监测，注重质量分析和结果反馈，全方位精准诊断职业学校办学中的优势与问题。中共中央办公厅、国务院办公厅于 2022 年 10 月印发《关于加强新时代高技能人才队伍建设的意见》，明确指出健全职业标准体系和评价制度，完善以职业能力为导向、以工作业绩为重点，注重工匠精神培育和职业道德养成的技能人才评价体系，推动职业技能评价与终身职业技能培训制度相适应。

#### 7.2.1.2 省市层面

各省市立足国家劳动教育相关政策文件和精神要求，结合自身地域特色，统筹规划劳动教育的落地与实施，健全劳动教育评价制度，系统设计职业院校劳动教育评价体系，将劳动素养纳入学生综合素质评价体系。

各省市教育厅、教育委员会等教育主管部门印发了职业院校劳动教育评价的相关文件。各地实施方案中均明确要求要充分发挥劳动教育的育人功能，独立开设劳动教育必修课，健全劳动教育评价监测机制，构建学校、家庭、社会协同育人的劳动教育新格局。各地积极构建劳动素养评价指标体系，以形成关于学生综合劳动素养的客观评价。山西省教育厅职业教育与成人教育处印发《山西省教育厅关于落实职业学校劳动教育措施的提醒函》，浙江省教育厅印发《浙江省职业院校劳动教育行动方案》，安徽省教育厅制定了《安徽省职业院校劳动教育实施细则》。中共福建省委教育工作领导小组印发《关于全面加强新时代大中小学劳动教育的实施方案》，明确学校和有关单位要客观记录学生参与劳动实践的情况，研究建立学生劳动素养评价指标，衡量学生劳动素养。

各地以《深化新时代教育评价改革总体方案》《意见》《纲要》为指导，积极探索劳动教育考核评价改革。河北省制定了《河北省大中小学劳动教育课程建设评价指标体系》，各地市制定了《学生劳动实践评价手册》，设置劳动教育目标清单和成长档案，做好平时表现评价、学段综合评价和劳动素养监测，形成"监测—反馈—导向"的良性动态评价模式。江西省人民政府于 2022 年 5 月发布《江西省"十四五"教育事业发展规划》，指出要建立健全基础教育、职业教育、高等教育等分层分类教育评价制度，坚持科学评价导向，改进结果评价，强化过程评价，探索增值评价，健全综合评价。

课程是实现劳动教育育人功能的重要载体，各地市在探索劳动教育评价标准建设过程中均明确了劳动教育课程建设标准。中共河南省委、河南省人民政府于 2022 年 6 月发布《关于全面加强新时代大中小学劳动教育的实施意见》，明确在大中小学开设劳动教育必修课程，职业院校以实习实训课为主要载体开展劳动教育，其中劳模精神、劳动精神、工匠精神专题教育不少于 16 学时。黑龙江省人民政府于 2022 年 1 月印发《黑龙江省"十四五"教育事业发展规划》，将动手实践纳入相关课程，落实劳动教育内容，优化课程设置，拓展实践场所。湖北省强化政策落实，指导各地各校按要求开齐开足劳动教育必修课，根据学生年龄特点有序安排劳动教育内容，武汉市第一商业学校实行"校内学习实训—工学滚动实习—企业顶岗实践"三阶段递进式工学交替人才培养模式。

7.2.1.3　学校层面

各职业院校以国家文件和地市文件为指导，结合院校所在地区地域特色、人才培养方案和办学定位制定了自己的劳动教育实施文件，从总体上对职业院校劳动教育评价进行整体设计和系统规划，积极构建劳动教育评价标准体系。部分职业院校在劳动教育评价标准建设工作中取得了一定成果。浙江旅游职业学院通过给学生劳动实践"画像"的方式形成关于学生劳动素养的综合评价，学校通过"劳动在线"应用程序，为学生设置了 14 个类型的劳动任务，每个类型对应不同的考核要点与考核分，学生在完成任务拿到分值后，应用内会相应形成一个直观的劳育雷达图。同一页面中，学生还可以查看自己的劳动得分、劳动得分排名、劳动时长和劳动时长排名情况。江西航空职业技术学院于 2022 年 6 月发布了《江西航空职业技术学院劳动教育建设方案》，方案中强调要建立科学的劳动教育评价体系，将学生劳动素养纳入学生综合素质评价，规范评价内容，制定评价标准，建立激励机制，结合学生在学校、企业、家庭、社会劳动实践中的表现，将具体劳动内容、过程和相关事实材料全面客观地记入学生综合素质评价档案，加强实际劳动技能和价值体认情况的考核，并作为升学、评优、毕业的重要参考。

## 7.2.2 研究进展

当前，我国职业教育正处于快速发展阶段，劳动教育决定着社会主义建设者和接班人的劳动价值取向、劳动精神面貌、劳动技能水平和劳动品质。劳动教育评价是劳动教育实施情况的"指挥棒"，只有正确解析劳动教育评价内涵，构建科学的劳动教育评价标准，才能有序推进职业院校劳动教育的实施。学者们对职业院校劳动教育评价有很高的关注度，2022年产出了不少有价值的学术研究成果。

### 7.2.2.1 研究现状

在中国知网以"职业院校劳动教育评价""中职学校劳动教育评价""高职院校劳动教育评价""中职学生劳动素养评价""高职学生劳动素养评价"等为主题词，时间范围设置为2018年1月至2023年8月，进行高级检索，显示职业院校劳动教育评价相关文献共有124篇，其中期刊论文120篇、学位论文3篇、会议论文汇编1篇，总下载数为56756。如表7-2所示，2019年以来职业院校劳动教育评价相关研究成果的发表呈逐年增加趋势，在职业院校劳动教育评价的研究机构中，职业院校占比接近98%。

表7-2 2018年1月至2023年8月职业院校劳动教育评价研究论文发表年度趋势

单位：篇,%

| 年度 | 2018 | 2019 | 2020 | 2021 | 2022 | 2023 |
| --- | --- | --- | --- | --- | --- | --- |
| 发文量 | 0 | 2 | 8 | 27 | 36 | 51 |
| 占比 | 0 | 1.42 | 6.45 | 21.77 | 29.03 | 41.13 |

如图7-2所示，从主要研究主题分布来看，职业院校劳动教育评价体系研究占据很大比例，评价体系相关词汇的出现比例很高，研究

关键词主要包括评价体系、实施路径、产教融合、三全育人等。根据知网检索数据对比，2022年职业院校劳动教育评价研究文献共36篇，较2021年增长33.3%，其中期刊论文35篇、学位论文1篇，总下载数16097次，篇均下载数447.14次。

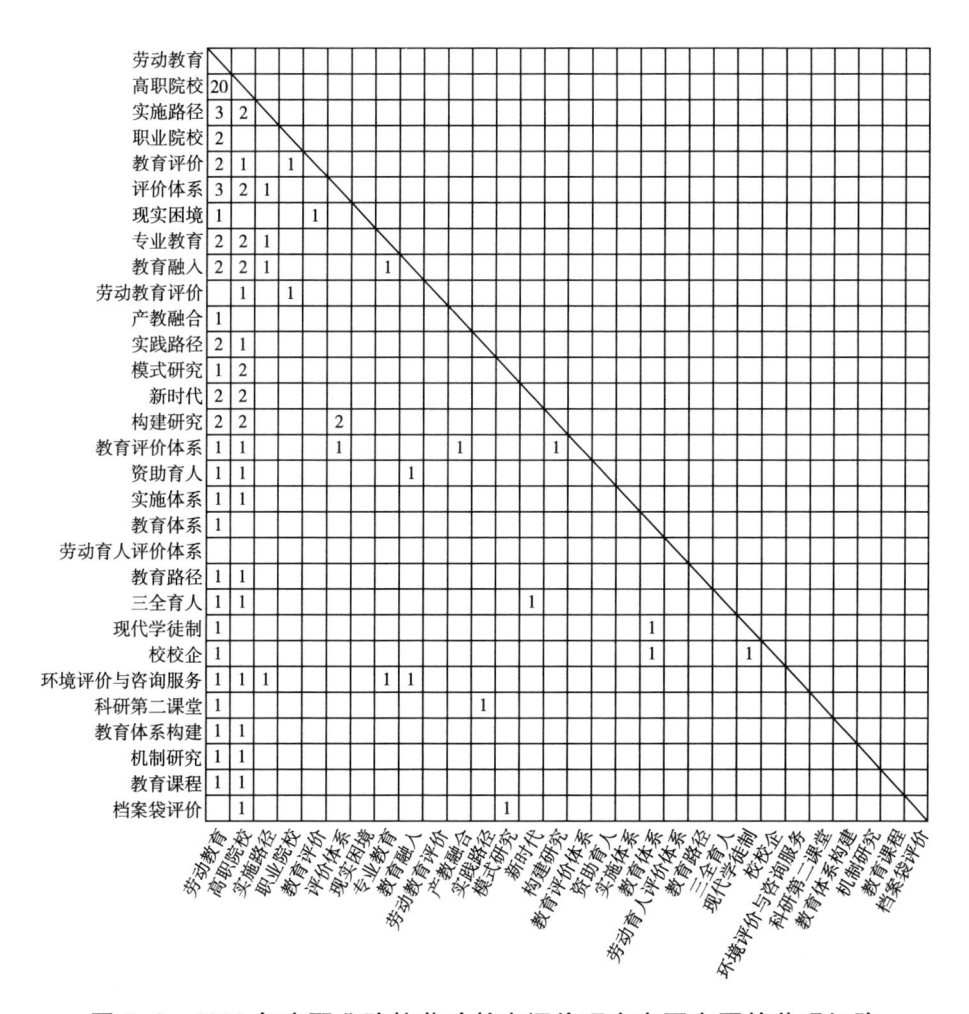

**图 7-2　2022 年度职业院校劳动教育评价研究主要主题的共现矩阵**

#### 7.2.2.2　指标构建

第一，职业院校劳动教育评价体系建设。

王英峰[①]基于CIPP模型提出劳动教育质量评估系统应该涵盖环境需求、资源配置、实施过程、教学成效四个方面。张瑞青等[②]认为职业院校劳动教育需引入增值评价，职业院校劳动教育评价应具备评价主体多元性、评价内容全面性、评价方式多样性、评价时间连续性的特点，职业院校在构建劳动教育评价指标体系的过程中需明确劳动教育内容、建立劳动增值数据库、选用科学的评价方法、明晰指标权重、规范评价操作。

第二，职业院校劳动教育课程评价体系建设。

2022年度没有学者专门对职业院校劳动教育课程评价体系进行研究。王萍[③]认为目前高职院校劳动教育课程评价存在教学效果评价标准粗犷、教学评价制度考核方式分数化、学生自评与他评意识薄弱等问题，高职院校的劳动教育课程评价可以采用档案袋评价模式，综合评价学生的平时表现和综合素质。

第三，职业院校学生劳动素养评价体系建设。

陈超、欧彦麟[④]从高职院校自身特点出发，提出了"一核三阶五维"的劳动素养评价体系，其中"一核"指的是以劳动素养提升为核心，"三阶"指的是按照三个年级分段测评，"五维"指的是综合学校、家庭、社会、企业、学生五位一体开展评价。邓宏宝、刘策等[⑤]以第

---

① 王英峰：《基于CIPP模型的新时代高职学生劳动教育评价研究》，载廊坊市应用经济学会编《对接京津——社会形态 基础教育论文集》，2022。
② 张瑞青、王心金、聂增民：《职业院校劳动教育增值评价的内涵透视、现实表征与运行理路》，《武汉职业技术学院学报》2022年第5期。
③ 王萍：《高职院校劳动教育课程档案袋评价模式研究》，《中国多媒体与网络教学学报》（中旬刊）2022年第10期。
④ 陈超、欧彦麟：《高职院校"一核三阶五维"劳动教育评价体系构建研究》，《教育与职业》2022年第20期。
⑤ 邓宏宝、刘策、吴东照：《职业院校劳动教育评价：指标体系建构与实施——基于利益相关者视角》，《职业技术教育》2022年第1期。

四代教育评价理论为支撑，构建了"四阶递进"的劳动教育分类评价指标体系，一级指标包括劳动技能水平、劳动价值取向和劳动精神面貌，其中劳动技能水平包括劳动技能、职业劳动和创造性劳动，劳动价值取向包括劳动观念、劳动意识和劳动反思，劳动精神面貌包括劳动实践、劳动品质和劳动情感。杨秋月等[①]使用修正式德尔菲法提出了职业院校学生劳动素养的评价指标体系，包含4个一级指标，即劳动观念、劳动能力、劳动习惯与品质、劳动情感与态度；8个二级指标，即劳动价值观、劳动成果观、劳动技能、劳动创造、劳动习惯、劳动品质、劳动情感、劳动态度；17个三级指标，即感知劳动荣辱、尊重劳动平等、保护劳动产权、珍惜劳动成果、设计劳动流程、掌握劳动操作、探究技术原理、创造性解决问题、实现创意物化、遵守劳动纪律、践行劳动环保、讲求诚信务实、注重团队合作、表明劳动意向、体贴劳动过程、端正劳动态度、承担劳动责任。黄国萍等[②]基于11906份有效数据，探索构建了适用于职业院校学生的"二阶四维"劳动素养评价指标体系，其中一级和二级指标包括劳动观念、劳动精神、劳动能力（基本劳动知识技能及应用、关键劳动能力及应用）、劳动习惯和品质，并发现职业院校学生与本科生在劳动素养结构上存在同质性，但在具体的内容和水平上存在一定程度的差异。

#### 7.2.2.3 现状评价

当前职业院校劳动教育评价标准建设尚存在一定问题，宋利[③]以

---

① 杨秋月、王晴、顾建军：《新时代中职学生劳动素养培育的价值取向、现实困境与实践对策——基于26位师生访谈的质性研究》，《职业技术教育》2022年第32期。
② 黄国萍、柳友荣、沈丽丽：《池州学院大学生劳动素养教育的设计与实践》，《劳动教育评论》2020年第4辑。
③ 宋利：《新时代高职院校劳动教育现状及对策研究》，硕士学位论文，河北科技师范学院，2023。

河南省 5 所高职院校为例开展了新时代高职院校劳动教育现状的研究，发现高职院校劳动教育过程中存在劳动教育评价机制不完善的问题。唐莉[①]通过对四川省 6 所高职院校劳动教育实施现状的调查研究发现，高职院校劳动教育存在考核评价不严谨的问题。

项丹[②]通过问卷调查发现，高职院校学生的劳动素养存在以下特点：学生具备最基础的劳动价值观，学生的劳动观念存在认知偏差，劳动态度不够积极且职业能力有待提高，社会服务参与度不高且劳动创新意识不够。游飞[③]研究发现，高职学生的劳动素养表现出以下问题：自评他评结果有差异且劳动素养提升意识淡薄，学校学习中学生着眼于职业技能的提升却忽略了劳动素养的均衡发展，学生眼高手低、劳动素养知行不一。王钟宝[④]研究发现，中职学生劳动素养表现出以下特点：学生劳动知识普遍欠缺，学生的基础技能掌握情况良好但职业技能掌握情况不佳，男生的劳动观念发展水平高于女生；劳动习惯与品质维度，女生的劳动规范性远高于男生，男生的主动性与坚持性高于女生，二者创造性差异不大。杨秋月等[⑤]通过深度访谈，发现中职学校学生的劳动素养存在劳动观念与劳动意识淡薄、劳动主观能动性较差等特点。沈丽丽等发现，高职院校学生劳动素养的总体发展特点表现为，学生综合劳动素养的发展水平及劳动观念、劳动精

---

① 唐莉：《新时代高职院校劳动教育研究》，硕士学位论文，西南科技大学，2023。
② 项丹：《高职院校学生劳动素养的调研及培育策略》，《苏州市职业大学学报》2022 年第 3 期。
③ 游飞：《劳动价值观视域下的高职院校学生劳动素养调查及对策研究——以江苏某高职院校劳动教育现状为例》，《中国培训》2022 年第 4 期。
④ 王钟宝：《工匠精神视域下中职学生劳动素养培养现状及路径探究》，《职业》2022 年第 22 期。
⑤ 杨秋月、王晴、顾建军：《新时代中职学生劳动素养培育的价值取向、现实困境与实践对策——基于 26 位师生访谈的质性研究》，《职业技术教育》2022 年第 32 期。

神、劳动习惯与品质、劳动能力的发展水平均较高，显著高于一般发展水平，但明显低于普通本科学生的劳动素养水平。

#### 7.2.2.4 评价困境

李鹏[①]研究发现，现阶段高职院校劳动教育评价面临着评价目标指向不明、评价主体单一不全、评价内容模糊不清、评价方式简单不当和评价功能发挥不力等现实困境。刘运体[②]则认为目前职业院校劳动教育评价存在着评价主体单一、评价内容片面、评价方法简单、评价功能弱化等问题。高文红[③]认为当前高职院校劳动教育评价处于缺失状态，存在的问题主要表现为评价体系"非职业化"、评价主体单一、评价内容简单、评价工具不足，应当在评价中体现职业导向性，建立健全劳动教育评价体系，比如创建课程标准、整合理论教学和实践教学成果等，打造多元主体评价共同体，比如来自家庭、学校、社会场域等方面的评价主体，采用多样化的评价方法，包括过程性评价、增值性评价、改进结果性评价、健全综合性评价、科学设计评价工具与实施路径等。

## 7.3 普通高校劳动教育评价标准建设

高校承担着人才培养、科学研究、服务社会、文化传承与创新等基本功能，在开展劳动教育教学和研究中更是承担着重大的责任，扮演着重要角色。为了推动高校劳动教育及评价工作，各级教育主管部

---

① 李鹏：《高职劳动教育评价的现实困境与应对策略》，《高教学刊》2022年第30期。

② 刘运体：《新时代职业院校劳动教育评价的实施困境及优化策略》，《教育理论与实践》2022年第27期。

③ 高文红：《高职劳动教育评价改革的时代要求、现实困境和实施策略》，《中国职业技术教育》2022年第19期。

门和学校纷纷按照国家要求制定政策，采取举措，积极推进劳动教育评价和督导。

### 7.3.1 政策导向

#### 7.3.1.1 国家层面

2022年，国家继续加强和提高对高校劳动教育相关工作的要求。《教育部2022年工作要点》提出推进大中小学劳动教育，全面加强涉农高校耕读教育，要求持续开展大中小学生劳动素养发展状况监测。党的二十大报告指出，要深入实施人才强国战略，坚持尊重劳动、弘扬中华传统美德，在全社会弘扬劳动精神、奋斗精神、奉献精神、创造精神、勤俭节约精神。这更加说明，高校加强劳动教育，培养大学生的劳动素养是国家的新要求。

#### 7.3.1.2 省市层面

在国家和地方一系列劳动教育相关文件出台后，各省市继续细化劳动教育实施方案和工作任务，从政策上引导高校劳动教育及其评价工作的推进。安徽省教育厅印发《安徽省普通本科高等学校劳动教育实施细则（试行）》，浙江省教育厅印发《浙江省大中小学劳动教育实施指南》《浙江省普通本科高校劳动教育行动方案》，中共山西省委、山西省人民政府关于印发《山西省关于全面加强新时代大中小学劳动教育的若干措施》，广东省教育厅印发《关于进一步推进大中小学劳动教育的通知》，内蒙古自治区教育厅发布《内蒙古自治区大中小学劳动教育实施指南》。以上文件都对高校劳动教育评价提出了相似的要求。提出健全劳动教育评价，加强组织领导，强化督导和激励。要求将劳动素养纳入学生综合素质评价体系；将劳动素养监测纳入普通高校本科教学质量评估，要求高校建立完善校、院（系）两级劳动教育工作领导和组织架构，建立健全劳动教育教师工作考核体系；把劳动教育纳入学校教育督导体系、省委对省属高校综合考核指标体系；开展劳动教育质量监测和评价，强化反馈和指导；鼓励支持利用信息技术手段开展劳动教育过程监测与记实评价；建立劳动教育教师激励机制等。中共上海市教育卫生工作委员会、上海市教育委员会印发《上海市学校劳动教育"十四五"规划》，要求建立学生劳动素养评价研究基地，要求各区教育部门、各高校及相关单位把劳动教育规划作为本地区、本单位"十四五"规划的重要组成部分，将学校实施劳动教育情况纳入高校分类评价，市、区两级教育部门开展劳动教育质量评估监测检查。黑龙江省人民政府印发《黑龙江省"十四五"教育事业发展规划》，要求加强和改进劳动教育和实践育人，加强劳动教育评价，促进学生全面发展。

为了加强劳动教育评价指导和督导，很多省份成立了专门的组织和机构，研制劳动教育评价指标体系，并开展实地指导、评估和服务工作。安徽省成立省级劳动教育教学指导委员会和省级劳动教育研究中心，陕西省成立省级劳动教育专业指导委员会，福建省成立福建省新时代大中小学劳动教育指导中心和劳动教育指导委员会。

各省市采取多样措施推进劳动教育评价实施，湖南省通过自评和督导结合，评估各高校劳动教育开展情况，并形成了《2022年度湖南省普通高等学校劳动教育工作情况汇编》，新疆乌鲁木齐发布了大中小学劳动教育任务清单和负面清单。北京市教委组织召开了北京高校体育美育劳动教育工作推进会。

#### 7.3.1.3 学校层面

在国家和省市劳动教育政策指导下，大部分高校根据已有方案有序开展劳动教育及其评价工作，也有部分学校根据各级要求新出台了劳动教育相关文件。北京师范大学制定出台《北京师范大学劳动教育工作实施方案（试行）》，要求将劳动教育纳入专业人才培养方案。

对学生的劳动教育活动学习情况做登记认定，并建立相应的劳动教育档案，将学生参加劳动教育情况纳入学生综合素质评价体系。要求完善劳动教育评价机制，建立包括劳动态度、劳动技能、劳动成效为指标的评价体系，将过程性评价和终结性评价、定性评价与定量评价相结合，充分发挥评价的育人导向。中南大学学校学生工作部牵头组织开展了大学生"劳动教育月"系列活动。探索把劳育实践纳入学生综合测评考评，结合学生在各类型劳动教育活动中的实际表现，以自评和他评相结合的方式，将劳动素养评价纳入学生综合素养评价，作为学生评优评先的重要参考。云南大学本科生院和校团委联合发布《关于开展2022年劳动教育的通知》，规定劳动教育开设在第二学期的学校第二课堂，由学生在第二课堂"思想成长类"板块申请认定该部分成绩。池州学院面向全校学生开展劳动素养水平监测，内容包括综合劳动素养（劳动观念、劳动能力、劳动精神、劳动习惯和品质）、关键劳动能力、专业劳动能力等，并开展了学生劳动创新比赛和劳动教育教师说课比赛。

### 7.3.2 研究进展

#### 7.3.2.1 研究现状

以主题词"高校劳动教育评价""大学劳动教育评价""大学生劳动素养评价"在中国知网进行搜索，结果显示2022年度共有42篇文献公开发表，其中学位论文15篇。42篇文献的内容中都有劳动教育评价相关内容，但是文献标题中包含"评价"的文献只有8篇，其中4篇是学校劳动教育评价，2篇是学生劳动素养评价，2篇是劳动教育课程评价。42篇文献的总下载次数达到28799次。相较于2019年（2篇）、2020年（9篇）、2021年（32篇）和2023年（39篇），2022年度学者对高校劳动教育评价的关注保持持续热度。如图7-3

所示，高校劳动教育评价研究文献的内容已经涉及劳动教育课程、评价机制、评价反馈和五育融合等领域。

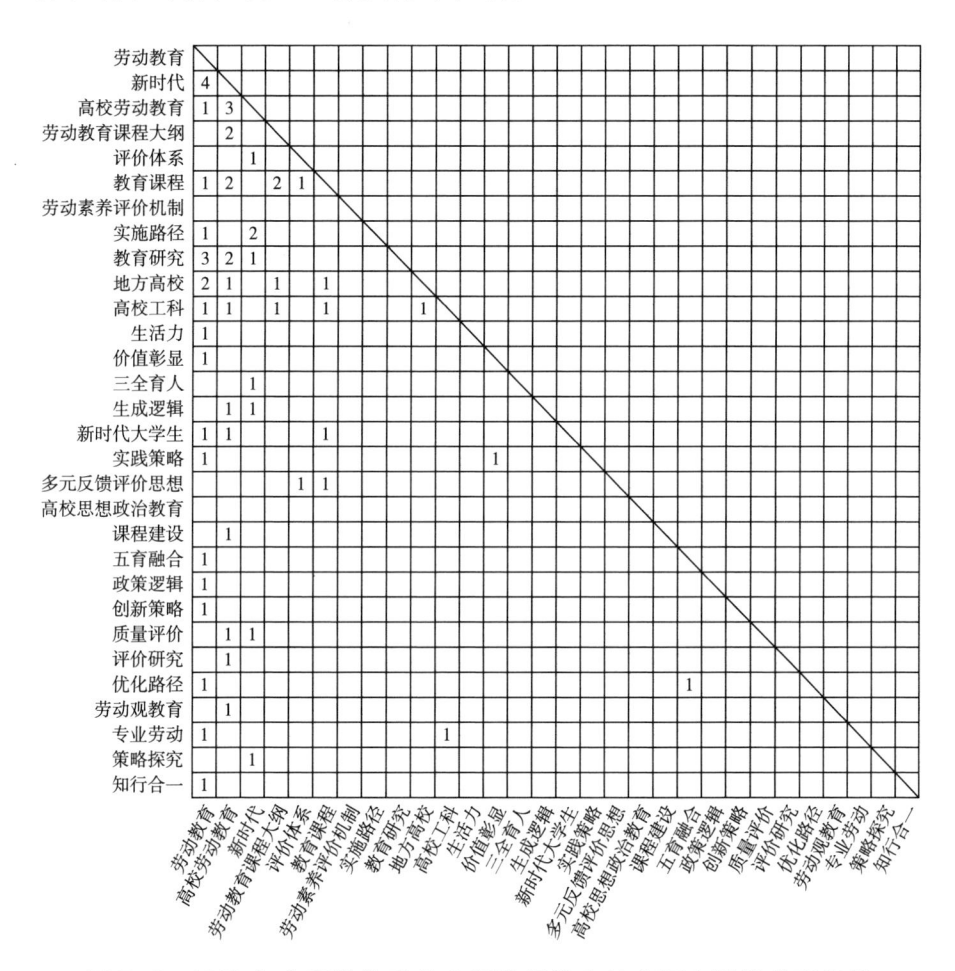

**图 7-3　2022 年度高校劳动教育评价相关文献主要主题的共现矩阵**

7.3.2.2　指标构建

第一，高校劳动教育评价体系建设。

2022 年度，不少学者从不同的侧面和视角构建了高校劳动教育评价指标体系。这些指标体系构建大多以对相关政策和实践经验的分析为基础，在指标内容、评价主体和评价方式上既有共性，也有差异性。胡雪凤等[1]提出，以劳动教育目标为导向，以劳动知识、劳动技能、劳动情感和劳动价值观为基础，以学生的学习能力、创新能力、劳动能力、思维能力和数字化能力等为评价维度，要选择多元化评价主体。刘新民[2]依据时代性、阶段性和功能性原则，构建了由劳动教育规划（目标规划、制度规划、活动规划和成果规划）、劳动教育实施（课程实施和活动实施）和劳动教育成果（学生成果和学校成果）3个一级指标和8个二级指标构成的高校劳动教育评价体系，并提出校内主体与校外主体、定量评价与定性评价、过程性评价与结果性评价相结合的实施策略。

刘悦丹[3]依据劳动教育的目标、内容以及对象的不同构建三级量化指标，其中，一、二级指标为学生劳动素养（劳动价值观、劳动精神、劳动知识技能、劳动实践、劳动习惯）和教师劳动教育教学素养（教师劳动教育理念、教师劳动教育教学能力、教师劳动素养）。于秋叶和于兴业[4]提出从高校劳动教育的本体维度（目标的合理性、理念的创新性、方法的科学性）、主体维度（教师共同体意识确立、教师教学意识提升、教师科研意识增强）、客体维度（正确劳动价值观的树立、高尚劳动品德的培育、全面劳动知识技能的习得、良好劳动习惯的培养）及载体维度（以课程体系为知识载体、以情境创设为实践载体、以网络平台为传播载体）四个方面健全高校劳动教育质量评价

---

[1] 胡雪凤、洪早清：《高校劳动教育的智能转型与应然路径》，《教育理论与实践》2022年第6期。

[2] 刘新民：《新时代我国高校劳动教育评价体系的构建与实施》，《中国轻工教育》2022年第2期。

[3] 刘悦丹：《习近平劳动观下高校劳动教育评价模块构建探析》，《当代教研论丛》2022年第10期。

[4] 于秋叶、于兴业：《新时代高校劳动教育质量评价的四重维度》，《学校党建与思想教育》2022年第12期。

体系。伍小红[①]建议对高校劳动教育评价和指导的重点放在高校劳动教育资源、实施过程和教育效果等方面。

第二，高校劳动教育课程评价体系建设。

劳动教育课程是高校开展劳动教育的主要途径和载体，课程评价也成为劳动教育评价的核心内容之一。董梅香等[②]认为，对高校劳动教育课程的评价，应突出主体多元性、方法多样性以及与未来职业相关的劳动素养等内容。评价内容应兼顾诊断性、过程性和结果性评价。李秀娟[③]依据多元反馈评价思想，依据课程开发、实施和评价的三个阶段，构建了包含3个一级指标、14个二级指标的劳动教育课程评价体系。徐炜等[④]基于OBE教育理念，构建了劳动教育课程评价指标体系，其中一级指标3个（以产出为导向、课程持续改进、以学生为中心）、二级指标11个（劳动价值观、劳动精神、劳动技能、劳动习惯、其他评价、改进效果、课程设置、教学内容、教学设计、多元化学习、学习行为）、三级指标45个。

第三，大学生劳动素养评价体系建设。

大学生劳动素养评价是劳动教育评价最核心的内容，也是检验劳动教育效果最直接的指标。不少学者基于政策和文献分析或数据分析，构建了相应指标体系，这些指标体系大多围绕劳动素养四维构

---

① 伍小红：《"三全育人"视阈下高校劳动教育研究》，硕士学位论文，江西师范大学，2022。
② 董梅香、孟克：《新时代高校劳动教育课程规范化建设路径研究》，《煤炭高等教育》2022年第6期。
③ 李秀娟：《基于多元反馈评价思想的高校劳动教育课程评价体系构建》，《西部素质教育》2022年第8期。
④ 徐炜、周方召：《基于OBE理念的新时代大学生劳动教育课程评价指标体系设计》，《广西经济》2022年第4期。

建,又略有不同。温晓年等①构建了劳动意识(劳动价值观、劳动观念)、劳动知识(劳动理论知识、劳动实践知识)、劳动能力(劳动技能、创造性劳动)、劳动习惯与品质(劳动习惯、劳动品质)、劳动精神(劳动精神内化、劳动精神外化)5个维度和10个二级指标的大学生劳动素养评价指标体系。荆妙蕾②构建了包含劳动观念、劳动能力、劳动精神、劳动品质、工匠精神5个一级指标和20个评价指标点的指标体系。黄国萍和沈丽丽等基于24614份数据,通过文献分析、数据分析和专家咨询构建了包含劳动观念、劳动精神、劳动能力、劳动习惯和品质四个维度的大学生劳动素养评价指标体系,并编制了信效度良好的劳动素养测评问卷。

7.3.2.3 现状评价

第一,高校劳动教育现状评价。

赵业程③、杨天姣④、张振振⑤等学者分析了高校劳动教育的现状,认为劳动教育观念有待加强、劳动教育的依托课程相对缺乏、劳动教育内容形式单一、劳动教育实践活动岗位相对匮乏、劳动教育内在育人价值相对弱化、劳动教育评价机制相对固化和滞后等。伍小红⑥调查了南昌市高校劳动教育开展现状与效果,有效问卷1180份,

---

① 温晓年、唐志风、梁淑锰:《新时代高校大学生劳动素养评价体系的建构》,《宿州教育学院学报》2022年第1期。
② 荆妙蕾:《新时代高校工科专业劳动教育体系化建设》,《纺织服装教育》2022年第2期。
③ 赵业程:《新时代高校劳动教育研究》,硕士学位论文,吉林大学,2022。
④ 杨天姣、简朴、居占杰:《"知行合一"理念在高校劳动教育中的应用探究》,《大学》2022年第13期。
⑤ 张振振:《大学生劳动教育的时代价值与实施路径研究》,硕士学位论文,青岛理工大学,2022。
⑥ 伍小红:《"三全育人"视阈下高校劳动教育研究》,硕士学位论文,江西师范大学,2022。

发现高校劳动教育被边缘化、弱化和异化，62.7%的大学生认为"没有相适的劳动教育评价体系及保障制度"，69.83%的大学生认为"其他课程的学习中没有融入劳动教育和实践"。张瑞林[①]对宁夏地区高校劳动教育现状进行调查，有效问卷975份，发现大学生劳动教育的主要内容有待充实、育人目标有待聚焦、地域优势有待凸显、专业师资有待加强、结果评价有待完善。颜颖婷[②]调查了江西部分高校劳动教育开展情况，发现部分学校开设了劳动教育必修课程，但存在劳动教育课程开展未普及、课时安排较少等现象，60.28%的学生表示学校会将劳动实践与"评优评先"挂钩，31.54%的学校通过考试+日常表现打分的形式进行评价，24.07%的学校没有劳动教育评价。肖凯悦[③]调查了青岛市高校的劳动教育开展现状与效果，有效问卷1013份，发现高校劳动教育认知不充分，劳动教育课程未开齐，劳动教育实践活动不丰富，劳动文化未能有机融入校园文化，劳动教育机制不完善，劳动教育资源落实不充分。

第二，高校劳动教育课程评价。

钟小连[④]调研了广西某高校劳动教育课程现状，有效问卷383份，发现劳动课程取得了一定实效，奠定了较为完备的劳动课程基础，形成多元化的劳动课程实践形式，发展了符合本校特色且具有创新性的劳动课程模式，学生的劳动素养得到了很大的提升。但是在课程建设中仍存在很多问题，一是课程目标混淆了劳动教育的价值性与工具

---

① 张瑞林：《新时代大学生劳动教育的创新发展研究》，硕士学位论文，宁夏大学，2022。
② 颜颖婷：《地方高校劳动教育实施现状与对策研究》，硕士学位论文，江西农业大学，2022。
③ 肖凯悦：《新时代高校劳动教育的现状与对策研究》，硕士学位论文，青岛科技大学，2022。
④ 钟小连：《新时代高校劳动教育课程建设研究》，硕士学位论文，广西民族大学，2022。

性。在对学生上劳动课程的动力进行调查时，发现56.7%的学生选择了"获得学分"，19.6%的学生选择了"比较有趣"。二是课程内容过于简单且具有重复性。三是课程实施过程各主体间缺乏有效沟通。四是课程评价体系不健全且缺少激励机制。分别有49.7%的和45.7%的学生认为劳动课程没有明确的评价激励与对此项内容不清楚。

第三，大学生劳动素养评价。

2022年度不少学者对大学生的劳动素养现状开展了调研，受取样代表性和数据量等因素影响，得出的结论不尽相同。李传蓉[①]调查发现，大学生在劳动观念、劳动情感态度、劳动行为习惯上都存在一定的片面性、功利性，超半数的学生认为体力和脑力劳动之间有高低等级之分，认为参与劳动的目的是为了获取学分，完成学校任务以及提高实践能力。颜颖婷[②]将大学生劳动教育评价划分为劳动观念、劳动技能、劳动精神、劳动习惯和品质四个维度，调查了江西四所高校劳动教育开展情况，收集有效问卷428份，发现大学生劳动素养情况良好，绝大部分学生形成了正确的劳动观。对"你认同不管是体力劳动还是脑力劳动，都没有高低贵贱之分吗"，调查结果显示有89.72%的学生表示认同，但是不足一半的同学表示具备了必备的劳动技能（能力）。有大部分的学生认为他们的同学在劳动过程中具备吃苦耐劳的精神。

#### 7.3.2.4 评价困境

目前，各地区大多已经将劳动教育纳入教学督导范畴，已经开展劳动教育的高校也基本建立了劳动教育评价机制，构建了评价指标体系，但是多层级的劳动教育评价机制是否科学，评价指标体系

---

① 李传蓉：《"00后"大学生劳动教育研究》，硕士学位论文，重庆交通大学，2022。

② 颜颖婷：《地方高校劳动教育实施现状与对策研究》，硕士学位论文，江西农业大学，2022。

是否合理，评价实施是否到位，劳动教育课程评价、教师评价和大学生劳动素养评价开展是否有力等备受专家和学者的关注。有学者认为目前劳动教育存在"喊起来重要、考起来次要、做起来不要"相互矛盾的窘境，应该解决劳动教育内生动力不足的问题。高瑞泽[1]认为，劳动教育评价体系待建立，存在评价内容不完善，评价过程不充分，评价标准不明确等问题。建议从明确评价标准、优化评价内容、注重过程评价、建立多维评价四个方面健全劳动教育评价制度。李辉容、刘媛[2]认为，对于劳动教育成效的监督检查和考核没有专门的评价，也未制定相应的评价标准、程序和方法。部分高校缺乏独立的劳动教育考评体系，不利于劳动教育落地实施与提质增效。张瑞林[3]调查发现，有70.87%的大学生认为劳动教育评价存在结果失效的问题。张红[4]认为，劳动教育评价有明显的功利性倾向和评价主体片面性问题。王灼斐[5]提出健全高校劳动教育评价机制，有针对性地制定考核评价机制，重视考核评价后的结果，及时进行反馈，可以依靠先进的科学技术，利用互联网，将考评机制联网。李晗[6]、黄颖[7]、王春霞[8]、

---

[1] 高瑞泽：《发挥大学生劳动教育的思想政治教育功能研究》，硕士学位论文，北京交通大学，2022。

[2] 李辉容、刘媛：《问题与对策：新时代高校劳动教育的生成逻辑》，《齐齐哈尔师范高等专科学校学报》2022年第1期。

[3] 张瑞林：《新时代大学生劳动教育的创新发展研究》，硕士学位论文，宁夏大学，2022。

[4] 张红：《新时代高校"五育融合"研究》，硕士学位论文，宁夏大学，2022。

[5] 王灼斐：《新时代大学生劳动观教育研究》，硕士学位论文，沈阳师范大学，2022。

[6] 李晗：《新时代大学生劳动教育研究》，硕士学位论文，河北农业大学，2022。

[7] 黄颖：《课程思政视域下大学生劳动教育的价值彰显及实践策略》，《贺州学院学报》2022年第4期。

[8] 王春霞：《高校劳动教育体系构建与实践应用》，《高教学刊》2022年第18期。

罗翔①等学者都提出要利用智能信息技术，推进劳动教育评价系统的数字化建议。聂勇②认为部分高校劳动教育评价理念有待更新，不少高校既没有建立完善的劳动教育评价标准规范劳动教育教师的教学行为，也没有建立完善的考核评价机制对学生在劳动教学过程中的表现进行客观准确的评价，高校师生在劳动教育过程中的教学与学习行为无法收到及时的反馈。徐芸怡③认为，目前大学生劳动教育评价体系尚未完善，在评价指标设置、评价主体认定以及评价方法技术层面均存在一定问题，导致了学校劳动教育评价的片面化。邹林④建议建立多元化、全维度的评价体系，开展劳动教育活动教学效果评价、学生学习效果评价、教师教学能力评价，建立劳动教育督导机制。

## 7.4 总结与展望

新时代劳动教育有了新定位、新要求和新内涵，劳动教育评价标准建设在 2022 年度取得良好进展。劳动教育评价标准建设的重要性日渐凸显，已经得到各级教育主管部门和大中小学校的重视。劳动教育评价研究也得到专家学者的持续关注。目前针对学校劳动教育评价考核、学生劳动素养监测和劳动教育课程评价的指标体系已经纷繁出现，但是指标体系的普适性和科学性还缺乏实践检验。多层多元多主体的劳动教育增值评价机制已经初步建立，但是评价的实效、评价结

---

① 罗翔：《人工智能赋能高校劳动教育的内在逻辑、价值意蕴和发展路径》，《北京化工大学学报》（社会科学版）2022 年第 2 期。
② 聂勇：《基于"五育融合"理念的高校劳动教育优化路径》，《呼伦贝尔学院学报》2022 年第 6 期。
③ 徐芸怡：《生活力视域下大学生劳动教育体系构建研究》，硕士学位论文，南京邮电大学，2022。
④ 邹林：《新时代高校劳动教育实施路径研究》，《秦智》2022 年第 6 期。

果使用和评价的规范性还有待加强。多地已经启动建设劳动教育评价数据平台，落地和推广尚值得期待。劳动教育评价作为劳动教育工作"指挥棒"的作用还需继续加强。

### 7.4.1 总结

第一，劳动教育评价政策支持力度持续加大。在国家政策的引导下，学校和教育主管部门对劳动教育及评价重要性的认识逐渐增强，加强劳动教育和评价的主动性继续提升。从国家宏观层面、省市中观层面、学校微观层面都持续强化了对劳动教育评价的政策支持、方向引领和条件保障，良好的劳动教育生态基本形成，多地已经开展劳动教育督导，建立教学指导委员会和研究中心等专门机构。

第二，多层多元多主体的劳动教育增值评价体系初步建成。以学生劳动素养评价和监测为核心，集区域劳动教育督导、学校劳动教育评估、劳动教育课程评价和教师考核于一体的劳动教育评价长效机制初步建成。综合使用过程评价、结果评价，采用观察记录、实际操作评价、项目制评价等多元化的评价方法，引入自评、互评、师评等多主体评价方式，注重学生劳动观念、劳动能力、劳动精神、劳动习惯和品质综合提升的增值评价体系已经基本形成。劳动教育评价研究较为丰富，构建的评价指标体系有一定的合理性，但普适性和科学性还有待检验。

第三，综合性评价、发展性评价和个性化评价有待加强。劳动教育多层评价在实施过程中存在明显割裂，评估结果使用和反馈明显不足，多元评价、多主体评价和综合评价执行力度不够或方式单一。基于学生综合劳动素养提升和全面发展的发展性评价和个性化评价明显不足。专家学者对劳动教育评价尤其是大学生劳动素养及其结构的理解不尽相同，构建的评价指标体系虽有共性，但差异性明显，权威性不足。

第四，劳动教育评价的区域、校际发展不平衡明显。因重视程度不同，工作推进和支持力度不同，以及建设基础不同，劳动教育评价工作出现了明显的区域差异和校际差异。有的地区劳动教育督导已经全面开展；有的学校劳动教育及评价工作刚刚启动，个别学校的劳动教育理念与实施方案与国家要求还存在一定差距。

### 7.4.2 展望

第一，建立劳动教育常态化评价机制，突出工作实效。随着教育改革的不断深化，劳动教育评价作为教育评价的重要组成部分，也需要建立常态化机制，以保障评价的持续性发展和长足实效性。劳动教育督导、学校劳动教育评估、劳动教育课程和教师评价、学生劳动素养监测等均需要设置明确的目标和指标，以及评价方式和结果使用范围、反馈路径等。相关评价主体应该明确责任分工和工作安排，并将以上内容使用制度进行固定和规范。坚持量化和质性评价结合，坚持过程评价与结果评价、综合评价与发展评价以及个性化评价结合，重视结果使用和反馈。只有将劳动教育评价做到实处，才能有效保障劳育目标实现，达成学生全面发展。

第二，通过数字化赋能劳动教育评价，创新评价模式。鼓励、支持利用大数据、云平台、物联网等现代信息技术手段，开展劳动教育过程监测与记实评价，发挥评价的育人导向和反馈改进功能。创新评价工具，利用人工智能、大数据等现代信息技术，探索开展学生全过程纵向评价、德智体美劳全要素横向评价。将劳动教育评价纳入大中小学劳动教育一体化建设，积极建设劳动教育评价云数据管理平台，创新劳动教育评价方式和方法，建立劳动素养发展电子档案，完善评价结果运用，综合发挥导向、鉴定、诊断、调控和改进作用。

第三，加强劳动教育评价全领域研究，突出普适性和科学性。设置各级各类劳动教育专项课题或委托项目，鼓励教师、学者和专家对劳动教育评价开展全领域研究，突出评价指标体系构建的系统性、科学性和普适性，加强各类评价指标体系的实践验证。加强劳动教育评价研究成果的应用转化，将经过实践检验的可靠的指标体系运用于劳动教育云数据管理平台，应用于劳动教育常态化评价和监测。鼓励各地各校设立劳动教育研究中心、教学指导委员会等，为劳动教育及评价提供专业指导、评估和服务。

# 8 中小学劳动教育特色实践

课程是教育思想、教育目标和教育内容的主要载体,是学校教育教学活动的基本依据,直接影响人才培养质量。加强中小学劳动教育,实现劳动教育树德、增智、强体、育美的综合育人价值,必须夯实课程基础。近年来,全国各地不少中小学在多年积累的基础上,传承特色,创新性开设劳动教育课程,开展劳动教育特色实践活动。本章将从课程和活动两方面梳理一些典型做法,供各地中小学比较借鉴。

## 8.1 课程特色

《意见》明确提出要形成具有综合性、实践性、开放性、针对性的劳动教育课程体系。综观当前中小学劳动教育课程,其内容总体上呈现多样性、特色性特征。多样性体现在为了满足学生不同方面劳动素养和劳动技能的提升,满足学生不同的劳动兴趣,各地中小学均努力设置多样化的劳动教育课程,涵盖了新课标涉及的清洁与卫生、整理与收纳、烹饪与营养、农业生产劳动、传统工艺制作、公益劳动与志愿服务等多个任务群。特色性表现为各地中小学在开展劳动教育过程中,坚持因地制宜,结合当地的文化传统、产业特色等,设计了具有地域特色的劳动教育课程。

## 8.1.1 因地制宜开设劳动教育课程

在劳动教育过程中,课程质量在很大程度上决定了劳动教育水平,而课程的系统性、实用性是影响劳动教育课程质量的重要因素。例如,广州地区的中小学劳动教育课程充分体现了广州的饮食文化、中医药文化、茶文化,云南、广西等地民族地区的劳动教育课程充分结合了当地非遗传统技艺。杭州市丰潭中学结合学校传统和实际,开发了"品味线的世界"劳动教育课程体系。该课程甄选了手工艺中与线相关的内容,最终确定了刺绣、彩绳编织、毛线编织、钩针编织、串珠、丝网等六项内容,每项内容都从易到难递进,集趣味性、多样性和实用性于一体。上课进程灵活多样,学得快的可以率先进入下一个内容。通过循序渐进的学习和坚持不懈的制作,学生逐渐体会到劳动的辛苦,也感受到劳动创造的价值,从而形成对劳动者的尊重和敬仰。[①] 浙江农林大学附属小学依托学校农林特色,构建了农林特征浓郁的劳动课程体系。在课程设置时,综合考虑了环境建设、活动设置、课堂建设、基地建设、课程建设和评价体系建设等多个要素,多位不同学科的教师联合开发了"养育幸福鸡"系统课程。课程设计了"选种孵化""育雏保温""脱温养殖""价值体现"四个单元,每个单元安排4节课,使学生能够开展集"孵—育—养"于一体的科学探究活动,全程学习、参与"鸡的一生"。[②]

## 8.1.2 以劳动教育为载体实现五育融合

让劳动成为一种教育,其本质在于劳动教育与德育、智育、体

---

① 《品味线的世界 | 杭州市丰潭中学劳动教育精品课程》,"杭州市丰潭中学"微信公众号,https://mp.weixin.qq.com/s/PllNciT6FY3aY7CLQydNwQ。
② 《点赞!这所小学的劳动课程被评为省级精品课程》,"临安教育"微信公众号,https://mp.weixin.qq.com/s/IgWmu2Nb72DL-McJKZPfOA。

育、美育结合。在学科教学中，通过各门学科课程与劳动教育相互贯通、相互渗透、相互滋养，才能真正提高劳动教育水平，也才能真正发挥劳动教育的综合育人效应。山西省太原市薛店小学将劳动教育课程与其他课程内容相融合，在劳动教育中实现五育融合。将劳动教育与美术课结合，组织学生开展葫芦手工课和劳动剪纸课，通过去皮、晾晒、上色和制作等一系列活动，创新制作多种葫芦产品。把劳动教育和德育、美育结合开发了剪纸劳动课程，学生参与剪纸学习和实践，将红纸变成结构和谐、内涵丰富、精致美观的剪纸作品，让孩子们在劳动中创造美、感受"和"文化。基于"小菜园"的蔬菜观察，开发了语文习作课堂，为学生搭建了一个观察发现、实践锻炼、总结提炼、分享交流的习作载体，引导学生以快乐、积极的心态去参与劳动、关注生活，产生体验、迁移感受，培养想象力，提高习作水平。[1]云南省昭通市红路馨居小学把劳动教育融入各门学科，语文课将学生带到基地观赏油菜花、黄菊、向日葵等，指导习作；数学课到田间进行土地测量和面积计算；科学课让学生观察种子是怎样发芽抽枝长叶的；音乐课在基地里教孩子们唱《希望的田野》……使劳动教育的观念、知识、技能与学科知识相互融合、相互补充，通过学科融合，学生在"耕"中经历、体悟，在"读"中思辨、表达，养成积极向上的学习态度和生活情趣。[2]

### 8.1.3 完善课程评估体系

开展科学合理的课程评估是确保教学效果、更好实现教学目标的重要方式。劳动教育课程评估最根本的检验标准是学生劳动素养的水

---

[1] 《别样的劳动，"育"别样的成长：一起看看西温庄中心校特色劳动教育活动》，搜狐网，https://www.sohu.com/a/546737894_128415。
[2] 《"脚沾泥土，手捧书香"——让特色教育之花精彩绽放》，昭通市教育体育局官网，https://jtj.zt.gov.cn/news/jtxx/202305/20230510_10220.html。

平，包括学生参与劳动的意愿、劳动过程中的态度、劳动习惯的养成以及劳动价值观念的行为表现等。①《意见》提出，全面客观记录课内外劳动过程和结果，加强实际劳动技能和价值体认情况的考核。随着2022年劳动课正式升级为中小学独立课程，越来越多的地区也在开展劳动教育评价探索。总体来看，各地、各学校的劳动课程评估均注重过程性评价与结果性评价相结合，注重学生、教师、家长甚至基地、社会力量等的多元主体评价。一些数字经济较为发达的地区和数字教育水平较高的学校还积极利用大数据进行劳动教育监测与评价。例如，湖北黄冈市发挥教育评价的管理监督和正向激励功能，以档案式评价、激励式评价、大数据评价为依托，在横向上坚持过程性评价与结果性评价相结合，在纵向上坚持各学段全程贯通评价，充分结合学生自评与互评、教师评价、家长评价、基地评价等，推动多元主体共同参与，构建"横向+纵向+多元"的劳动教育全面评价体系。黄冈市64所课题实验学校中，56所学校（占比87.5%）编制了自己的劳动手册，用于劳动教育过程和成果的记录；58所学校（占比90.6%）对劳动教育活动的实施进行了过程管理；56所学校（占比87.5%）对劳动教育活动进行了评价。此外，该市还探索将劳动评价结果纳入学生综合素质评价档案，把劳动教育开展情况及成效纳入学校目标考核和教师、班级、学校、地区等各级评优评先考核体系。②新疆乌鲁木齐第127中学还在每年学生毕业前为学生颁发劳动教育合格证书，并将合格证书纳入学生毕业综合素质评定。劳动教育综合素质评定不合格的学生，要补修劳动课程学时，极大提高了教师和学生对劳动教育的重视程度。上海市宝山区以教育数字化转型为抓手，开

---

① 牛瑞雪：《中小学如何构建劳动教育特色课程体系——落实〈关于全面加强新时代大中小学劳动教育的意见〉的实践策略》，《课程·教材·教法》2020年第5期。
② 程墨：《特色劳动"扮靓"学生童年》，《中国教育报》2023年2月11日。

展劳动教育"同侪课堂""同侪教研",结合学生数字画像,逐步推进"行知行"劳动教育个性化学程与学分制评价。

### 8.1.4 建立师资和经费保障机制

教师是劳动课程高质量实施的关键。劳动课程内容丰富、涉及面广,场地开放、分散,为此,越来越多的地方和学校提出建立专兼职相结合的教师保障机制,对劳动课程教学研究与教师专业发展提出了明确标准。在劳动教育师资数量保障上,一方面,将专职劳动教育教师列入教师招聘和培养计划,如广州市、山东省等多地要求每个学校必须具备至少一名专职教师,形成教研队伍;另一方面,为解决专任教师不足的问题,根据课程内容,从校内外聘请有相关劳动技能的人士作为兼职教师,如各地纷纷将大国工匠、劳动模范、非遗传承人、土专家聘请为劳动教育兼职教师。在教师专业化水平提升上,一些地方要求各级教研机构配备劳动课程专职教研员,加强劳动课程教学研究,及时解决课程实施中的重点、难点问题。与此同时,加强对劳动课程教师的专业培训,提升教师的劳动技能水平、劳动课程教学专业水平以及课程的规划、组织与实施能力等。例如,2023年4月山东省教育厅发布的《关于印发加强普通中小学劳动教育若干措施的通知》指出,在省级层面成立山东省基础教育劳动教育指导专委会,省、市、县(市、区)教学研究机构配备专兼职劳动教育教研员,学校设立劳动教育教研组,以加强劳动课程研究和指导。同时,将劳动教育纳入全省教师网络研修必修内容,实现中小学劳动教育专兼职教师培训全覆盖。不少地区举办劳动教育说课比赛,搭建中小学劳动教育教师教学技能交流平台,提升教师自身教学能力。例如,四川成都市新都区举办新都首届中小学劳动教育说课大赛,全区56所中小学校劳动教育教师参赛,通过比赛营造了互学互鉴、取长补短的良好氛围。

经费保障是劳动教育开展的必要条件。综观 2022 年江苏省盐城市、浙江省杭州市和温州市、广东省深圳市、山东省、辽宁省等各地出台的有关中小学劳动教育的实施意见或实施方案，涉及经费保障，主要从以下几个方面着手：一是统筹学校公用经费以及课后延时服务经费，确保劳动教育所需资金；二是完善劳动教育器材、耗材补充机制；三是通过政府购买服务方式，吸引社会资金；四是鼓励社会捐赠、公益性活动等形式支持开展劳动教育实践活动。湖北省咸宁市提出了具体的经费解决机制，如会同发改部门制定中小学劳动教育实践活动收费标准；会同文旅部门对中小学生开展校外劳动实践实施场馆、景点、景区门票实行优惠政策；会同保险机构推动将校外劳动实践纳入校方责任险范围，鼓励保险企业开发有针对性的产品，对投保费用实施优惠措施。湖南省郴州市临武县专门出台了《临武县中小学学校（幼儿园）劳动教育经费保障制度》，将劳动教育所需经费纳入财政预算。各学校明确从公用经费中安排资金用于劳动教育的比例不少于 5%，使劳动教育的经费有了实实在在的保障。

## 8.2 校内实践活动特色实践

学校场地、设施及环境是劳动课程实施最基础的资源，也是当前劳动教育实施的主阵地。校内劳动教育实践形式多样，包括课堂教学、实践活动、讲座、竞赛等，其中课堂教学和实践活动是当前校内开展劳动教育的主流形式。校内劳动教育的活动内容是否多样、教学方式方法是否科学、时间长短及安排是否合理，均影响劳动教育的实施效果和育人水平。

### 8.2.1 注重新技术体验与应用

新技术体验与应用是生产劳动的四大任务群之一，旨在通过引导学生对新技术及其应用进行体验与探究，让其感受新技术在日常生活、生产中发挥的重要作用，并体会以及学会应用新技术创造性地解决问题。新技术体验与应用任务群的实施对学校的劳动场地、师资力量、财力保障等均有较高的要求，也是当前劳动教育实施过程中的一个难点，其实施范围相比于农业生产劳动、传统工艺制作、工业生产劳动三大任务群亟待拓展。尽管如此，依然有不少地区和学校发挥自身优势将新技术融入劳动教育。例如，广东省广州市中国教育科学研究院荔湾实验学校作为广州市人工智能课程改革实验校，构建了智能化创新劳动课程，建立了科技馆创客中心，中心分为3D打印区、激光切割区、创意手工区、分享区。劳动科与信息科两门科目一起开发特色校本劳动课程，让学生了解数字通信、大数据、人工智能等新科技在社会生产生活各方面的应用。并通过动手编程，用科技手段代替传统劳动，解决实际问题，体验创造性劳动的价值。黑龙江省哈尔滨市阿城区是国家级信息化教学实验区，依托信息化教育优势，集聚劳动教育、信息技术、科学设计、艺术教育等多学科师资力量研发了"智慧农场""智慧厨房"等以新技术为代表的项目化学习课程。以"智慧农场"课程为例，该课程面向五、六年级学生，学生自由申报组成项目团队。教学团队组织成员集体研制"梦想农场"项目化劳动框架。项目实施中，学生在科学与艺术教师指导下自主完成图纸设计、模型打印、农场自动化编程等。学生在3D打印的模型农场中反复实践图纸设计，通过自主编程实现农场自动光控、智能雨控、土壤湿度监测、自动灌溉等现代化功能。完成建模及模拟操作后，学生在现实场域中完成水管布线、阀门安装、弱电器接驳等"智慧农场"实验环境建设的各个环节，在农场参与农作物种植、App数据监测、农场数据收集、生长情况分析等生产实践活动。[①]通过课程实施，使学

---

① 丁忠芬、陈磊：《人机协同让劳动教育有益有趣》，《中国教育报》2023年2月22日。

生充分理解学科知识并用于实践,培养核心素养。

### 8.2.2 将劳动教育与传统节日、节气等有机结合

在实践中,不少学校以中国传统节日、少先队节日、校园主题节日等板块作为实施劳动教育的切入点,将劳动教育融入不同节日并开展相关活动,强化实践体验,不断提高学生的劳动素养。例如,江苏南通海门师范附属小学深挖传统节日文化中的劳动资源,将其融入劳动教育,把欢度传统节日与开展劳动教育有机衔接、深度融合,研发了"金拇指·佳节劳动"课程图谱。如春节期间会安排学生和家人一起剪窗花、贴春联,清明节和端午节做青团、包粽子,立夏时节组织学生学习编蛋篓子、画彩蛋等,包括重阳、元宵、中秋等传统节日,学校都研发了相应的课程和活动。南通东洲小学长江路校区在校园内打造了"二十四节气园",从立春到大寒,每个班级认领一种节气花卉,开展种植养护活动。学校以此为基础,开发了一系列花卉养护课程,开展"护花使者""花田专家"等活动。通过将节日节气与劳动教育相结合,既可以促进传统文化的传承发展,又可以提升劳动教育的实效性,让学生热爱劳动,促进学生综合素养的全面提升。①

### 8.2.3 探索以问题为导向的教学方式

劳动教育实践性强,对学生的动手能力有很高的要求,不仅注重培养学生辛勤劳动、诚实劳动的品质,而且也十分注重培养学生的创造性劳动。创造性劳动要求具有创造性思维、创造性能力,而问题意识是创造性思维的基础和关键。为此,不少学校在劳动教育课程教学

---

① 《海门打造"校内+校外"劳动教育基地 让学生亲近自然、感受农耕、拓宽视野》,南通市人民政府网,https://www.nantong.gov.cn/ntsrmzf/sxcz/content/a779d602-4572-4392-a03f-d426e4267ba5.html。

过程中采取了项目式学习（PBL）、探究式教学等方式，注重以问题为导向、以学生为中心，通过教师引导，学生主动探索现实问题，获得更深刻的知识和更精湛的技能。如山东省临沂市莒南县焕章希望学校开发了 PBL 项目课程，各班级根据本班学生年龄特点、班级实际情况自定课题，确保了课题的可操作性。课题的选择与研究过程满足重点知识的学习和成功素养的培养，充分尊重学生的发言权及选择权，探究过程中注重渗透五育融合思想，培养学生的合作、动手、探究能力，赋能学生独立性与创造力的发展。[①] 山东省潍坊市滨海区创新"探究式"教学，由学生自主选题、探究、解决，形成了劳动教学四步法：情境与问题—实践与活动—探究与讨论—总结与提升。

### 8.2.4 将劳动教育融入课后服务

劳动教育是一种综合实践育人手段，不仅能培养学生的生活技能，而且能促进人的体力发展和智力发展，培养学生的创新精神和实践能力，养成尊重劳动的思想品德。正因为如此，一些学校将实施劳动教育与落实"双减"政策、提升学生综合素质相结合，主动将劳动教育融入课后服务，开展丰富多彩的劳动教育课程，引导学生在实践中激发劳动兴趣、提高劳动意识和能力。如上海市教委 2022 年 2 月发布的《上海市义务教育课后服务工作指南》，将劳动作为素质教育活动的一种类型，指导教师利用各类教育教学空间资源开展劳动实践等活动，增强课后服务吸引力、丰富学生课外生活。山东省诸城市科信小学开发了"尚劳艺之美"课后服务社团课程群，学生可以按兴趣爱好进行选课走班，年级社团和学校社团互为补充。与此同时，依托

---

① 《劳动教育创特色，五育融合促发展——莒南县焕章希望学校"劳动+"特色教育纪实》，"莒南教体发布"微信公众号，https：//mp.weixin.qq.com/s/J5iU9j9_jLiGiNJ9yzsVnw。

校内外劳动实践基地和班级种植角定期开展劳动实践教育,将劳动教育与课后服务相结合,提升学生综合素养。安徽省涡阳县第四小学通过"每天一小课、一周一大课"的方式将劳动实践课程深入课后服务阵地,为学生普及劳动知识,提高学生劳动意识,增强学生劳动技能。山西省太原市黄陵小学将 STEAM 课程作为劳动教育的校本化形式植入课后服务之中。每个年级都会开展十几种不同的 STEAM 课程,通过教师引导,学生集体自主完成各项活动,培养了学生的动手能力和探究欲望,增强了团队合作意识。

### 8.2.5 充分挖掘校内劳动教育实践基地

当前,无论是城市还是乡村的中小学,均在着力打造校内劳动教育实践基地,以不同规模大小的农业劳动基地居多。校内实践基地的空间布局、学生任务分配、活动设置等均影响劳动教育实践质量。云南省宣威市的农村寄宿制小学靖外明德小学,充分利用校内 3 个劳动教育实践基地开展丰富多彩的劳动教育。基地共占地 150 亩,涵盖农耕文化长廊、班级责任区、动物养殖区、热带植物园、无土栽培、中草药种植、山林养鸡、水库养鱼等,学生参与基地种植、养殖以及收获等全过程,在进行劳动教育的同时实现了一日三餐全部在基地自给自足,既锻炼了身体,又培养了吃苦耐劳的品质和团结协作能力。[①] 江苏省南京市浦口行知教育集团以"生活即教育,社会即学校"的大教育视野,多方联动在集团内的幼儿园、小学和初中创建了适合不同学段学习需要的劳动教育实践场所。与此同时,在国家营地投入和当地政府的大力支持下,创建了独立运作但又紧密服务学校教育需要的

---

① 《关于推广第六批学校落实"双减"典型案例的通知》,教育部官网,http://www.moe.gov.cn/s78/A06/tongzhi/202304/t20230419_1056238.html?eqid=b0e2b0f6003c0327000000036450a568&wd=&eqid=9bf6a3130003195d0000000264977fc5。

行知实践基地，开展三农体验、中华文化浸濡等6项实验，利用乡土资源吸引城市孩子来学习农事等。通过"学校行知基地建设+遴选社会资源挂牌"的运营模式，将学校半径30公里范围内的重要社会资源转化为学校教育资源，形成村校一体、城乡联合、区域交流的协同育人格局，形成了城市带动乡村、乡村反哺城市的良性互动局面。

## 8.3 校外实践活动特色实践

校外各类劳动教育基地是校外实践活动的重要载体，是劳动教育课程实施的扩展资源，是工业劳动、农业劳动、服务性劳动及劳动周等活动开展的重要保障。当前，教育行政部门和学校立足区域产业特色、文化特色和资源等，与区域内工厂、农场、社区等合作，利用校外图书馆、科技馆、体育馆、博物馆、展览馆、综合实践活动基地等社会资源和自然资源，或通过新建劳动教育基地等形式，组建了灵活多样的劳动教育协作基地，开展了灵活多样的校外劳动教育实践活动。在开展校外实践活动时，校外劳动教育实践基地的建设与运营、校内第一课堂和校外第二课堂的融合以及校外劳动教育基地的空间布局关乎校外劳动教育的顺利开展。

### 8.3.1 校地合作、校企联动开展劳动教育

为了弥补市属各学校及中心城区大部分学校劳动教育实践基地建设严重不足的短板，曲靖市依托曲靖市民族中学勤工俭学基地建立曲靖市校外劳动教育实践基地，这是该市第一个市级校外劳动教育实践基地。基地占地83亩，离中心城区约15公里，是曲靖市民族中学2013年以租赁形式建成的劳动教育实践基地，总建筑面积2600平方米，是一个集种植、养殖、农业科技培训于一体的综合性基地，分为

办公区、生活区、种植区、养殖区、户外活动区五个区域。其中，户外活动区有草坪 5800 平方米，可开展丰富多彩的素质拓展活动；种植区有 15 亩阳光玫瑰葡萄园、5 亩蔬菜大棚、15 亩室外蔬菜种植区、5 亩草莓大棚；家禽养殖区养了 5 个种类的家禽。劳动教育实践基地采用校企合作的方式市场化运营。学校每周末至少安排两个班的学生到实践基地参加劳动实践，接受劳动教育。学生先到"师生之家"参观科技图片展览，了解基本知识，然后到田间地头参加劳动，学习栽培、田间管理，猪、鸡、鱼饲养方法等知识。基地配有专业的素质拓展团队，劳动实践与素质拓展活动有机结合。曲靖市民族中学会对学生的劳动次数、劳动态度、实际操作、劳动成果等方面进行评价，把具体劳动情况和相关事实材料记入每个学期的期末综合素质评价表，装入学生的成长记录袋，并作为每年评选"优秀班干部""优秀三好学生"等的重要参考。通过校外劳动教育实践，让学生动手实践、出力流汗，接受锻炼、磨炼意志，帮助学生掌握了一些必要的劳动技能，培养学生正确的劳动价值观和良好的品质。

### 8.3.2 以课程系统性和师资专业性提升劳动教育质量

广州市中学生劳动技术学校，为广州市教育局直属的多功能、综合性、全公益素质教育基地，属于公益一类事业单位。学校设置了丰富的劳动教育课程，每年接待约 50 所广州市高中学校的学生，开展为期 5 天的沉浸式生态学农劳动周活动。学校劳动教育课程涵盖了农场劳动、木工手工艺品制作、茶艺等内容。该基地通过课程的系统化设计和教师的专业化培养保障了基地的劳动教育质量。在课程设计方面，劳动教育课程由综合实践、生物、德育等不同学科的老师集体深度开发，对课程进行体系化设计，使得学生可以在 5 天的劳动周里体会丰富的劳动内容。与此同时，学校将自身劳动教育的专业化优势和社会资源的多样化优势相结合，通过发挥广佛地域优势、本地实业产业优势，与职业学校、企业等各类社会资源对接，打造广佛研学旅行生态圈，让学生在真实情景中学会创造，提升学生对丰富劳动形态的体验认识，促进学生树立正确的职业观、人生观、价值观。在师资队伍建设方面，学校对有特殊兴趣爱好的老师进行专业化培养，实现劳动教师"一带多"，从而形成一支专业化的教师队伍。在教学过程中，教师注重劳动与教育融合以及五育融合，在集体劳动后通过学生分享、教师点拨升华，使学生深入体认劳动的价值；与此同时，在劳动场景中挖掘夜晚观看萤火虫、金蝉脱壳等活动内容，通过"劳逸结合""五育融合"，使学生保持对劳动的激情。

### 8.3.3　形成劳动教育区域布局

上海市宝山区以学校为中心，对学生身边的劳动教育资源进行充分挖掘，围绕智能科创、现代服务、非遗手工传习等创建了一批校外劳动教育实践基地，初步完成了学校"出门三公里劳动教育体验圈"的区域布局。崇明区则以 5 个营地为中心打造"15 分钟劳动实践圈"，构建半径在 15 公里以内、车程在 15 分钟左右的劳动实践场景圈，初步形成"2 岛 5 营 N 点"的基地集群布局。"2 岛"是指崇明岛和长兴岛；"5 营"包括光明花博郁营地、长兴前卫营地、竖新新光营地、东平活动基地、三星海桥基地；"N 点"是指基于崇明丰富的"三农"资源、生态资源、工业制造资源及非遗文化资源，经挖掘整合能用于学生劳动实践的资源点位，截至 2022 年 9 月，可用资源点位 48 个。围绕这些资源点位，崇明区因地制宜开发出涵盖小学、初中、高中三个学段共计 600 课时的劳动实践主题活动课程[①]，为学

---

① 张鹏：《新学期劳动教育成必修课，究竟怎么上？上海首个学生综合性劳动实践基地正式启用》，《文汇报》2022 年 9 月 25 日。

生提供了丰富的劳动教育内容，大大扩展了劳动教育资源。

## 8.4 家校社协同特色实践

打造家校社共育链条、构建学校家庭社会协同育人机制是落实劳动教育实践活动的有效手段。《意见》指出，家庭、学校和社会在劳动教育中分别发挥基础作用、主导作用和支持作用。其中，家长的基础作用主要体现在通过言传身教使孩子养成劳动习惯，协同学校劳动教育教会孩子掌握各项生活劳动技能，引导子女体验社会服务劳动等。学校的主导作用主要体现在承担劳动教育主体责任，确保劳动教育课程开足开齐，提高学生劳动素养，加强对家庭在劳动教育方面的有关指导，统筹利用社会资源开展劳动教育等。社会的支持作用体现在社会资源开放共享、营造崇尚劳动的社会氛围等。三方在明确各自角色和职能定位的基础上开展有效合作，能够进一步提高劳动教育质量。当前，各地均在努力探索构建家庭、社会和学校协同育人工作体系，更好满足学生多样化、差异性的劳动教育需求。

### 8.4.1 家校联动特色实践

山东省昌邑市建设"家校共育课程超市"，开发6个系列20余个亲子家庭劳动成长课程，通过家长学校、家庭劳动教育主题讲座，发布"12岁前应做的30件事"倡议，推送家庭劳动"小技巧"视频资源，目前已形成成熟的家庭劳动教育模式。南昌大学附属小学通过家校社配合着力提高劳动教育效果。在家校合作方面，学校通过家长课堂讲座，帮助家长正确认知劳动教育在孩子全面成长中的重要价值，引导家长重视孩子的劳动教育和家务实践；学校编制了《家务劳动指导手册》，分高、中、低三个学段，科学指导学生的家庭劳动教育；

学校开展"家长进课堂"活动，让来自各行各业的家长结合自身的专业特长和工作内容，给学生传授多个行业的劳动知识、劳动技能，增加学生的职业认知。甘肃省平凉市皇甫学校还整合社区资源，邀请各级各类专家不定期面向全体家长开展线上家庭劳动教育培训，在劳动内容、劳动评价方式、亲子沟通方式等多个方面给家长细致的指导。广州执信中学琶洲实验学校借助家校社协同机制成功开发了杏林百草园、茶艺等课程。在课程设计实施过程中，一些有茶艺相关知识和经验的学生家长参与茶艺室的布局、课程设计。在课程实施过程中，一些家长协助与自身所在单位联系，为学校劳动教育开展提供所需的实验条件。

### 8.4.2 校校联动特色实践

针对城市学校活动场地小、劳动教育场所缺失的客观环境制约，以及实现城乡劳动教育资源优势互补，推动义务阶段劳动教育均衡发展的现实需求，一些地区组建城乡、跨区域校际联盟共同开展劳动教育。学校结对共建劳动教育有效拓宽了劳动教育的实践场所，同时为双方学校师生提供了相互学习、借鉴的机会，有助于提高区域劳动教育整体水平。例如，湖南省长沙市雨花区枫树山小学与梅怡岭小学结盟，开展"家庭牵手、孩子结对"活动，实行"云种菜"。枫树山小学的学生到梅怡岭小学与结对小伙伴一同栽种友谊蔬菜，由梅怡岭小学的小伙伴负责管理，双方每天通过网络进行观察，写日记，谈感受。那些不能到现场的孩子，还可在家里通过网络直播，同步进行栽种实践。① 通过校际联盟、学生结对，极大提高了城乡学生的劳动兴趣和劳动素养。广州市中小学积极落实《广州市推进大中小学新时代劳动教育三年行动方案（2021~2023年）》关于学校结对共建劳动

---

① 《劳动育人的雨花模式》，凤凰网，https：//i.ifeng.com/c/8Ls6Ce0Xry3。

教育活动的相关要求，多所学校组成劳动教育共建学校，促进不同学校间劳动教育资源互融互通、共建共享。例如，广州市海珠区江南外国语学校与广州市花都区花东镇榴花初级中学在2022年7月成为劳动教育结对共建学校，两校通过城乡学生共上一堂劳动课，开展组内合作、小组比赛等活动形式，增强两所学校之间学生的交流和互助。同时，通过"云参观"的方式，两校师生共同参观江南外国语学校的花草园艺，并收听、观看该校同学生动有趣的介绍以及学生亲手制作的自然笔记，使在场学生快速了解了更多关于植物的知识，加深了和大自然的联结。2022年10月，四川省遂宁市船山区城北小学师生到唐家小学劳动教育实践基地开展劳动实践教育活动。唐家小学为城北小学的师生科普种植工具使用技巧，讲解种植中的安全注意事项以及种植的技术要领，并带领学生实际体验农耕劳动。

### 8.4.3 校社联动特色实践

当前，"开门办劳动教育"逐渐成为各地共识。各地在发挥学校主导作用的同时，统筹区域优质资源形成劳动教育合力。上海市宝山区刘行新华实验学校的学生从多肉的制作、盆栽的制作，最终到小区里种植了爬山虎，替代了社区原有绿化，释放了社区内的停车空间，解决了社区停车难问题。这种做法，使孩子在劳动中发现并创造社会价值，增强了孩子劳动的荣誉感与自豪感，使孩子真正体认到"劳动最光荣、劳动最崇高、劳动最伟大、劳动最美丽"。广东省梅州市将职业技术学校作为该市省级中小学劳动教育实践基地，引导梅州市职业技术学校与学艺中学、广东梅县东山中学、梅江区黄遵宪纪念中学等学校建立了相对稳固的合作关系，协同开展劳动教育。在合作过程中，职业技术学校根据学校的需求派专业课教师进校为合作学校提供服务，合作学校的学生也可以到职业技术学校的实践基地上课，体验丰富的劳动教育课程，如面点制作、安全用电、房间内务整理、手工制作、生活小管家、洗车美容等六门课程等。在"红色圣地"遵义，全市中小学依托遵义会址纪念馆、四渡赤水纪念馆、娄山关红军战斗遗址等红色教育基地，分批次在全市220所中小学培养1000余名平均年龄在13岁的"小小红色宣讲员"，学生可利用课余或假期时间到爱国主义教育基地给游客免费宣讲红色文化。南昌大学附属小学在江西省革命烈士纪念堂建立了"红领巾讲解员"培训基地，让"红领巾讲解员"在节假日为前来参观的游客们义务讲解。学生通过参加服务性劳动，既锻炼了自己，又服务了他人，同时还增强了爱国意识，培养了社会责任感。

## 8.5　评析与展望

### 8.5.1　问题评析

2022年劳动课正式升级为中小学独立课程以及《义务教育劳动课程标准（2022年版）》的发布，为中小学劳动教育实施提出了硬性目标，指明了明确方向，使中小学劳动教育迎来了如火如荼开展的新局面。越来越多的地区和中小学的劳动教育课程逐步从单一化走向多样化，从碎片化走向系统化，劳动教育实践基地内外联动的局面逐步形成，师资建设逐步走向专业化，家校社协同的机制也在不断探索中，劳动教育水平在实践摸索中不断提升。但是，由于缺乏系统的理论指导，劳动教育实践仍然存在诸多问题亟待解决。

第一，劳动教育课程质量有待整体提升。当前各地的劳动教育课程偏重于《义务教育劳动课程标准（2022年版）》任务群内容中较简单的内容，忽略了难度大的任务群内容教学，对新技术的融合应用明显不足且存在较大的区域差异。在课程设计上，内容的系统性不足，缺乏深度挖掘和差异化设计，重理论轻实践，重体力劳动轻创造性劳动，重技能提升轻价值观培育。在课程的进度和时间安排上，劳动内容强度过低、时间较短，有的甚至以观看代替体验，缺乏实效性和体验性，难以实现劳动教育的真正目的。

第二，校外实践基地支撑保障能力不足。科学的、具有特色的劳动教育实践基地是劳动教育的有力支撑。当前，各级政府、各个地方均注重加强校外劳动教育实践基地建设。但与此同时，由于缺乏劳动教育实践基地建设标准指引，校外劳动教育实践基地在师资建设、课程体系化设计、安全保障等方面还存在诸多短板，例如教师的专业性不强，难以深度挖掘活动中的育人价值，致使基地劳动育人、实践育人功能无法充分发挥；对课程缺乏体系化设计，难以满足区域不同阶段学生劳动教育的需求。

第三，尚未形成家校社协同育人的有效机制。当前开展劳动教育的实践过程中推动家校社协同育人面临诸多困境，集中体现在主体"缺位"较为严重。从家庭角度看，不少家庭对劳动教育还存在认识误区，尚未认识到劳动的价值所在，错误地认为"劳动浪费学习时间"，或者担心孩子在劳动过程中存在安全隐患，不舍得、不愿意孩子参加劳动的现象并不鲜见，导致家庭不愿意配合学校，出现"摆拍式劳动""虚假劳动"，不仅不能起到应有的效果，还让孩子对劳动产生了抵触、鄙视情绪。有调查显示，中小学生周末家务劳动时间不到 1 小时的占比 68.80%，1~2 小时的占比 16.80%，还有 8.50% 的并不做家务，周末劳动时间远低于《纲要》规定标准。① 并且，中小学生掌握的家务劳动技能不足，打扫卫生（85.50%）、洗碗（81.60%）、收拾餐桌（76.00%）等简单的家务劳动会做的比例较

---

① 《大中小学劳动教育指导纲要（试行）》规定，"中小学每周课外活动和家庭生活中劳动时间，小学 1 至 2 年级不少于 2 小时，其他年级不少于 3 小时"。

高，而炒菜（36.80%）、洗衣服（59.10%）等稍微复杂的家务劳动会做的比例比较低。①从学校角度看，大多数学校劳动教育内容设计的系统性、科学性不足，未吸纳学生家长、社会人士、学生的积极参与，在与社会机构合作时缺乏一套可持续、有助于提升教育质量的合作机制。从社会角度看，不少社会场所不愿意对学生开放；有的场所虽然有意愿、有热情，但是缺乏专业化服务能力，体现在对劳动教育理解存在偏差、教育功能的挖掘不够、提供体验式参与的条件不足等，使劳动教育容易沦为"走马观花"。

### 8.5.2 展望

劳动教育，直接决定社会主义建设者和接班人的劳动精神面貌、劳动价值取向和劳动技能水平。推动中小学劳动教育实践走深走实，在很大程度上能够为我国劳动教育发展迈向高水平奠定良好基础。综合目前我国中小学劳动教育的实践，推动中小学劳动教育高质量发展，需要坚持系统思维，辩证地处理好以下五对关系。

第一，辩证地把握传统劳动与现代劳动的关系。科技发展和产业变革改变了劳动形态，机械化、数字化、智能化越来越成为现代劳动的主要呈现形式。这就要求劳动教育要与时俱进，通过现代劳动培养学生的数字化思维、创新性思维。然而，受思想观念、经费支持、场所条件等诸多因素影响，学校里面的劳动仍然以传统劳动为主，现代劳动极其匮乏。一些教育管理者和教师认为，劳动教育就是要让学生出力、流汗，如此方能真正达到劳动教育的目的。诚然，传统劳动更能让学生感受到劳动的艰辛，可以锻炼吃苦耐劳的精神；并且无论技术如何先进，总有一些传统劳动无法被完全取代。因此，传统劳动确

---

① 赵卫华、李晶晶：《调查显示：中小学生劳动教育严重脱离日常生活 会炒菜做饭的比例较低》，《北京日报》2022年9月11日。

实是劳动教育不可缺少的组成部分。但是，从技术进步角度看，传统劳动在目前劳动中所占的比重正在减小，并且未来会继续减小，孩子未来面对的劳动必定是以现代劳动为主的劳动形态。并且，从培养孩子热爱劳动的角度讲，能够激发孩子保持浓厚劳动兴趣的动力来自劳动的重大意义和手脑的结合，而单纯的传统劳动、缺乏技术含量的体力劳动，是难以让孩子哪怕是让一个普通劳动者从内心产生对劳动的热爱之情的。因此，劳动教育的形式要紧跟时代发展变化，而且要在传统劳动过程中启迪学生如何通过创新、创造形成更多的现代劳动，让创新的意识在孩子心中生根发芽。

第二，辩证地把握劳动与真实劳动生产实践的关系。劳动教育越是贴近真实的劳动生产实践，其产生的价值就越大。原因在于真实的劳动情景有利于发现真实的生产需求和问题，为学生提供经历和解决问题的场景，有利于避免劳动课流于形式。在开展劳动教育过程中，应努力做到劳动教育与真实劳动生产实践相结合、相一致。一是劳动教育必须融入现实生产实践，让学生真真切切体验劳动，避免课上"听"劳动、校园"喊"劳动、基地"看"劳动、家中"演"劳动、"走过场"和"打卡式"劳动。二是劳动形态要与真实生产实践保持一致性，劳动教育要体现社会主流的劳动形态，呈现真实的劳动场景。三是劳动追求要与真实生产实践保持一致性。真实的劳动生产实践，追求劳动效率、劳动效益的最大化，而目前一些学校里面的农场杂草丛生缺人管理、作物生长态势不良无人问津、农作物产量偏低没人关心的状况与真实的劳动实践是不一致的，这种做法无法培养学生对劳动的尊重。相反，如果引导学生在劳动过程中追求劳动效率与效益，并为此"寻方问药"，则学生的创造性潜能便会被有效激发出来。

第三，辩证地把握劳动教育课程（及教师）与其他课程（及教师）的关系。列宁曾说，"无论是脱离生产劳动的教学和教育，或是没有同时进行教学和教育的生产劳动,都不能达到现代技术水平和科学知识现状所要求的高度"。苏霍姆林斯基认为,"一所好学校里,每个教师都应当有从事某项劳动的热情"。这些共同提示我们,劳动教育应该进行全科渗透,每门课程都有劳动教育功能,每位老师都应该具备开展劳动教育的能力。这也是破解当前劳动教育师资力量不足的一个重要突破口。其中的科学依据在于,每一门科目都与实践息息相关,都能够在不同角度解决实践中的问题;一位优秀的教师,总是能够结合自己的专业知识和经验,创造性地解决现实生活中的问题。因此,在开展劳动教育过程中,学校和老师都应做到"思想解放",劳动教育课程的专职教师要善于与其他课程教师合作,做深做实劳动教育,共同探索利用科学知识解决劳动实践中遇到的难题。学校要鼓励其他课程的教师主动挖掘本课程中能够开发的劳动项目,将课程知识与生产、生活劳动相结合,在使学生做到知行合一的同时,扩大劳动教育的专职教师队伍。

第四,辩证地把握劳动与教育的关系。劳动是教育的一种载体,劳动教育的出发点和落脚点是立德树人。因此,要千方百计挖掘劳动中的育人价值。然而,目前劳动教育中存在不少"嘻哈式"劳动、不求结果的劳动,劳动教育"娱乐化""游戏化",有"劳动"而无"教育"、重劳动而弱教育,劳动教育呈现碎片化而缺乏系统性。这种现象,究其根源在于部分学校和老师尚没有充分认识到劳动教育的价值,因而也就缺乏科学的教学内容和教学方法设计。要做到劳动与教育深度有机融合,就要坚持育人导向,在劳动过程中更多阐释劳动背后的知识,包括但不限于与该劳动有关的历史文化知识、科技知识(包括技术演进、国内外科技对比等)以及操作中所蕴含与使用的科学原理、机理等。通过这些背后知识的介绍,让孩子在劳动中厚植人文精神、爱国精神,培养国际视野和科学思维,唤起他们的好奇感和创新动能，让劳动成为创造性劳动，而非仅是体验性劳动、获得某项劳动技能的劳动，从而也就能够真正培养孩子对劳动的热爱。

第五，辩证地把握中小学与职业院校、普通高等学校的关系。中小学在劳动教育资源方面的有限性，决定了中小学在开展劳动教育方面应该保持开放性。通过建立与职业院校、普通高等学校甚至科研机构之间的开放共享机制，可以有效拓展学校的劳动实践场所，扩大兼职师资力量，提升学校劳动教育水平。从学生角度而言，不仅可以获得更加丰富的劳动教育资源和体验，而且可以提早感受职业院校、普通高等学校和科研机构的工匠精神、科研精神，进而助力培养学生的动手操作能力和科研兴趣，充分发挥劳动教育的育人价值。目前，一些地区经济发展水平高、办学条件好的学校在此方面已经有了初步的实践探索并取得了较好的育人效果，有必要总结其中的机制和经验，探索建立一套实用性强、适用性广、行之有效的资源开放共享机制、兼职教师聘任与管理机制等，使中小学劳动教育水平再上新台阶。

# 9 职业院校劳动教育特色实践

2022年，全国各地职业院校进一步贯彻落实《意见》《纲要》的要求，不断完善劳动教育实施方案，在课程建设、校内实践活动建设、校外实践活动建设，以及与职业发展相结合的实践活动建设等方面进行探索和创新，形成一定的职业院校劳动教育特色经验，有效促进了职业院校劳动教育的全面实施。

## 9.1 课程特色

《意见》和《纲要》发布三年多了，全国上下在习近平总书记关于劳动教育重要论述的指引下，相关工作开展得如火如荼。各地进一步颁发了劳动教育指导方案。比如，2021年12月，安徽省人民政府印发《实施德智体美劳"五大行动"全面提高育人质量工作方案》；2022年1月，浙江省教育厅印发《浙江省大中小学劳动教育实施指南》和中小学、职业院校、普通本科的行动方案，在这些方案中，对于职业院校的劳动教育，都提出了要结合专业特点、提高职业劳动技能、创劳结合的要求。

《意见》中要求"职业院校开设劳动专题教育必修课不少于16学时。大中小学每学年设立劳动周，可在学年内或寒暑假自主安排，以集体劳动为主。高等学校也可安排劳动月，集中落实各学年劳动周要求"。各职业院校纷纷响应,开展劳动教育课程,如长沙航空职业技术学院将其列为公共必修课,开课时间为一周,其中理论4课时、实践42课时;山东潍坊商业学校建设12门劳动数字课程。2022年,教育部颁发了义务教育课程标准,但是中高职院校在开设劳动教育课程的标准、学时、要求等方面尚没有统一标准。

### 9.1.1 中职课程特色

《意见》指出"职业院校以实习实训课为主要载体开展劳动教育,其中劳动精神、劳模精神、工匠精神专题教育不少于16学时"。《意见》和《纲要》颁布后,职业院校积极落实要求。据不完全统计,受疫情影响,90%以上的职业院校从2020年秋季学期开始实行劳动教育。《意见》和《纲要》都指出,职业院校要开设劳动专题教育必修课,并且不少于16学时。从覆盖年级来看,34.23%的院校将劳动必修课程覆盖到所有年级,每年开设;25.77%的院校从第一学年开设劳动必修课程;9.8%的院校从第二学年开设劳动必修课程;30.2%的院校不定期开设劳动必修课程。[①]

#### 9.1.1.1 以劳动教育观念为核心,整体设计劳动教育课程

部分学校结合职业学校的特点,整体制定劳动教育课程方案,覆盖日常生活劳动、生产性劳动教育、服务性劳动等方面,以"劳动教育观念"为核心统筹学生的生活、实践等资源,设计多元劳动教育课程。

北京市昌平职业学校构建了"工匠场域"的劳动教育模式,围绕"习惯场域、技能场域、品质场域、价值场域"四个场域开设劳动教育课程,设置劳动教育清单。学校构建了劳动教育专题必修课和特色

---

① 佛朝晖、张宇泉:《职业院校劳动教育实施成效、问题与建议——来自754所职业院校的调研报告》,《中国职业技术教育》2021年第6期。

选修课的课程体系，开发劳动教育教学平台，通过线下专题学习和线上兴趣选学等方式，引导学生习得劳动知识和技能，积累劳动经验和技巧，夯实劳动精神和品质。

四川省成都市财贸职业高级中学校从三个方面来落实劳动课程要求。首先，将劳动实践活动纳入学校教学计划。学校在制定和修订教学计划时明确规定，学生在校期间必须参加不低于一个月的校内实践活动及两个月以上的行业实习实践活动，通过清洁保洁、礼仪服务、自主管理、公益劳动、升降旗活动等方式，巩固和培养学生基本生活技能，进一步树立服务、服从意识。其次，注重专业实训，坚持课程渗透。学校高度重视学生专业实训，将其作为巩固理论知识、进行专业技能训练、培养学生生存技能的重要手段。学生要积极动脑动手，反复练习，熟能生巧、精益求精，掌握较为扎实的劳动技能，为实习实践、就业创业活动打下坚实基础。最后，学校开发校本教材，落实劳动实践。在现有教材基础上，学校加强教研，积极开发适用该校学生、适应成都产业行业需求、适合学生未来发展的校本实训教材，作为劳动教育的重要培训内容。

金桥中专将劳动教育课程纳入必修课，学校使用《劳动创造美好生活》教材，保证每周1课时，每学期共20课时。为劳动教育提供保障。学校优化师资团队，为劳动教育深入开展打好基础。选配优秀的专任教师进行课堂劳动教学，班主任辅助做好课程拓展。学校针对劳动教育课程开展了丰富多样的校园文化活动，树立学生劳动价值取向，夯实劳动认知基础。从自身的内务管理到校园公共卫生再到家庭中帮助父母做家务干农活。各班根据专业特点也开展了一系列的劳动教育主题活动。除了丰富多彩的活动，学校还加强诚实劳动教育，培养学生的诚信品质。所谓"诚实劳动"，在于敬业实干，热爱并踏实做好自己的工作，充分发扬工匠精神，从更深层次意义上提高学生的劳动素养。

## 9 职业院校劳动教育特色实践

集美工业学校在学校开设的 29 个专业实施方案的通识核心课程中设置劳动课程模块。设立专门的劳动课，综合实践教学环节设置 1 学分的劳动课程。每学期由教务处、学生处、总务处、团委等相关部门联合组织开展劳动实践周活动、公益志愿服务活动，首次赋予劳动教育独立学分。在专业实训中培养工匠精神，将专业实习、实训与劳动教育相结合。开展"非遗+"跨界发展。利用地方文化艺术资源，整合艺术设计课程，培养校园非遗传承人，提升劳动教育品质，探索一条以非遗传承为载体的劳动育人的新模式，推动中华优秀传统文化在职业院校扎根、发芽、结果。利用闽南文化产业系相关专业教学，把珠绣、剪纸、瓷艺、影调、香道等融入专业课程，强化学生的文化自信和传承优秀文化的自觉，培养学生劳动创新意识，并以此为基础开展社会服务工作。

江苏省金坛中等专业学校秉承学校、家庭、企业、社会四位一体、协同育人的理念，构建校内、校外循环的劳动教育课程体系，集生产劳动、日常生活劳动与服务性劳动于一体，形成了一个完整的、以模块为主的劳动教育课程体系。学校制定了完整的生产劳动课程实施方案，特别是在国家顶岗实习标准的基础上完善了顶岗实习的劳动要求；制定了社会实践、社团实践、生活（劳动）实践的课程实施方案；开设了"劳动教育基础""劳动健康安全"等必修课程；增加了与劳动教育相关的线上选修课程，并融入学校专题讲座、班级主题班会等活动中。通过一系列课程建设，学校形成了"必修+选修、线上+线下、理论+实践、校内+校外、整体+局部"的模块化劳动教育课程结构。

#### 9.1.1.2 依托实习实训等手段，设计融入式劳动教育课程

部分中职学校紧抓职业院校校企合作的资源优势，将劳动教育课程融入实训实习中，依托各类技能训练、技能比赛等手段，突出中职院校劳动教育课程的实践属性。

成都汽车职业技术学校充分发挥劳动综合育人功能，以实习实训课为主要载体开展劳动教育。通过家校共育劳动课程，结合实际情况，让学生在养成劳动习惯的同时塑造劳动观念。通过企业实习实训平台，依托产教融合、校企合作、现代学徒制、工学结合、顶岗实习、实训教学等，构建劳动教育平台。通过扩大社区志愿服务效应，每年定期与社区联合开展志愿者服务活动。通过假期校外劳动实践，鼓励学生利用寒暑假结合自身专业特点完成假期社会实践任务，让学生在生产、生活和社会服务劳动中接受教育，培养优秀的劳动品质。挖掘资源，通过跟单性生产、组装汽车、发动机盲拆、"工学结合、做学合一"等，突出学生在劳动中的主人翁地位，让学生在技能操作中感受"劳动光荣，技能伟大"。

成都市现代职业技术学校结合专业特点，挖掘不同专业中蕴含的工匠精神，定期邀请行业大师、技能能手等到校为学生开展劳动精神、工匠精神的专题讲座。在开展实习实训的同时，学校通过开展劳动技能锻炼周、社区劳动实践日、家庭劳动小帮手等活动丰富劳动教育形式，加强对学生的劳动教育，积极引导学生服务家庭、服务他人、服务社会。

无棣县职业中专结合学生情况及各专业特色，将劳动教育纳入必修课程，系统设置了劳动教育理论课、劳动值周、专业实训课、志愿者服务等劳动课程，将劳动教育合理融入文化必修和专业实训的教学中，使劳动教育始终贯穿学校教育教学过程中。

9.1.1.3 以技术技能学习为载体，设计多元劳动教育课程

部分职业院校充分发挥劳动教育的综合育人功能，一手抓学生兴趣，开设多类型的技术课程；一手抓生活技能，开设能够满足日常生活需要的技能课程，丰富学校劳动教育课程的类型。

山东省潍坊商业学校打造多元劳动课程，建构教育载体。一是实

施"百课百艺"工程,传承劳动技艺。已开发"风筝制作""高密剪纸""杨家埠木版年画""潍坊布玩具"等地方传统技艺课程36门。配套编写《劳动实践指导手册》,设计"父母好帮手""田间新农人""家务收纳""厨工厨艺"等模块化劳动微课程。二是建设生态课程,体验耕读文化。体验耕耘之乐、自然之美,建成"耕乐""耕美""耕学"等田园劳动基地,为学生打造种植技术课程实践平台。建成文创劳动实践基地,开展校园创意设计活动,打造校园创意设计课程。三是建设数字课程,讲好劳模故事。开发"金牌工人齐嵩宇""感动石化人物董树明""大国工匠毛正石"等系列微课共12个,通过讲好劳模故事,将劳动精神具象化。

### 9.1.2 高职课程特色

目前,各高职院校积极开设劳动教育必修课,基本遵照不少于16学时的要求。但劳动课也不只是必修这么简单,中共中央、国务院相关意见还提出把劳动素养评价结果作为评优评先的重要参考和毕业依据,作为高一级学校录取的重要参考或依据。据悉,北京市教委将结合《北京市关于全面加强新时代大中小学劳动教育的实施意见》实施两年多来的具体成效,研究制定"北京市全面加强新时代劳动教育的评价标准"(高校版和中小学版)[①],围绕劳动教育核心要求,科学设置指标体系及评估标准,确保可检查、可量化、可评估。

#### 9.1.2.1 单独设立必修课程

劳动教育是教育者利用劳动理论和劳动体验,通过多种方式使被教育者树立劳动观念、提高劳动能力、养成劳动习惯的教育活动。部分学校认为理论是实践的先导,因此合全校之力优化顶层设计,调整

---

① 《校园变身实践基地 北京高校多措提升劳动教育水平》,新华网,http://www.xinhuanet.com/edu/20230506/704734806c2444c99922a46d074e0ddc/c.html。

人才培养方案，真正把劳动教育课程设置成公共必修课。如浙江经贸职业技术学院于2021年开设了劳动理论必修课"劳动科学与实践（一）"（6课时）和劳动实践必修课"劳动科学与实践（二）"（10课时），计1学分。课程内容涵盖劳动哲学、非遗传统文化、创造性劳动、农耕劳动文化、劳动保护与职业健康等，同步配套在线开放课程。

9.1.2.2 与专业课或实习实训结合

部分高职院校鉴于劳动教育师资缺乏、人才培养方案课程学时太多、缺乏劳动课程标准等原因，选择以实习实训课为主要载体开展劳动教育，其中劳动精神、劳模精神、工匠精神专题教育不少于16学时。比如，深圳职业技术大学要求专业劳动课由各专业结合学科、专业特点，有机融入劳动教育内容；河北交通职业技术学院通过实行仿真训练、校中厂、厂中校、顶岗实习等人才培养模式，激发学生在打工、兼职过程中的育人要素，建设企业级职业训练环境，融入行业标准与企业文化元素，构建基于职业导向的职业技能训练体系，培养学生职业劳动素养。

9.1.2.3 与岗赛证创结合

产教融合、校企合作作为职业教育的重要特征，是有效提高职业教育人才培养质量的重要途径。产教融合育人的本质在于职业院校基于行业发展的新趋势、新理念、新业态和自身办学定位，精准分析岗位需求，明确人才培养定位与目标，有机协调和梳理岗位、课程、竞赛和证书之间的关系，如河北工业职业技术大学将职业技能竞赛和创新创业竞赛活动打造成学校劳动教育清单的重要载体和学生职业技能、创新能力的展示平台，定期组织劳动技能（成果）展示、职业技能大赛月、创客交流会、创业项目路演、创意营销等主题活动。深圳职业技术大学与华为合作共建"华为云学院鲲鹏中心"，通过共同开发课程标准、制定行业标准、开发职业资格证书等"九个共同"来拓展劳动教育校企联合的深度。

从相关高职院校开设劳动教育课程的情况来看,一是在认知和实践中存在轻视劳动教育课程的现象,简单地将劳动教育课等同于实习实训课,致使劳动教育课程在高职院校被边缘化,缺乏独立的课程地位。二是在实践中,其课程内容的设置大多枯燥无味,忽视了直接经验和间接经验的整合,缺乏趣味性和实用性。三是高职院校劳动教育课程的实施形式单一,在其他课程中的渗透不足,没有充分发挥多渠道的课程育人作用。目前,大部分高职院校能够依托专业教育,结合高职学生的实际需要开设具体的劳动教育内容,使高职学生在掌握基本的劳动知识和技能的同时,强化对其劳动素养的培养,进而实现高职学生的全面发展。下一步,各高职院校可以尝试从《高等职业学校专业教学标准》中的培养规格所涉及的素质、知识和能力三个维度开发与设计劳动教育课程的教学单元内容,结合具体专业,让学生走进真实的工作环境,亲自动手参与劳动实践,在岗位上培养学生的劳动技能和劳动素养,加强对学生职业能力的培养,以促进高职学生职业发展。

## 9.2 校内实践活动特色实践

### 9.2.1 中高职校内实践活动特色情况

《纲要》中指出,大中小学每学年设立劳动周,采用专题讲座、主题演讲、劳动技能竞赛、劳动成果展示、劳动项目实践等形式进行。职业院校和普通高等学校兼顾校内外,可在学年内或寒暑假安排,以集体劳动为主,由学校组织实施。高等学校也可安排劳动月,集中落实各学年劳动周要求。根据这个要求,不少学校作出了有益的探索与实践。

在中职学段，长沙市电子工业学校结合当代中职学生的特点，以实践育人为德育工作的创新点，积极实施"电亮青春"校园劳动教育。集美工业学校设置实践周制度，在校三年内每班至少开展一次为期一周的集中劳动教育，记 2 学分，由两位劳动教育教师专门管理。实践周的主要内容是由学生负责校园公共区域的环境卫生、值勤、督查等，教学目的是落实学校德育教育目标，提高学生综合素质。

在高职学段，浙江机电技师学院开展"劳动实践周"活动，通过编制学期劳动周实施安排计划，以劳动积分形式，对学生劳动周期间表现及劳动结果进行考核汇总，逐步实现学生从被管理、被服务、被学习向主动自我管理、自我服务、自我学习的主人翁角色转换，来体验劳动的重要性，懂得珍惜劳动锻炼机会。

贵州电子信息职业技术学院确定每年 3 月 5 日为"全校劳动日"；每年开学第一周结合学雷锋日开展全校师生劳动日，以党支部为单元，全院师生参与，开展劳动教育和劳动宣传，形成全校师生共同参与的良好氛围。兰州石化职业技术大学利用劳动周，积极组织开展"爱学校集体劳动活动"，培养学生的劳动态度和劳动精神。长沙民治职业技术学院实施劳动教育主题月活动。广泛发动全校师生，建设线上、线下宣传的双阵地，开展"校园技能达人"技能比武的擂台赛，决出校园十大最佳技能达人；开展"健康卫士"宿舍卫生挑战赛，通过开展覆盖个人卫生、宿舍和教室整洁，校园环境的月度、年度劳动卫生评比活动，鼓励广大学生做好个人卫生，共建美好校园，先后表彰优秀学生个人 1200 余人，优秀宿舍等先进集体 500 余个；开展"发现劳动之美"征文、视频、摄影征集展览活动，诠释劳动的美丽、劳动的价值、劳动者的自豪与光荣。

### 9.2.2 中职特色实践

劳动教育实践是开展劳动教育的核心载体，各中职学校积极围绕日常生活劳动、生产劳动、服务性劳动等方面开展多元丰富的劳动实践活动。在日常生活劳动方面，多数学校以校园生活劳动为主要内容，提升学生生活技能，实现学生生活自理的主要目标；在生产劳动方面，多数学校以实习实训为主要载体，开展丰富的生产项目，产出劳动价值和成果；在服务性劳动方面，多数学校发挥专业特色优势，扩充校园服务场域，将自身专业技能转化为服务校园群体的实践行动。

日常生活劳动方面，成都市青苏职业中专学校以劳动教育筑牢立德树人之基，将劳动教育与职业教育特点结合，大力弘扬劳动光荣、技能伟大、创造宝贵的思想。通过加强主题教育，弘扬劳动精神；划分卫生区域，强化劳动责任；加强课程优化，培养劳动能力；注重细节培养，培育劳动品德；加强家校合作，增强劳动意识，该校学生的劳动习惯在慢慢养成，学生的情操也在劳动中得到陶冶，学生的身体素质在劳动中得到提高，学生的技能水平也得到了提升。北京市昌平职业学校实行"校园执勤"的特色制度，将学校公共场所区域划分为近30个工作岗位，学生按照轮岗制开展轮岗执勤。例如，在"光盘执勤岗"中，学生轮流担任早午晚餐的执勤员，检查学生光盘情况并进行卫生清扫等，大幅提升学生的劳动自主意识。江西机电职业技术学院设立"青春因奉献而美丽"劳动体验岗，通过设立劳动体验岗，为学生搭建劳动实践平台，提供快递收发岗以及食堂、宿舍、保卫处、图书馆等管理岗，让学生穿上职业工装，选择自己感兴趣的职业劳动者为师，在其带领下共同劳动一天，使学生切实体会到不同职业的劳动特点，感受劳动快乐。长沙市电子工业学校结合当代中职学生的特点，以实践育人为德育工作的创新点，积极实施"电亮青春"校园劳动教育，实行一周一班、一班多岗、一岗一责，学生参与校园环境保护岗、垃圾分类岗、校园封闭式执勤岗、文明就餐宣传岗、出勤检查岗、专业特色服务岗等岗位，不断增强校园劳动教育的主人翁意识、志愿服务意识。

生产性劳动方面，重庆市立信职业教育中心开展农耕文化特色活动、劳动教育活动周等，组建13个劳育社团，践行"教学做"一体化教学模式，专业第一课从认知项目入手，引导学生在做中学、做中教中习得劳动知识与技能，提升生产技能水平，增强职业意识。北京市昌平职业学校开展"技能训练200小时"计划，各专业设计生产性劳动项目，支持鼓励学生利用业余时间在实训室、驻校企业开展生产性劳动技能训练，引导学生树立"技能报国"的职业意识。浙江龙泉市中等职业学校全面推行以"千锤百炼"为特色的劳动教育，学校设置"龙泉宝剑""龙泉青瓷"等非遗项目，发挥学校作为当地唯一的传承基地的作用，在校内设置工坊，为学生提供真刀真枪的劳动实践场地，引导学生在道道工序的实践练习中感受传统工艺生产加工的匠心匠艺，领悟工匠精神的真谛。四川省蒲江县职业中学将鲁班工匠精神融入劳动教育，以专业知识应用水平和劳动价值观双提升为育人目标，设置职业标准的专业实训实践，例如汽修专业7S管理、木艺等特色工艺品制作等，提升学生自主创新能力、实践能力、责任感和职业成就感，凸显新时代鲁班工匠精神。

服务性劳动方面，四川省商务学校携手土地村村民委员会共同开展"育树护苗，为成长充'植'"植树节主题志愿服务活动，以实际行动争做绿色环保卫士。北京市昌平职业学校成立"专业服务社团"，各专业发挥技术技能优势，协助校内师生开展"汽车检修""电脑检修""个人形象设计""种植养护技巧""垃圾分类"等服务性项目实践。学生利用业余时间，以社团服务的形式提供专业服务，为学生提供专业技能展示的平台，增强其服务意识，提升职业自豪感和荣誉感。威海市职业中等专业学校为提高学生主动劳动观念和服务他人意识，提升学生文明素质和校园文明程度，深入持久地组织开展志愿服务等社会公益劳动教育实践活动，努力形成人人参与志愿服务、人人争当文明使者的良好局面，并逐步建立起涉及全校所有不同受众人群的志愿服务队伍，如学生仪容仪表检查队、校园安全巡视队、食堂就餐秩序监督队、重大活动礼仪引导队等。

### 9.2.3 高职特色实践

日常生活劳动方面，深圳职业技术大学在日常生活劳动教育中，持续开展学校"劳动文化月""三道菜工程""大国工匠进校园"等活动。开展劳动教育"三道菜工程"，截至2023年6月，已举办近70期美食公开课。福建船政交通职业学院引进企业"6S"管理办法，创新采用学生宿舍"6S"管理模式，即每间宿舍均明确安全管理员（Security Manager）、卫生管理员（Sanitary Supervisor）、纪律宣传员（Supervisor of Discipline）、考勤管理员（System of Attendance Administrator）、学风管理员（Style of Study Promoter）、联动管理员（Student in Charge of Contact），专人有专责、过程有监督、反馈有结果，实现"自我管理、自我服务、自我教育、自我监督"，从"他律"转变为"自律"，培养学生的高度责任感、担当感、使命感，从而形成劳动自觉。湖南铁道职业技术学院将校内占地几十亩的南峰山及新校区进行了区域划分，实施劳动"责任田"，定期开展清扫与种植等活动。金华职业技术学院在红砖家园实行寝室卫生责任包干制，由网格分区包干，每周开展清洁活动。组织发动学生在学校寝室、教室、食堂、实训处等地方清理旧海报、小广告，清扫卫生死角，通过劳动让校园更加美丽。围绕"三亮三比"的标准每年开展文明宿舍创建，选树标杆宿舍，制定学生宿舍卫生标准和评比办法，实施常态化督导检查和考核评比，要求学生宿舍必须制定"宿舍卫生值日表"并严格执行，从日程着力、从细节着力，培养学生生活劳动习惯。

生产劳动方面，深圳职业技术大学在专业劳育方面，发挥校地优势、学院特色、专业特色，遴选建设"一站式"社区劳动教育实践中心10个，探索构建具有专业特色的劳动教育微证书。鼓励和支持学生积极参加"挑战杯"等各类大赛，培育创造性劳动能力，感受创造性劳动带来的收获和乐趣。在第十三届"挑战杯"广东大学生创业计划竞赛中，学校学子斩获国赛金奖，成为建校以来"挑战杯"首金。贵州电子信息职业技术学院开展"三个一"活动，即"访一名劳动能手""学一种劳动技术""写一篇劳动收获思想汇报"，让学生在活动中掌握技能，养成热爱劳动的品质。扬州工业职业技术学院化学工程学院利用校企合作，在学生顶岗实习期间安排"劳动周"活动；建工学院建筑实体模型与仿真软件虚实结合中心给学生营造真实的职场环境，为进入施工现场教学区的学生准备了安全防护用品，不断强化学生的劳动安全、质量、责任意识，着力打造真实的职场环境。学生通过扫描知识版图中的二维码进入实体模型仿真软件，线上线下虚实相结合，拓展劳动教育的形式，使得学生在课后也能参与劳动教育；艺术设计学院采用校园真实绿化场景进行园林树木涂白实践教学，整合专任教师、校园绿化科导师协同教学。亲身实践找问题，教师引导循环反思，发现问题解决问题，突破涂白教学重难点。在劳心劳力中知行合一，吃透原理，专业技能稳步提升。拓展校外劳动实践基地，与中石油、中石化、京东、华为等企业达成合作关系。鄂尔多斯应用技术学院统筹生产实习、实训等实践环节，由企业人员指导学生进行劳动项目实践，探索"智慧劳动""创造性劳动""人机协同劳动"等实践，促进知识学习和劳动实践深度融合。长沙民政职业技术学院各二级学院充分利用现有综合实践基地进一步完善建设标准，建好配齐劳动实践教室、实训基地。充分发挥自身专业优势和服务社会功能,建立了相对稳定的实习和劳动实践场所,并定期开展"劳动教育优秀基地"评选活动。充分发挥学校各级各类实践教育基地的劳动育人功能,按照在校期间参与1次以上生产劳动实践的原则,结合专业见习、实习等教学活动,有序组织学生深入田间地头、工厂车间、街道公园,开展农业生产、工业生产和市政服务实践,通过场景真实、内容丰富的生产劳动现场体验,持续提升学生生产劳动能力,强化社会责任意识。金华职业技术学院建筑工程学院成立的1家专业性公司、5个工作室,按专业性公司(工作室)教师数的3倍选拔学生进入工作室,教师组团、学生梯队参与工程项目实践。依托专业性公司(工作室),推动课堂专业教学与实践活动贯通融合,深化"专业劳动教育"实践,提升学生的劳动素养与实践能力。近年来,学生在工作室中先后参与完成金华市双龙南街外立面测绘、金华市开发区招投标工作调研、金华市竹马乡火车头造型设计与施工、学校红砖家园建设等共计100余项技术服务项目。

服务性劳动方面,贵州电子信息职业技术学院开展了"学雷锋精神、树劳动新风"校园劳动教育实践活动,举行了"致敬最美劳动者"劳动教育表彰大会、劳动教育宣传月活动、"宿舍文化活动月"、"铲雪除冰净校园,齐心协力保安全"、"我劳动我快乐"学生劳动体验活动等丰富多彩的劳动教育活动,不仅振奋了精神,还极大地鼓舞了学生们对劳动教育的信心,促使劳动教育在更加轻松愉快的氛围中开展,进一步推动学院劳动教育创新发展。深圳职业技术大学依托志愿服务,开展系列服务性劳动,校团委数据显示,截至2023年3月29日,全校注册志愿者人数为26700人,累计开展志愿服务活动109283次,服务总时数达375580.71小时。

从各职业院校开展的校内实践活动来看,一是打造宿舍文化节、体育文化节等趣味性的劳动文化节日,或者是开办劳动周、劳动月,集中开展劳动文化活动和劳动教育活动。二是通过举办职业技能大赛、创新创业大赛等活动进行竞评，给学生们一个展示自我的平台，让学生参与校园实体运营，进行产品研发，实现创新成果转化等，使学生在创造和实践中展现劳动能力和劳动精神，为学生未来职业发展积累经验。三是举办各种劳动主题活动，如邀请企业、行业优秀人士以及劳模、优秀校友来校做劳动事迹报告或分享劳动故事，这正是苏霍姆林斯基所强调的要为学生树立"颇有吸引力的劳动榜样"，或利用植树节、劳动节等重要劳动节日开展主题活动。还有一些职业院校发挥各个班级、小型社团的作用，开展以兴趣为导向、灵活多样、全员参与、贯穿日常生活方方面面的劳动文化活动，充分发挥学生能动性和自主性。需要注意的是，受活动组织者、参与者对劳动文化活动本身的价值、意义等认识水平的影响，容易出现敷衍了事的现象，使劳动文化活动流于形式，因而高职院校要加大对活动指导教师和参与学生的引导和教育，持续深化学生的劳动情感，发挥劳动文化活动的育人价值。

## 9.3 校外实践活动特色实践

### 9.3.1 中高职校外实践活动特色情况

《纲要》指出，在课外校外活动中安排劳动实践，将劳动教育与学生的个人生活、校园生活和社会生活有机结合起来，丰富劳动体验，提高劳动能力，深化对劳动价值的理解。例如，鄂尔多斯应用技术学院与周边的农业院校进行合作，设立劳动周或劳动月，开拓农业生产实践基地，引导大学生参与农业生产劳动；在劳动教育理论课程的教学中保障一定的课时用于农业劳动起源与发展的相关教学；重点安排在农业劳动生产实践环节，如建设与农场共建的大型农业劳动实践基地或是"一系一班一分地"小规模农业劳动实践。长沙民政职业技术学院创新假期社会实践形式,在活动内容中增加了一项"家庭劳动实践"。辅导员通过"云家访",推进寒暑假期"家庭社会实践",密切家校联系,鼓励学生开展日常生活劳动。学生在家中进行力所能及的家务劳动,并将学生假期在家期间的劳动作为社会实践的重要内容和必修课,让父母配合和支持学校的教育,感受学生的成长,实现家校共同育人。浙江经贸职业技术学院组织开展劳动教育相关主题的大学生暑期社会实践活动3项,其中"浙江经贸职业技术学院赴杭州嘉兴衢州'蓝精灵'劳动能量营暑期社会实践小分队"在暑期深入红色基地、合作社、社区、企业等进行社会实践,获得校级优秀团队。同时,开展暑期社会服务项目9项,服务数字化劳动实践(杭州摩尔庄园农业开发有限公司)、服务中小企业发展(杭州向鲸科技有限公司)、服务有机茶园数字化溯源(杭州铃彤农业开发有限公司)等。金华职业技术学院组织学生利用寒暑假开展系列社会实践活动,提倡"做中学"和"学中做",手脑并用、知行合一。学生通过庆祝新中国成立70周年和建党百年活动开展寻访红色记忆、垃圾分类、农村老宅保护、下乡体验农活等暑期社会实践,通过"看、听、行"等方式,开展劳动体验,做木工、采茶叶、割水稻、打谷子、捆稻草、锄草、翻地、浇灌。

## 9.3.2 中职特色实践

中职学校有着丰厚的校外教育资源,借助企业行业、乡村、社区等各类资源开展校外劳动实践,不仅能够形成劳动教育合力,同时也彰显了产教融合、服务融合的职教特色。日常生活方面,中职学校充分发挥家校合力育人的作用,将家务劳动作为学生应尽责任,增加学生主动劳动意识;在生产劳动方面,中职学校多以合作企业的真实生产项目为载体，引导学生在认岗、顶岗实习中完成劳动任务，掌握劳动技能，树立职业道德，增强职业精神；在服务性劳动方面，中职学校扎根所在区域，通过成立服务队等多种形式，将所学专业知识和技能转化为服务区域经济社会发展的切实行动。

日常生活劳动方面，北京市昌平职业学校通过发布家务劳动清单，分年级设置劳动基础项目和特色项目。劳动基础项目是以家庭常见的常务劳动为主，例如家庭清扫等内容，鼓励学生每周完成不少于2小时的家务劳动；劳动特色项目是由各专业结合学生专业技能水平设置的个性化劳动任务，例如园林专业学生可结合在植物种植养护方面的专业优势完成"家庭植物栽种"的特色项目，将专业知识技能与日常生活实际融合，引导学生学以致用。滦南县职业教育中心始终把"先成人后成才"理念贯穿劳动教育，设置日常买菜做饭、洗衣刷碗、打扫家庭卫生、为长辈洗脚等家务劳动，锻炼学生独立生活的能力，同时把感恩教育和劳动教育搭建成家校共育的连心桥。

生产性劳动方面，永昌县职业中等专业学校充分依托实习实践等校外生产性实践，高度重视学生岗位实习工作，先后与各类企业建立校企合作关系，组织学生在企业参加岗位实习。通过企业实践岗位历练，加强中职生就业与创业指导，逐步提高学生的岗位适应能力和专业实操能力，使学生具备了良好的职业道德、较强的职业技能和精益求精的职业精神，逐步养成吃苦耐劳、爱岗敬业的职业精神。重庆市立信职业教育中心坚持校内校外互为依托，与企业、街道等共同打造12个特色实践基地，开发29个体验、16个农耕、6个创客实践项目，通过开展"双创"教育等方式引导学生体验劳动幸福、提升劳动素养。北京市昌平职业学校联合头部企业、社区、镇街等设置校外劳动教育实践基地、大师工作室、技艺研发中心等，设计实习上岗等真实的生产任务，例如烘焙专业的草莓烘焙产品研发与设计、新媒体专业的美丽村景拍摄等，将所学专业知识技能转化为生产实践，检验学生专业技能水平，提升职业认同感和幸福感。河北省唐山市滦南县职业教育中心组织学生开展春耕秋收农业生产实践活动，一方面能将所学知识转化为现实的能力和技术来解决农业生产中的实际问题，另一方面能够在真实的农田环境中获得反馈，提升学生学习现代农业技术的兴趣。在学生参与农业生产的过程中，培养学生勤劳务实、脚踏实地和吃苦耐劳的品质。

服务性劳动方面，集美工业学校结合学校闽南传统文化基地的特色与学校的"海丝班"办学特色，组织成立了"非遗文化"和"海丝"两支文化志愿服务队，不断为传统文化的传播、传统工艺传承、推进"一带一路"文化交流贡献力量。学校积极联系当地社区，参与社区各项活动，如"人文集美·悦读季"系列活动、"学雷锋纪念日"活动、"垃圾不落地，琴岛更美丽"活动、雨花斋志愿者活动，倡导文明礼仪，推广传统文化。同时，分别与厦门集美本地的宁宝居委会、宁宝关工委共建，成立外来务工人员子女校外辅导站，每月组织学生志愿者前往宁宝图书馆对外来员工子女、特困生进行心理辅导，并参加"同生辰，共贺岁"宁宝社区长者生日会的"邻里守望"活动等。江苏省金坛中等专业学校把服务性劳动课程进行项目化处理，构建了"1+1+1"学生社团建设新模式，即用好1个平台，学校成立了金坛区AAA级非营利社会公益组织"沧海志愿者服务中心"，无缝衔接"校内""校外"；设计好1个项目，按照人人参与一个社团、人人参与一项社会服务的原则，针对学生个体需求量身定制项目；打造好1支队伍，给每个项目配备校内、校外双导师团队。沧海志愿者服务中心的志愿者们深入街道、社区、乡镇、垃圾中转站、邻里中心及工厂等地，开展敬老爱幼、扶弱助残、公共场所文明引导、环境保护宣传、社区环境建设及家电维修等社会服务工作，受到上级部门的高度评价。学校连续多年获"江苏省大中专学生志愿者暑期文化科技卫生'三下乡'社会实践活动优秀团队"称号，且获得"第二批全国城乡社区教育特色学校""全国生态文明教育特色学校"等荣誉称号。北京市昌平职业学校成立"专长服务社会队"，发挥各个专业服务社会的功能，为昌平区社区、企业、村镇开展劳动服务。其中学校依托京东校企合作优势，成立了电商助农服务队，服务队本着"播撒爱心助农情 筑就电商职业梦"的服务理念，以"我的家乡我代言"为主题，面向昌平区56家合作社，开展昌平区农产品电商销售推广志愿服务、电商技能培训，帮助1200余名农民打开农产品销路，带动农户增收，提升农民农产品销售技能。服务队帮助农户搭建网店，并将农产品上架。同时策划各类营销活动，完成产品推广、直播带货、新媒体运营等一系列服务。通过学生专业成果输出，增强学生专业技能成就感，在区域经济真实项目中培育学生社会责任意识，为乡村振兴贡献青春力量。青岛华夏职业学校牵头成立"青岛职教义工市北联盟"，与市北社区教育学院签订服务协议，结合专业特点，自主开发义工项目，形成《"寸草心"华夏职教义工服务手册》，开展"菜单式"服务，每个学生每学期完成不少于8课时的服务，培养奉献精神。威海市职业中等专业学校多次组织职业教育周、义务劳动、清洁海边环境卫生、大赛志愿服务、红色物业志愿服务等多项社会志愿服务活动，将学校教育文化和社区的文明建设相融合，秉承"植根威海、服务发展"的办学定位，为威海创建全国文明城市贡献力量。学生志愿者在参加社会公益劳动中，深入基层中"受教育、长才干、做贡献"，在了解国情、接触社会中增强社会责任感，增强对党的认同感。志愿服务活动与劳动教育的结合，在实践上取得了整合性、开放性的劳动育人成效。永昌县职业中等专业学校以各个节日为时间节点，开展社会志愿服务、学雷锋实践活动、敬老院献爱心等校外活动，同时常规性教育学生要孝敬父母、体谅家长，引导学生通过为他人、为家人服务提升服务意识和服务能力，逐步树立奉献意识。

### 9.3.3 高职特色实践

日常生活劳动方面，常州工业职业技术学院疫情期间"停课不停学"，积极开展居家劳动技能大比拼活动，通过家务劳动、厨艺展示、田间劳作，体验劳动的辛苦，感受劳动的收获，居家劳动成为学子们孝老爱亲的生动表达。浙江经贸职业技术学院构建学校、家庭、社会开放协同机制，向学生推出"日常生活劳动清单"，组织学生利用寒暑假等假期在家时间，在家长监督或指导下习得若干生活技能并做记录展示，例如开展"我为父母做顿饭""日行一善"等打卡活动，累计做善事 3 万余件，时数超过 8 万小时。

生产劳动方面，深圳职业技术大学鼓励学生发挥专业优势，如传播专业学生为校外基地现代农作物进行产品包装设计、品牌打造升级、产品管理推广；商外专业学生在海裕社区基地开设"四点半课堂"活动，《宝安日报》对这一活动进行了刊文报道。重庆工业职业技术学院深化产教融合、校企合作，分别在 10 个企业建立"重工+企业冠名"的劳动实践中心，形成与企业合作开展劳动教育的协同育人机制。发挥职业院校作用，服务相关中小劳动教育，开发相关职业体验、职业启蒙教育活动，构建中小学一体化协同育人机制。浙江经贸职业技术学院积极建设校外劳动实践基地，与北京三快在线科技有限公司（美团）、杭州摩尔庄园、杭州拱墅文晖街道、临平区崇贤村、向鲸科技等建立合作，共同开发指导大学生劳动教育方案的设计、内容的安排和实践条件的配备等，建立紧密型"多合一"的劳动教育基地，集师资培养基地、科研合作基地、学生劳动实习基地等功能于一体。

服务性劳动方面，深圳职业技术大学电信专业学生 2022 年共开展 5 次校外小家电维修志愿服务活动、管理专业学生参加"大鹏新区文明旅游宣传"志愿服务活动，学生志愿者现场为广大游客提供旅游指引、文明劝导、发放文明旅游宣传资料等服务性劳动。贵州电子信息职业技术学院参与社区管理，协助普法宣传，进行清洁楼道、拾捡垃圾等活动，清理绿化带内随意丢弃的垃圾；清理社区内墙面上张贴的广告；服务孤老，为社区孤寡老人做家务；开展绿色环保活动，在社区开展节约用水、保护水资源的宣传活动等活动。湖南铁道职业技术学院的社会服务与国际服务能力不断增强。一是学校积极引导学生参与"三下乡"、社区服务等志愿服务活动共计 400 余次，建设了 16 个"军民共建""学民共建""校地共建"基地，实现了学校志愿者注册率 100%、活动参与率 100%。二是近 10 年学校派出近 1 万名在校学生参加铁路春运暑运社会实践活动，2019 年学校学生伴随中国铁建等"走出去"企业到沙特麦加等地进行海外实习。三是学校劳动教育基地还为国内外各类学校提供实践、生产技能实践及中小学生职业启蒙教育。近几年，学校承接了中南大学尼日利亚中土本科班、新加坡 ITE 学院、泰国兰实大学专业实训项目。学校对社区周边九方小学、长郡云龙实验学校等 3 所学校开展职业启蒙教育，参与人数超过 3000 人次。长沙民政职业技术学院大力实施公益劳动奉献项目。引导学生通过参与志愿服务、公益活动劳动，提升公益劳动的主动性，强化服务奉献意识。依托民政类特色专业，殡仪专业师生组建生命救援队，积极参与"东方之星"沉船事故、温州动车事故、天津爆炸案等重大灾难事故的救援工作，让学生在参与大灾大难救援时践行民政理念。师生共同组建志愿服务团队，打造"文庙坪助残服务""校地共建一公里"等多个志愿服务精品项目，构建志愿服务长效机制。创新社会实践开展方式。积极开展"乡村振兴"研修实践，将民政文化融入学生劳动实践活动，累计向湖南怀化溆浦坪溪村、怀化沅陵县、湘西古丈和十八洞村等地派出700余人次参加当地乡村振兴项目。组织各二级学院发挥专业优势开展协同帮扶，艺术专业学生对十八洞村的民族文化产品提供艺术设计和支持，电商专业学生为其电商产业提供技术支持和产品包装推广。金华职业技术学院抓好志愿服务队伍，深入冠山顶社区、金华市中心医院、金华市雷锋馆等多家单位开展志愿服务活动，通过开展劳动支教、劳动快闪、知识宣讲等志愿活动，传播劳模精神、劳动精神和工匠精神，倡导青年学生关注劳动群体，不断促进劳动教育落地生根。广东工贸职业技术学院结合专业实习教学实际，每学年安排一定学时的校外服务性劳动实践。积极搭建志愿服务平台，组织学生深入城乡社区、福利院、乡村学校、公共场所等参加志愿服务，开展公益劳动，参与社区治理，引导学生扎根基层建功立业，培养学生具有到艰苦地区和行业工作的奋斗精神。用智力帮助企事业单位、机关团体、社区等完成产生价值的活动或项目，如分析、统计、调研、设计、决策、组织、运筹。重庆工业职业技术学院开展家校协同劳动教育。建立家校沟通机制，充分发挥家庭在劳动教育中的基础作用；引导发挥社会在劳动教育中的支持作用，工会、共青团、妇联等群团组织等要组织动员相关力量、搭建活动平台，共同支持学生深入城乡社区、福利院和公共场所等参加志愿服务。

从这些校内外特色实践活动中能够看出，有些职业院校通过结合不同学科专业的特点以及对人才培养的要求，将劳动教育有机融入学科专业课教学中去，不断尝试"劳动+经济""劳动+法律""专业+实践"等模式。积极推进产教融合、校企合作，强化专业劳动知识和专业实践技能教学，不仅对构建具有各个专业特色的劳动教育价值体系有重大意义，同时也能为培养高职学生的职业素养奠定发展基础。与此同时，不少职业院校也努力在各种劳动实践活动中有机渗透劳动教育。围绕学生日常生活、学习等活动开展日常生活劳动教育，创设校园劳动氛围，增养自立自强意识；通过深入社区、街道、农村等地积极推进服务性劳动教育常态化、多样化、专业化，增强学生服务意识，强化社会责任感；以校企合作为契机，以实习实训为基础，进行生产劳动教育，使学生主动践行劳动精神、劳模精神和工匠精神，提高劳动实践能力。在开展这些校内外特色实践活动的同时，如何能够体现出劳动教育的育人成效，有以下几点值得我们关注与思考：一是面向这些实践活动的指导教师如何开展有效的培训；二是特色实践活动如何与职业教育的类型特点紧密结合，不能与其他学段混同化；三是如何结合特色实践活动做好职业院校中劳动教育的增值评价。

## 9.4 与职业发展相结合的特色实践

中高职的劳动教育与中小学、普通本科各有侧重。根据学段特点，中职重点是增强学生职业荣誉感，提高职业技能水平，培育学生精益求精的工匠精神和爱岗敬业的劳动态度；高职重点是结合专业积极开展劳动实践，注意新知识、新技术、新工艺、新方法的应用，创造性地解决实际问题。劳动教育不能仅停留在课堂，还要在真实生活情境中开展劳动实践，劳动实践离不开相应场所、设施设备、师资保障等条件的支撑，这些都是高质量劳动教育的必要条件。此外，在劳动实践基地建设上，首要的不是新建，而是通过完善有关机制，推进校企合作，促使农场、工厂、职业院校的实训基地向中小学开放，并制定相关政策，形成制度保障。

### 9.4.1 中职特色实践

2019年国务院印发的《国家职业教育改革实施方案》提出，"鼓励中等职业学校联合中小学开展劳动和职业启蒙教育",中职学校积极回应方案中的要求,结合新时代大中小学劳动教育的要求,进行广泛探索,呈现了不同格局的职普劳动教育融合方式。

#### 9.4.1.1 职普劳动教育共同体建设

北京市昌平职业学校依托区域教育行政主管部门成立的中小学劳动教育课程服务中心,发挥职业教育在专业设置、师资力量、设施设备等方面的优势,通过共建机制、共筹资源、共建方案、共建标准等方式,助力中小学劳动教育,打造职普互联互通的良好生态。围绕"食、礼、传、耕、创、数"等六方面,创建"劳动六艺"课程群,现已建成500余项课程项目,形成12册课程手册。面向区域内外124所中小学开展了近16万人次的劳动教育,实现区域公办学校覆盖率100%,培养100余名劳动教育师资,助力区域开好劳动课。职普联合申报的成果获得北京市职业教育教学成果奖二等奖。

#### 9.4.1.2 职普共建劳动教育课程

长沙市电子工业学校组建中职与义务教育教师联合团队、中职学校与企业联合团队、中职与校外专家联合团队,已完成"职业认知""汽车维修""智能制造""汽车制造"等9门课程的开发,并结合信息技术制作完整的课程视频,升级完善超过20门职业启蒙教育和体验课程(职业体验项目)、2门职业启蒙教育活页式课程。在教育部门的鼓励和支持下,全区所有初中学校每年均组织学生来校进行职业体验和职业参访活动,学校先后与区域内两所中小学校建立职业启蒙教育联盟,将职业启蒙教育纳入中小学校的课后服务课程,开展职业教育启蒙活动,开辟职普融通协调育人新路径。北京国际职业教育学校在首都城市功能定位、北京市中等职业教育改革的大背景下,拓展职业学校的社会职能,大力开发基于专业特色的职业体验课程,为广大的中小学生、市民、社会各界提供职业体验服务。目前,学校累计开发了132门职业体验课程，其中，基于专业特色或某干职业岗位的课程60门（涉及8大专业类别），文化素养类的课程72门。东城区中小学生和市民在各项课程中受益。有近200人次的教师在区级及区级以上的各种活动中进行职业体验课程展示并获得多项表彰。

9.4.1.3 职业学校面向中小学开放共享资源

上海商业会计学校开展"体验职业、发现自己、启迪未来"的上海市学生职业体验日活动。学校充分发挥财经商贸类和信息科技类的专业优势，开设了五个体验项目：指尖上的非遗——珠算、新兴科技——无人机飞行、火眼金睛——识别假币、财务规划——财富大赢家主题桌游、案件审理——模拟法庭初体验。让体验者们走进"清荷"校园，体验一个项目、了解一门职业、感受一种文化，力求通过丰富多彩的职业体验项目，引导体验者更好地了解自己的兴趣和能力，从而对未来自己的职业发展作出规划。上海市医药学校依托医药相关专业优势，开设了书香门第、移液枪作"画"、口服液诞生记、救护小天使、快乐街舞啦啦操、DIY天然薄荷膏、小小药剂师等体验项目。2023年学校在上海市职业体验日面向全市中小学开展职业体验，中医文化通过职业体验日活动在学生们中间得到了潜移默化的传承。

### 9.4.2 高职特色实践

劳动教育与职业发展、专业教育相结合，是高职阶段劳动教育的特色和侧重点。通过学习和借鉴国内外优秀案例，高职劳动教育的实践呈现出多样化的发展趋势，形成了具有中国特色、各地区特点的众多模式。

9.4.2.1 职普融通、创新创业劳动模式

鄂尔多斯应用技术学院统筹生产实习、实训等实践环节，由企业人员指导学生进行劳动项目实践，探索"智慧劳动""创造性劳动"

"人机协同劳动"等实践，促进知识学习和劳动实践深度融合。江西机电职业技术学院设立"青春因奉献而美丽"劳动体验岗，通过设立劳动体验岗，为学生搭建劳动实践平台，提供快递收发岗、食堂、宿舍、保卫处、图书馆等管理岗，让学生穿上职业工装、选择自己感兴趣的职业劳动者为师，在其带领下共同劳动一天，使学生切实体会到不同职业的劳动特点，感受劳动快乐。福建船政交通职业学院探索"基础实践+学科实践+综合实践"多元融合的实践教学模式，开展内务整理训练营、美食制作训练营、维修技术训练营等，打造"船小安""E芯人""械小帮""河小禹"等实践品牌。长沙民政职业技术学院充分运用湖南省社工机构孵化基地、百工之事工艺美术博物馆、醴陵釉下五彩瓷全国职业院校非遗教育传承示范基地等校内实训基地，以专业基础社会实践、专业深度社会实践、专业见习、顶岗实习等实习实训课为主要载体开展劳动教育。

9.4.2.2 大中小学一体化模式

《意见》规定，要立足新时代，整体推进大中小学一体贯穿、循序渐进的教育体系。大中小学教育各学段契合青少年身心发展的各个阶段，劳动意识的形成受到各学段学校教育的叠加影响。因此，大中小学不同学期的劳动教育应该是一个整体，各学段要充分沟通、加强协作、层层递进。如扬州工业职业技术学院挖掘二级学院实训资源，开发适合中小学的职业启蒙课程（机器人、VR体验、3D打印、航模）和职业劳动体验基地，为留守儿童开辟职业小课堂。浙江经贸职业技术学院根据中小学生义务教育劳动课程标准，结合职业启蒙教育规划课程体系，打造"三维五类一贯穿"（三维：日常劳动、生产劳动、服务性劳动；五类：农耕类、非遗类、职业体验类、绿色生态类、其他类；一贯穿：用数字化劳动贯穿始终）的大中小学一体化劳动教育模式。

9.4.2.3 境内外合作模式

境内外有很多高校劳动教育开始早、发展快,如德国从20世纪60年代起就将"劳动学"作为中小学独立课程,有很多大学设有劳动教育专业。日本劳动教育发端于明治时期,自1978年在修改学习指导纲要时提出"劳动体验学习"的概念。贵州电子信息职业技术学院先后赴瑞士、中国台湾等深入考察学习交流,和台湾科技大学建立了劳动教育合作关系。浙江经贸职业技术学院设立中菲经贸丝路学院、泰中罗勇丝路学院等4个"丝路学院",全部入选浙江省"一带一路"丝路学院,已开设非遗劳动教育课程10期,上线一门劳动双语课程。

## 9.5 总结与展望

职业教育本身就富含劳动教育的元素。现代职业教育高质量发展中,劳动教育具有不可替代的特殊价值。过去一年,不少职业院校创新性开展劳动教育,以劳动教育为原有的教育环节赋能升级,出现了大量优秀做法和典型实践,值得同行学校借鉴学习。未来,政府、主管部门、职业院校、企业以及社会机构需继续各司其职,协同探索劳动教育促进职业教育高质量发展的可行路径。

第一,为职业教育发展营造良好的环境,提高技术技能人才的待遇和社会地位,弘扬劳动光荣、技能宝贵、创造伟大的时代风尚。

第二,教育主管部门继续完善劳动教育系统设计,推动构建职业教育融合贯通的长效机制,以尊重职业教育的办学规律和人才培养规律为前提,统筹规划各级各类职业院校劳动教育的实施。

第三,职业院校进一步创新劳动教育实践形式,提升高素质人才供给能力,让学生积极参与到新产业、新业态、新模式下多种多样的劳动实践中，全面提升劳动者素质。

第四，弘扬劳模精神、劳动精神、工匠精神，全面完善产教融合育人机制。职业学校统筹产教融合平台建设，巩固深化与各类企业的长期深度合作，让学生在与劳动模范、大国工匠和众多普通职工进行交流学习中，构建互惠互利、协同育人的劳动教育实践平台。

第五，工会组织将充分发挥资源优势，积极参与到职业院校的劳动教育过程中，推进职业教育与劳动教育的深度融合。

# 10 普通高等学校劳动教育特色实践

普通高等学校劳动教育实践在近一年来的发展中展现了一系列特色和优势，高校劳动教育实践机会不断增多，产学融合不断深化，社会影响力不断增强，学生参与度和积极性不断提高。高校劳动教育的举措和成绩得到了社会各界的认可和肯定，提升了高校劳动教育的社会声誉和影响力，学生也在劳动教育实践中得到了更多的机会展示自己的才华和能力，增强了自身的自信心和自主学习能力。

## 10.1 劳动教育实践与学校办学特色相结合

不同类型的大学在劳动教育实践开展过程中，会根据其办学定位和专业特色，展现出不同的特色和重点，使劳动教育实践与人才培养目标同向同行，形成正向育人合力，彰显了鲜明的学校特色。

### 10.1.1 农林类高校

比较具有代表性的是，农林类高校会开设一系列与农业、林业专业相关的劳动教育课程，这些课程旨在让学生通过实际操作和实践，深入了解农业和林业领域的工作流程、技术和知识。中国农业大学开设了"中华农耕文明""农业文化""农学概论""中国三农问题"等耕读教育课程以及"大国三农"系列课程，打造"大国三农"在线课程，传播"三农"领域伟大成就，上线一年浏览量突破400万。四川农业大学农学院农学专业将"作物生产实践"课程考核答辩作为劳动教育课程的结课要求，这些课程中包括农作物种植、农田管理、农业机械操作、林木培育、林业采伐等内容，学生将有机会亲身参与农业和林业实践，学习种植、管理和保护相关资源的技能，通过这些劳动实践，学生能够更好地理解农业和林业工作的实际情况，培养实践能力和解决问题的能力。华中农业大学组织"耕读同行"产业实践，开展"乡村振兴荆楚行"，实施"楚才服务农业产业行动"等五大行动，开展"与岗位科学家同行"活动，师生同吃同住同劳动，深入农业农村生产一线开展科技咨询、产业服务和生产指导等，在耕读实践中体验科研价值、践行科技兴农。东北林业大学将每年国际劳动节之后的一周时间设为"东林劳动周"，以学校为主导，以家庭为基础，以社会为依托，结合森林资源开展劳动教育专题活动。西北农林科技大学在劳动教育中强化协同育人，借助社会各方面力量，拓宽劳动教育途径，形成"观念+知识+技能+品质"的劳动教育综合育人体系。

### 10.1.2 医学类高校

一些医学类高校开展了与急救、药材种植等相关的劳动教育实践，急救课程和药材种植课程成为劳动教育的重要内容，可谓独具特色。北京中医药大学围绕学科特色的专业实践平台，拓展校院两级专业劳动教育实践基地。在实验、实习、跟诊、社会医疗服务等专业实践中，引导学生通过亲身体验、专业实践淬炼，培养必备的劳动能力。充分挖掘"一站式"学生社区建设中校园学训结合的"养生苑"、践训结合的"佑康院"、育训结合的"百草园"等专业实践平台的作用，进一步培养学生吃苦耐劳、坚忍不拔的奋斗精神，达到学以致用的目的。天津医科大学依托红十字志愿服务基地开展学生急救培训，央视新闻、新华社、人民网等多家媒体对其进行了专题报道。广州中医药大学开设了"药用植物种植实践"课程，通过创新劳动教育形式，把专业实践与劳动教育实践紧密结合起来，在现场教学的同时开展劳动实践，由中药资源学部专任教师授课，并纳入人才培养方案和学分管理，高年级同学还组建成立了"本草植悟"解说队，为参观者讲解药用植物和中医药文化，进一步丰富了劳动教育实践形式。

### 10.1.3 理工类高校

理工类高校在劳动教育实践方面呈现出多样的形式，但大都强调培养学生的动手能力、促进实习实践、开展创新应用等方面。理工类高校强调劳动教育实践与学科竞赛相结合、与企业实习相结合、与专业课程实践相结合等方式，致力于培养学生的实践能力、创新精神和实际应用能力。这些劳动教育特色实践对于理工类高校学生未来的职业发展和社会实践都具有积极的促进作用。

北京理工大学面向全校开设了"工程实践"必修实践课程，特色是课赛结合，聚焦前沿交叉学科与技术，强调学生系统性思维和动手实践能力，强化学生专业感知，激发学生专业兴趣，融合学术性与趣味性。大连理工大学引导学生开展企业实习，鼓励学生结合专业特点和自身需求到企业进行实习锻炼，每年1000余人次赴企事业单位、科研院所参与劳动实践，从而强化所学理论知识的实践应用，增长个人才干。学校还积极搭建与企业面对面的平台，每年组织学生开展"走近名企"活动数十场。

安徽工程大学建筑工程学院开展"建筑技术劳动"创造类课程，依托特色专业开展"专业+劳动教育"的尝试。南京工程学院围绕专业特色，积极开设"专业+劳动实践""双创+劳动实践"生产劳动项目。结合实习实训安排,明确一定学时的生产劳动实践;鼓励专业组织学生到高新企业体验现代科技条件下劳动实践新形态、新方式,安排学生参与生产实践活动;与"互联网+""创青春"等赛事深度融合,积累职业经验,提升就业创业能力。

### 10.1.4 财经类高校

财经类高校注重专业实习实训的全覆盖,培养学生的专业技术技能。同时,他们通过"专业+劳动"特色育人活动,将劳动教育实践融入学校的各个层面和课程中,培养学生的实践能力、综合素质和社会责任感,这些劳动教育特色实践有助于财经类高校学生的职业发展和社会适应能力的提升。

江西财经大学开展了专业实习实训+劳动教育实践,学校充分整合资源,优化校政企社联动机制,建实专业实习基地,加强专业教学的实践类课程建设和顶岗实习实训,确保专业实习实训的全覆盖,培养学生适应服务社会劳动所需的专业技术技能。此外,江西财经大学利用教室、校园、社会三个课堂,持续推进"六个一"劳动教育实践活动,即一场劳动教育主题班会、一个劳动周、一次生产性劳动、一次社会实践活动、一次志愿公益活动、一次创新创业活动。中南财经政法大学围绕劳动教育实践课程人才培养目标,打造"专业+劳动"特色育人活动,建设了持续时间久、参与面广、影响力高的劳动教育特色品牌,学校各单位自主申报、集中评审,有多个劳动实践工作坊获得了立项,学校各培养单位依托劳动实践工作坊建设,共同打造"生活+"劳动体验、"专业+"劳动通识教育、"思政+"劳动教育实践、"志愿+"服务性劳动实践、"创新+"创新性劳动实践等劳动教育实践载体,丰富了劳动教育实践形式,为学生提供了多样化、个性化的劳动实践体验。

### 10.1.5 师范类高校

北京师范大学开设 13 个与劳动教育相关的项目，包括安全教育、中餐、健康教育、花卉培育、AED、理发、垃圾分类、家政等。天津师范大学建好用好教育学部玩教具制作工坊和美术与设计学院传统服饰技艺劳动工坊、现代陶艺劳动工坊、木板拓印劳动工坊等校内劳动教育工坊，持续强化质量和内涵建设，积极开发内容新颖、形式多样的课程内容和体验项目，不断拓宽学生参与覆盖面。

### 10.1.6 综合性高校

综合性高校特别是"双一流"高校与社会各领域建立了广泛的合作关系，不断拓展劳动教育实践资源。清华大学与昌平区政府共同建立了"水木田园 山水兴寿"清华大学劳动教育学生社会实践基地；在"劳动教育月"期间，清华大学还先后与昌平区、北京公交集团签约建立劳动教育学生社会实践基地，丰富了同学们参与劳动实践的平台和形式，进一步强化了劳动教育实践的育人效果。郑州大学一方面把劳动教育实践融入创新创业教育，开展了创新性的社团活动、系列竞赛与创新大赛、创业培训和创业实践；另一方面把劳动教育融入就业教育，开展了就业创业指导、职业规划、法律法规、职业技能、求职技巧等培训，通过这些途径提升大学生进行职业劳动的认知能力、适应能力和实践能力。

南京大学在"文化劳育"层面创设"小蓝鲸劳动周""小蓝鲸义工团""小蓝鲸专业服务队"等劳动教育文化特色品牌，形成浓厚的劳动教育文化氛围，教育引导学生淬炼优秀的劳动素养。

天津大学改革实验、实习、课程设计等实践课程，将教学过程向前、向后延伸。推进实验室向本科生开放，打通低年级本科生接受科研训练的通道,培养学生良好的职业习惯;鼓励研究生在科学研究、专业实践中提升专业劳动素养与实践创新能力,把国家发展需要作为科学研究的风向标,树立把论文"写在祖国大地上"的科研志向,促进科研育人与劳动育人互融互通。

安徽大学通过开展"化学科普知识进校园""文明新风漾地铁,合肥地铁伴我行"等劳动实践活动推广科普知识和文明新风尚。湖南大学建立了工训中心的实训基地,依托 Robot 工作坊等创新创业基地、数控车间,对学生开展工业制造典型流程、陶艺实训等劳动实践活动。

除此之外,一些艺术类高校也结合自身优势和特点开展了丰富多样的劳动教育实践活动。例如,中国音乐学院开设了包括茶艺、扎染技艺、传统饮食文化、水稻插秧、多肉植物组合盆栽等代表中华优秀传统文化和工匠精神的劳艺课程,为学生们带来了全新的劳动实践体验,也带来了趣味性和美的享受。

## 10.2 劳动教育实践与校园环境建设相结合

### 10.2.1 劳动教育实践与校园清洁美化相结合

在校园清洁美化方面,劳动教育与校园环境建设相结合主要表现为与宿舍环境和校园环境清洁美化两方面相结合。大部分高校对校园清洁美化劳动教育实践的重视程度较高,充分体现了这些高校对学生德智体美劳全面发展的关注。以校园清洁美化作为劳动教育实践的抓手有以下优势。第一,易于组织。打扫卫生是一项常见的日常生活劳动,组织起来相对容易,不需要太多的设备和场地,可以在校园内进行。第二,增强学生的劳动意识。打扫卫生是一项操作性强的劳动实践,参与其中,学生能够亲身体验劳动的重要性和意义,强化劳动意识,认识到劳动对个人和社会的贡献。第三,提高环境保护意识。通过打扫卫生，学生们能够直观感受到环境的变化和整洁对人们生活的重要性，他们可以感受到个人行为对环境的影响，进而提高环境保护的意识。第四，效果明显。打扫卫生是一项能够立竿见影的活动，学生可以在短时间内看到自己的努力所带来的校园环境改善，激发他们对劳动实践的积极性。

### 10.2.2 劳动教育实践与校内劳动教育基地相结合

在普通高校劳动教育开展过程中，很多高校都将劳动教育基地建设作为工作重点，这些高校通常也会投入一定的资源用于劳动教育基地的建设和运营，包括场地的规划与建设、设备的采购与维护以及相关人员的培训等，充分反映了高校对劳动教育的重视，并愿意在资源方面提供支持。这些校园劳动教育基地作为开展劳动教育的专门场所，为学生进行劳动实践提供了一系列资源，学生不仅可以在基地中进行农作物种植与养护等劳动实践，在基地建设方面也可以从事很多劳动实践，如基地清洁、设备维护、基地美化等，这也将劳动实践与校园环境建设很好地结合了起来。

### 10.2.3 劳动教育实践与校园文化建设相结合

劳动教育实践与校园文化建设相结合，可以促进学生的全面发展，塑造良好的校园氛围，并丰富和拓展学校的文化内涵，这种结合将为学生提供更多的劳动实践机会，激发他们的潜能，提升他们的社会责任感和个人综合素养。劳动教育实践也可以丰富和拓展学校的文化内涵，学校可以通过开展艺术、体育、手工等与劳动教育相关的活动，培养学生的审美情趣和艺术表达能力。同时，劳动教育实践也可以与校园文化活动相结合，通过举办展览、演出、比赛等，为学生提供展示才艺和交流学习的平台，为学生的全面发展提供更多的机会和空间。

上海师范大学在校园文化建设中渗透劳动文化，学校大力开展生活园区"日日清、月月净"清洁扫除活动，"影子计划"劳动岗位体验等文明校园主题活动，激发学生热爱劳动的内生动力。同时，学校打造"春归志""荷锄乐园""锦程园"劳动教育实践特色项目，由学生参与设计种植植物，在互助之中共享劳动成果。

西安财经大学把中华优秀传统文化融入课堂教学、融入学术研究、融入校园文化。开设中华传统文化必修课程和选修课程，开展"美育云端课堂""高雅音乐进校园"，积极探索构建以审美和人文素养培养为核心、以创新能力培育为重点、以中华优秀传统文化传承发展和艺术经典教育为主要内容的公共艺术课程体系，同时开展"阳光体育""校园文化艺术节""民族文化艺术节""高雅艺术进校园"等主题活动，让高雅艺术、非物质文化、民族民间优秀文化走进校园、走近师生。

河南农业大学举行网络食品文化节，将劳动实践融入日常生活，师生们积极参与，从"十指不沾阳春水"到"料理家务样样行"，争相"晒"出厨艺作品与家人分享劳动成果，收获劳动的快乐。

江苏师范大学在研究生会微信公众平台开设"五一劳动节"劳动教育专栏，发布"劳动倡议""致敬劳动模范""诗词里的劳动""劳动的分类""劳动节的起源"等系列推送，面向全校研究生开展广泛的宣传教育，不断提升劳动教育的吸引力、感染性，教育引导研究生深入理解劳动的价值和内涵，将劳动教育融入校园文化建设。

西北农林科技大学大力宣传弘扬"西农精神"，构建以校训、校风、教风、学风等为主体的具有农林特色的大学文化体系，激励广大师生牢固树立学农爱农、强农兴农的远大理想，培养勤俭、奋斗、创新、奉献的劳动精神。学校大力开展"大国三农"通识教育，选树优秀毕业生和校友典型，突出校园文化活动中的"劳动"特色，使劳最光荣、劳动最崇高、劳动最伟大、劳动最美丽的观念深入人心。此外,学校还持续打造"科研成果进社区"品牌活动,让学生在品味小麦、瓜果、牛肉等科研成果中增强劳动兴趣,培养劳动情怀。

### 10.2.4　劳动教育实践与校园服务保障相结合

劳动教育与校园服务保障相结合的劳动实践对于学生的全面发展和社会责任意识的培养具有重要意义。校园服务保障通过提供勤工俭学和实习机会,如食堂岗位实习和协助宿管员管理宿舍等形式,为学生提供劳动实践的机会,并确保他们在劳动实践过程中得到必要的支持和保障。通过食堂岗位实习、协助宿管员管理宿舍等实践形式,学生能够获得实践锻炼的机会,并得到学校的保障和支持,促进他们的个人成长和社会适应能力的提升。

哈尔滨工业大学学生工作部门与后勤集团公寓中心、饮食中心围绕学生需求,设立了多样化的勤工助学岗位,让学生在体验劳动中收获成长。以饮食中心为例,从餐桌旁的"黄T恤"到售餐口的"小红帽儿"再到外卖送餐的"红衣快餐侠",每年都有百余名同学在劳动实践岗位上受益,同学们纷纷表示,通过劳动实践锻炼了自己同时服务了同学,是一件很有意义也很快乐的事情。

北京邮电大学制定了首批劳动教育实践活动项目群30余个,为学生创造了更多的劳动实践机会,推动劳动教育实践生活化、常态化进行。学校充分发挥勤工助学的解困和育人功能,鼓励学生根据自身专长申报勤工助学岗位,年均设立勤工助学固定岗位1500个,参与勤工助学临时岗2000余人次。相关单位通过管理平台,发布劳动实践任务动态清单,依照劳动实践形式和内容,分为3大类13个小类,学生可根据时间安排选择适合的劳动任务。

江苏理工学院组织学生参加道路卫生巡捡、花卉种植,食堂点心制作、蔬菜拣洗、餐厅保洁、碗筷清洗消毒，学生宿舍内务检查、公寓保洁等校园保障性劳动实践活动。上岗前，后勤相关部门负责人与学生会进行交流和培训，依次对各自部门岗位性质进行介绍和任务布置。实践结束后，后勤保障处将根据学生劳动实践的时间、劳动表现等进行考核，考核合格将获取相应的劳动实践学分，并出具实践证明。

上海体育大学开设了"3·5学雷锋"志愿服务月系列活动。志愿者们来到校园大门、食堂、宿舍、快递驿站等工作岗位，切身体验校园劳动者的日常工作，以切实行动帮助叔叔阿姨们减轻工作压力。学生们清扫垃圾、站岗、搬运物资，在与工作人员的交谈和劳动体验中，真正理解到看似平凡的岗位也有着鲜为人知的艰辛。

中国劳动关系学院在学校劳动教育月活动中，后勤管理处与安全工程学院联合开展"找到您、成为您、谢谢您"大学生劳动岗位体验活动，学生们用实际行动向广大校园普通劳动者表达了感谢。北京大学依托学校后勤开展劳动教育实践，开放劳动实践岗位，参与劳动实践的学生可以获得由学工部门确认的志愿学时证明、劳动场景照片纪念品以及当日的免费早餐和午餐。北京中医药大学开展"药植园"助理岗位、"杏林鱼雁"两校区快递服务、"图书馆"图书管理服务、"宣传栏"整理清洁服务、校园绿化美化等活动，在日常校园生活中渗透劳动教育实践，拓展劳动实践路径。

## 10.3 劳动教育实践与现代信息技术相结合

在高等教育阶段，普通高等学校的劳动教育实践能够注意结合科学技术发展前沿，在劳动教育实践中充分融合现代信息技术，主要体现在以下几个方面。

第一，注重劳动教育实践的创新性。通过应用现代信息技术，如高科技种地、使用无人机和编程等，为劳动教育实践引入创新的方式和方法，这些创新点能够吸引学生的兴趣和关注，更好地激发他们的积极性和创造力。四川农业大学开设的"现代作物生产与实践"课程要求学生们在田间地头诊断水稻秧苗苗情、学习花篮制作和花卉组栽、判断施肥时机，并操作智慧农业无人机对水稻进行精准施肥。

第二，注重劳动教育实践的体验性。融合现代信息技术的劳动教育更加注重实践操作，注重让学生亲自参与到实际的劳动实践中来。通过亲身体验和实际操作，学生能够更加直观地理解和掌握相关知识和技能。华南理工大学充分利用理工科院校的技术优势拓展劳动教育场域，开展了一系列互动式的数字拟态环境教学，通过动态调适画面呈现和沉浸式体验提升学生的感知能力，使学生掌握劳动技能，收获劳动效果；同时，学校不断完善内外部协同育人机制，依托校内自有实验室、工程研究中心以及校外企业、科研院所等实践场所，积极拓展大学生劳动教育实践领域，实现社会实践与劳动实践的统一，强化学生的劳动实践能力。上海财经大学推出以体力劳动为主、服务性劳动和创新性劳动为核心的实践课程"云超市"，供学生自主选择，线上"下单"、线下实践，第二课堂成长系统劳动教育"云超市"上线后，让内涵丰富、形式多样的劳动教育实践活动实现了可视化、可挑选、可修读、可记录，真正"触手可及"。

第三，注重劳动教育实践的融合性。融合现代信息技术的劳动教育涵盖了多个学科领域，例如，高科技种地涉及农业知识和技术，无人机使用涉及工程学和航空知识，编程则涉及计算机科学等，这样的融合性教育可以促进学生跨学科知识和能力的发展。新疆农业大学计算机与信息工程学院的"设施蔬菜节水灌溉系统的应用示范"、现代教育技术中心的"农村电商的探索实践"、水利与土木工程学院的"畜牧养殖基地建设勘察测绘"、动物科学学院的"牛羊育肥繁殖应用示范"、园艺学院的"红枣核桃提质增效技术推广和设施蔬菜标准化栽培技术集成示范"、食品科学与药学学院的"特色中草药种植与开发技术集成示范"等劳动教育课程融合了多元化的现代信息技术,极大地开阔了学生们的视野。

第四,注重劳动教育实践的前瞻性。通过融入现代信息技术,劳动教育实践在一定程度上反映了社会方方面面的发展和变化趋势,学生通过了解和应用现代信息技术,能够提前适应未来可能出现的劳动力需求变化和工作环境变化。天津财经大学认识到人工智能未来在会计行业中的应用主要体现在财务智能机器人的使用上,因此,有针对性地开设了"财务机器人应用与开发"劳动实践课程,目的就是使学生在进入工作岗位后,能够迅速进入工作状态。

综上所述,融合现代信息技术的劳动教育实践突出了创新、体验、融合和前瞻的特点,旨在通过劳动教育实践提高学生的个人综合素养,培养他们的实践能力和适应未来社会的能力。

## 10.4　劳动教育实践与学校地域特色相结合

由于全国各地实际情况差异较大,教育部曾经指出,鼓励学校紧密结合地方经济文化和学生生活实际开发利用课程资源,开展劳动教育要体现实践性特点,坚持宜工则工、宜农则农的原则,采取多种方式,避免"一刀切"。在高校方面,部分高校能够注意在劳动教育的开展中紧密结合学校地域特色,开发一些与当地气候、产业或经济等特定领域相关的劳动教育实践课程,同时注重培养学生的创新能力和创业精神。

东北林业大学、东北农业大学、宁夏大学等学校多次开展冬日除雪活动,北方学校开展扫除冰雪的劳动教育实践充分体现了劳动教育的地域特色，注意结合了北方地区的自然环境和气候特点开展劳动教育，这不仅强化了学生对家乡冰雪文化的理解和热爱，同时也提升了学生积极投身家乡建设的社会责任感。

西南地区多山地、高原，农耕条件有限，多种植茶树、油桐、柑橘等亚热带经济林。多所学校依托本地特色和产业优势建设劳动教育基地，开展劳动教育实践。同时，因为西南地区多山区，山区基础教育相对滞后，以"支农""支教"形式开展的劳动教育实践较多。贵州大学师生依托实践教育基地开展"田野思政"劳动教育实践活动；贵州大学茶产业团队专家来到贵州省榕江县两汪乡调研茶产业发展情况，并在榕江县建立贵州大学乡村振兴劳动教育实践基地和教学科研实践基地；在贵州省修文县六屯镇大木村建立了"贵州大学劳动教育实践基地"，并举行"贵州大学农学院服务乡村振兴'十百千'工程"活动。四川大学研究生支教团在凉山州甘洛县、昭觉县和美姑县开展丰富多彩的志愿服务活动，四川大学和甘洛县人民政府联合主办"小满启航·携手振兴"乡村振兴系列活动之产品与文化专场活动，同时推出了"劳动教育展""支教志愿服务成果展""支持甘洛县幼儿教育成果展""乡村振兴系列书刊展""凉山易地扶贫搬迁社区治理三年行动计划展"等系列活动，全面展示了学校近年来助力脱贫攻坚和乡村振兴的多种路径和实践成果。重庆大学通过"三支一扶"、大学生志愿服务西部计划、青年红色筑梦之旅、"三下乡"等社会实践活动，走进乡村山野田间、深入长生镇大街小巷，开展劳动教育实践活动。云南大学"三下乡"社会实践2021年项目立项82项，2022年立项296项，2021年组建"返家乡"实践团队892支，常态化社会实践项目立项102项，调动全校3万余名团员青年开展社会调研。

东南沿海地区海陆交通便利、经济发达，就业机会、科技创新、地区资源与产业、国际交流等资源丰富。这些特色使得高校劳动教育实践能够更好地与地方经济和社会发展相结合，为学生提供全面的实践机会和能力培养。上海交通大学开发了特色劳动教育课程，选课名额往往被"秒抢"，在疫情背景下创新劳动教育实践新模式，其打造的"阳台菜园"系列课程吸引了同学的积极参与，浦江绿谷农业基地成为学生开展劳动教育实践的重要场所，让学生撸起袖子、甩开膀子，更有参加"能吃苦肯奋斗"野外生存劳动实践课的同学们背负行囊，展开了深入天地、焕新自我的野外生存劳动实践课。同济大学在校内运筹楼建设屋顶"梦想花园"劳动实践基地，基地研发的"一亩菜园"特色项目，开设了不同的劳动实践课程，其中"幸运花种植课"，由学生亲手培育农作物和不同的植物花卉，如今已成为同济的"景点"。上海海洋大学开设"整理收纳小课堂"，让同学们足不出户学习收纳，成为"收纳达人"；开设让师生体验咖啡拉花制作与品鉴的劳动实践课程，体验咖啡的拉花过程。福州大学开展烹饪、烘焙技能培训课程，后勤管理处饮食科开展"'烹'然心动，不负'食'光"劳动实践教育主题活动。广州大学结合生活中常见的废品，着力提升学生的环保意识和创新意识，开设"变废为宝，自然创作"的劳动教育实践活动。

西北地区气候干旱，资源相对匮乏，盛产经济作物，使得该地区劳动教育实践呈现出强调节约资源和环保意识、注重实用技能的培养、培养学生的抗逆能力和创新思维，以及倡导勤俭节约精神等特点。西安交通大学后勤保障部门开设了常见家庭花卉养护、鲜食葡萄酿酒知识与种植，以及城市绿化养护标准等相关内容，将理论学习和劳动实践相融合。兰州大学固定时间劳动课以楼宇保洁、清洁卫生、清理杂草、养护绿植、绿化校园、环境净化亮化为主；应急劳动课以下雪、强沙尘等因天气原因安排的道路清扫和重大活动期间的应急保洁为主，后勤保障部门开放部分服务岗位，以园艺、烹饪等特色劳动内容为主，鼓励同学们开展兴趣体验类劳动实践。西安电子科技大学设立"健行"辅导员工作室，在线下展开"以劳健德""以劳健能""以劳健心""以劳健体""以劳健智"等五个方面的主题活动，并借助在线上建立的"青年劳动之声"微信公众平台，积极回应学生需求，全面展示辅导员风采，畅通生、师、校沟通渠道，服务学生健康成长成才。长安大学开展"身负青囊·与子同裳"变废为宝手工艺品制作比赛，引导学生提高节约环保意识和动手创新能力。新疆农业大学20年来持续开设"支农劳动"课程（2学分，3周），先后组织1900多个班级的7.8万余名学生参加为期3周的农村秋收劳动课程修读。

## 10.5 劳动教育实践与乡村振兴相结合

普通高校劳动教育实践与乡村振兴的结合，对于推动乡村振兴战略的实施具有积极意义。通过劳动教育实践活动，有助于培养学生的农村意识、社会责任感和创新能力，为乡村振兴注入新的活力和动力。高校也在充分利用劳动教育的资源优势，开展与乡村振兴相关的劳动实践项目，为学生提供更加丰富的实践机会和学习体验，同时也推动乡村振兴战略的落地和实施。多所高校利用寒暑假期带领广大师生奔赴乡村开展"三下乡"帮扶实践活动，助力家乡乡村振兴工作，在广大的田野上写下了浓墨重彩的一笔。

浙江大学深入推进"三下乡""青年学者社会责任行动"等社会实践活动，实施"行远""致远"等专项实践计划，每年组织近万名学生、近千支团队开展社会实践，打造学生受教育、长才干的精品实践课程。赣南师范大学"蒲公英"乡村振兴实践团赴全南县陂头镇开展暑期"三下乡"社会实践活动。哈尔滨师范大学驻拉红村工作队紧紧围绕驻村工作职责任务和工作要求,以"六个一"工作机制,书写助力乡村振兴新篇章。

西北农林科技大学成立"耕读会",设立耕读教育基地、乡村振兴青年实践基地等,打造"西部乡村调查""研究生助力团""研究生支教团"等实践品牌,使学生在投身脱贫攻坚、乡村振兴的劳动实践中出力流汗、接受锻炼、磨炼意志,培养正确的劳动价值观和良好的劳动品质,鼓励学生继承和弘扬"三夏"生产实习优良传统,教育引导学生把课堂搬到试验田,把专业知识实践在农业生产一线。

宁波大学以宁波大学乡村政策研究院为平台,组建了55支实践团队约400名学生奔赴中国各地,以观察、问卷、线上服务等为主要方式,围绕疫情防控、乡村振兴、卫生健康等主题开展返乡劳动实践活动。内蒙古大学围绕乡村振兴、社会调查、科技扶助、企业帮扶、文化宣传、医疗服务、法律宣讲、支教扫盲、环境保护等方面开展社会实践活动,组织学生深入生产劳动第一线,感受劳动的魅力。结合"三支一扶""青年红色筑梦之旅""三下乡""大学生志愿服务西部计划"等社会实践活动,强化公共服务意识和面对重大疫情、灾害等危机主动作为的奉献精神。

## 10.6 总结与评析

### 10.6.1 值得肯定之处

第一,实践机会更加丰富。大部分高校都为学生提供了多样化的劳动教育实践机会,学生可以通过这些劳动实践,获得实际经验,提升动手操作能力和职业劳动素养。例如,北京交通大学探索将后勤系统纳入学校劳动教育体系,发挥后勤系统体量大、岗位多、贴近师生生活等优势，有目的、有计划地组织学生参加日常生活劳动、生产劳动和服务性劳动；成都理工大学积极联合多种社会力量，共建共享稳定的劳动教育实践基地、校外实习实训基地、各类型创新创业孵化平台，多渠道拓展劳动实践场所。

第二，产学融合更加密切。高校与企业、行业等外部机构进行合作，促进产学融合，将劳动教育实践与专业实践紧密结合起来，使学生更好地了解行业需求，培养实践能力。例如，华东师范大学通过建立"一带一路"新疆北天山野外实践基地、贵州"大工程—大生态"野外实践基地、云南寻甸课程思政社会实践基地、上海崇明横沙岛劳动教育实践基地等，深化校地产学研合作，打造劳动教育"大课堂"；厦门大学依托大学生创新创业训练计划项目、产学研结合的特色项目等双创平台，结合学科专业开展创新创业训练，选拔优秀团队参加各级各类大学生创新创业竞赛。

第三，社会影响力日益增强。一方面，高校与社会组织、公益机构等合作，将社会实践与劳动教育实践相结合，帮助学生关注社会问题，积极参与社会公益事业；另一方面，高校所开展的劳动教育实践也获得了社会的认可和荣誉奖励，包括获得行业奖项、社会组织的认证或合作伙伴的赞誉等。例如，中国矿业大学（北京）学校本科生参与的3个项目荣获"互联网+"全国总决赛"青年红色筑梦之旅"赛道金、银、铜奖，不仅提升了学生的劳动技能、创新精神和团队合作能力，而且提升了学校的声誉和影响力，对学生个人成长和学校发展都具有重要意义。

第四，学生参与度和积极性提高。高校劳动教育实践吸引了大量学生的参与，通过各种形式的劳动实践，学生发展了实践技能、团队合作能力和领导才能。例如，河北师范大学在食堂开展了热火朝天的"厨艺比拼"；中国计量大学实行"一院一品"式的竞赛模式，机电工程学院举办机械设计竞赛校赛，计量测试工程学院举办全国大学生节能减排社会实践与科技竞赛校赛和大学生力学竞赛校赛，信息工程学院举办5G大唐杯竞赛校赛和服务外包—创新创业大赛校赛，材料与化学学院举办全国大学生化学实验创新设计竞赛校赛。

### 10.6.2 有待完善之处

第一，校际差异较大。"双一流"高校开展劳动教育实践的情况普遍优于非"双一流"高校，一些非"双一流"高校面临劳动教育实践资源有限的挑战，存在缺乏足够的资源来支持劳动教育实践开展的问题，导致学生的劳动实践机会受限。

第二，部分高校劳动教育实践形式单一。如实践过程中注重简单的田间地头"面朝黄土背朝天"式的耕种，以及校内打扫教室和宿舍卫生等，可能导致学生实际经验不足、缺乏创新思维培养、团队合作能力不足等问题。

第三，个性化的劳动教育实践支持不足。由于资源有限，高校在开展劳动教育实践时很难为学生提供个性化的支持，劳动教育实践一般以统一的形式开展，无法满足学生多样化的兴趣、特长和需求，导致劳动教育实践缺少个性化，难以充分适应每位同学的特长和兴趣。

### 10.6.3 改进建议

随着社会的不断发展和变化，劳动教育实践也需要与时俱进，紧密结合产业发展需求、现代信息技术，培养适应未来社会发展的人才。高校应加强与企业、行业的合作，了解行业发展趋势和技术发展前沿，调整劳动教育实践的内容和方向。同时，高校劳动教育也应更加注重学生个性化的发展支持，学生的兴趣、能力和特长存在差异，应提供个性化的劳动实践项目，满足学生的个性化实践需求，更好地提高劳动教育实践的开展效果。此外，为使学生能够更好地步入职场、融入社会，高校劳动教育实践应注重培养学生的创新思维、创新能力和解决问题的能力，为他们的未来职业发展打下坚实基础。随着科技的进步，高校可以利用人工智能、虚拟现实等现代信息技术手段，提供更加丰富多样的劳动教育实践教学资源和平台，提高教学效果和学生参与度。

第一，缩小高校劳动教育校际差异，促进交流和资源共享。高校之间应建立起积极的交流与合作机制，促进经验分享和资源共享。可以提供各类平台让各校教师互相学习和交流，促进合作和资源共享，开展劳动教育实践合作研究项目，成立高校劳动教育联盟，从而提高劳动教育实践环节开展的质量和水平。各地高校主管部门可以出台相应政策，支持和引导高校之间的合作与交流。同时，还应建立统一的、专门针对劳动教育实践环节的评估和监测机制，对劳动教育实践的质量进行评估和监测，通过对各高校的劳动教育实践进行评估和监督，发现差距和问题，并及时采取有效措施加以改进。

第二，丰富劳动教育实践的形式和内容，提供多元化的劳动实践机会。推动学校开设跨学科的劳动教育实践，将不同学科的知识和技能有机结合起来。通过跨学科学习，学生可以在劳动实践中获得更全面的知识和技能，提升解决问题的能力和创造力。如华东师范大学围绕创新创业，推动以"双创"为导向的劳动教育实践，将STEAM纳入跨学科融合的劳动教育模式之中，引导学生运用跨学科思维解决实际问题，最终全面提高学生的创造力素养，同时，学校以美术学院现有课程为基础，积极创新篆刻、木艺、陶艺和漆艺等系列课程，在培养学生跨学科整合能力的同时，让学生在劳动实践的过程中丰富美的体验，在美的熏陶下感受劳动的意义。

第三，密切学校与社会的联系，让学生在劳动实践中更好融入社会。积极与企业建立合作关系，开展校企合作，拓展校外劳动教育资源，通过与企业合作，学生可以接触到真实的工作环境和实践机会，了解行业需求和职业要求，提升劳动实践的成就感和获得感。鼓励学生参与社会服务性劳动，如志愿者服务、社区服务等，通过参与社会劳动实践，学生可以与社会各行各业积极互动，了解社会热点问题和真实需求，培养社会责任感和责任意识。定期邀请劳动模范、大国工匠和行业专家走进校园，与学生进行面对面的交流和分享，让学生了解行业动态和趋势，了解各行各业的工作性质和工作内容，获得关于劳动更加深刻的理解，并建立起与社会的紧密联系。

第四，提供个性化的劳动教育实践支持，满足学生的个性化需求。鼓励学生根据自身的兴趣、爱好、特长等，选择适合自己的劳动实践项目，利用课上或课余时间完成，并积极与老师、同学交流。为学生提供个性化的指导教师，根据学生的兴趣提供特定的指导教师，帮助他们更好地开展劳动教育实践。拓展校内外劳动教育实践资源，为学生提供多样化的劳动实践机会，满足学生个性化的发展需求，学校可以开设不同领域的实践项目，让学生根据自己的兴趣选择参与，培养个性化的劳动实践能力。鼓励学生参与个性化的项目实践，学校提供平台和资源支持，可以设立劳动实践基地、劳动实践项目等，让学生有机会发挥个人特长和创造力，实现个性化发展。

总而言之，高校劳动教育实践在近一年来的发展中展现出了鲜明的特色和优势。未来，高校劳动教育实践将继续致力于提供更多实践机会、加强产学融合、增强社会影响力、提高学生参与度和积极性、深化职业生涯规划支持、培养创新创业能力等，不断探索更加多元和创新的教学方法。相信这都将为学生的个人成长和职业发展提供更加有力的支持，为社会培养更多德智体美劳全面发展的高素质人才。

# 11 发展展望：在广泛深入探索中砥砺前行

回望过去一年，中国劳动教育事业取得了明显进展和显著成绩。展望未来，我们有信心在党和政府的领导下，在各级教育部门的总体部署下，各级各类学校劳动教育将不断深化，广泛探索新的实践方法，全社会将更加关注劳动教育，共同为劳动教育事业发展汇聚智慧和力量。

## 11.1 劳育政策逐步细化，关注政策效果

自 2020 年中共中央、国务院发布《意见》以来，教育部、团中央、人力资源和社会保障部、中华全国总工会等部门先后发布专项文件，截至 2022 年底，全国除港澳台以外的 31 个省（区、市）均已出台省级实施意见，一些市级和县级的实施措施也陆续颁布。总体上，劳动教育已形成从中央到地方的立体化政策体系，并且越往基层，政策越细化，对实际操作的指导意见更强。

今后，我们可以预期到，将有更多市级和县级层面的劳动教育政策文件，这些文件的内容将借鉴现有同级别文件，更加具体，更有针对性。进一步的，在政策逐步全面覆盖后，今后各级教育督导部门将开始关注政策实施的效果，进行综合评估、实地调研，从而优化政策供给，促进劳动教育真正落地，成为育人体系的重要组成部分，发挥其应有的综合育人功能。

## 11.2 学术研究继续深化，汇聚更多共识

过去几年，劳动教育的学术研究呈井喷趋势，这一趋势在2022年继续保持。学界从劳动教育的理论层面、政策层面、历史维度和现实维度等多个层面分别展开，借鉴以往经典文献，回望中外教育家和劳动教育领域专家的思想论述，在多个层面汇聚了共识。至少，学界目前普遍认为，劳动教育具有重要的育人价值，劳动教育具有悠久的中外历史渊源，中国已经积累了丰富的劳动教育经验，劳动教育需要家校社协同、大中小学贯通，等等。

当然，目前各级各类学校中也存在一些实施劳动教育的问题，比如一些校长或老师认为劳动教育不重要，劳动教育尚未进课表尚未落地，仅限于拍照打卡式劳动教育，将原有的育人活动简单冠名为劳动教育，劳动教育课程设计有限，不知道如何开展劳动教育，缺乏教育教育师资，等等。为何在中央和地方政府反复强调的背景下，依然存在不重视劳动教育的现象？这可能是观念和认识的问题，需要继续加强研究调研，促进转变观念，或者进一步优化政策，将劳动教育切实纳入各类考核，督促这一群体重新审视劳动教育，逐渐重视起来。观念转变后，即面临怎么做的问题，这也需要大量学校和学段层面的研究，推出可复制可推广的实施方案。

与此同时，劳动教育的学术研究仍需继续加强对劳动价值观、劳动思想史的深入阐释，加强大样本调查，展现真实的落地情况，亦需继续研究"双减"与人工智能背景下的劳动教育价值意蕴和现实路径，探讨劳动教育与乡村振兴、研学旅行、科学教育等方面的契合点，从更宽广的视野看待劳动教育的人力资本价值和社会意义。

## 11.3 劳育课程不断规范，逐步做实做优

课程是育人的重要载体，没有课程的依托，劳动教育可能被弱化、淡化。经过多方呼吁，我们注意到2022年正式单设劳动教育课程的学校越来越多了，中小学有多年的课程经验，各类劳动课程项目丰富多彩，高校经过2020年以来的探索和借鉴，也逐渐形成了一些共同的课程内容，比如劳动价值观、劳动法、劳动安全、劳动心理、劳动保障等。不少大学结合本校特点，将线上课程与线下实践相结合，形成了独具特色的劳动教育课程体系。

今后，我们预期将有更多的中小学行动起来，将劳动课程开起来，已经开设课程的学校也将逐步规范课程内容和教学设计；将有更多高校正式单独设立劳动教育课程，而不再单单依托原有的一些课程或活动，劳动教育课程将逐步做实做优，成为普及通用劳动科学知识的载体，让大学生从爱劳动、会劳动上升到懂劳动，成长为社会需要的高素质劳动者。

## 11.4 劳育教材持续涌现，内容同中有异

从2021年推出的第一本《中国劳动教育发展报告》起，我们每年汇总统计各学段劳动教育教材的数量，迄今已超过200本，其中部分教材被选为国家"十四五"规划教材，进入相应学段的选购视野。学界也有专门文献讨论这些教材的内容和特点。毋庸讳言，目前各学段劳动教育教材异彩纷呈的另一面是五花八门，不像其他课程那样有相对一致的课程内容，这一现象在职业院校和高等院校更为突出。

如果说过去几年是劳动教育教材大量涌现、创新尝试、广泛探索

的阶段，我们认为，这一阶段还没有结束，相对于数以千计的高校数量和数以万计的中小学数量，还有很多一线教师没有参与到劳动教育教材的研发和研讨中，还有很多智慧有待借鉴。当然，并非每所学校均需要单独研发劳动教育教材，这没有必要也不可能。无论怎样，从课程论的角度，劳动教育作为一门独立课程，需要相对统一的教学内容、规范的教学设计、稳定的教学进度、有效的学段衔接，等等。与中小学语文、数学、英语等课程相比，与高等学校的经济学原理、会计学原理、法学基础、教育学基础等成熟课程相比，劳动教育课程尚处于起步阶段，劳动教育教材也处于百花齐放的阶段，现有教材需经过大浪淘沙的阶段，形成稳定的教育教学内容，进一步孵化出更成熟的优质教材。

## 11.5 劳育实践基地增加，活动丰富多彩

新时代劳动教育注重动手实践，出力流汗，劳动教育实践基地必不可少。2022年虽有新冠肺炎疫情影响，各地劳动教育实践基地建设仍然可圈可点，一些省份成立新的劳动教育实践基地，发布优秀实践基地遴选标准，开展优秀实践基地评选活动，各类基地为全面开展劳动教育实践提供了广阔天地。一些基地接待多批次多种团体集中实践，既有学生群体，也有教师或教研员群体，积累了丰富的项目经验，为新时代劳动教育实践活动提供了多个优秀案例和模范典型。

我们预计，未来数十人或数百人参与的劳动教育实践活动将不断增多，劳动教育实践基地将迎来新的发展风口。加上义务教育"双减"、研学旅行、科学教育、乡村振兴等现实需求，劳动教育实践基地将在多种政策利好下快速发展。一些位置优越、项目丰富、师资优

良、服务周全的劳动教育实践基地将脱颖而出，同时实现经济效益和社会效益。

## 11.6 劳育教师仍然紧缺，未来任重道远

开展劳动教育需要专人负责，劳动教育教师队伍不可或缺。虽然已有研究测算出中国大中小学劳动教育教师存在巨大缺口，不过从现实出发，解决这一问题难以一蹴而就，只能灵活借助现有其他学科的师资，并逐步增加新的专任师资。目前一部分中小学有专门的劳动教育师资，少量高校设置了劳动教育专任教师，面对庞大的劳动教育师资需求，中小学普遍由班主任兼任劳动教育教师，高校普遍由辅导员、团委老师、学生处或教务处老师兼任劳动教育教师，个别学校聘请社会人员每学年来校集中讲授劳动教育内容或组织劳动教育实践活动。

2022年，中国劳动关系学院、天津职业技术师范大学分别招收首批劳动教育本科专业学生，更多高校在研究生的教育学专业中设置劳动教育方向，这些将是新时代劳动教育师资的后备力量。不过由于数量有限，离毕业还有一段时间，我们认为，一个现实的方案是，吸引现有师资加入劳动教育事业，加强劳动教育师资队伍培训，并同步建立校外兼职教师库，融合多方力量满足劳动教育工作的各项要求。

## 11.7 劳育评价多元实施，不断探索完善

评价是一个指挥棒，指引着被评价者努力的方向。一些家长、中小学校长和教师不重视劳动教育，原因之一是劳动教育没有被纳入升学依据，也不是优秀学生、优秀教师和示范学校评选中的重要方面。

在此导向下，劳动教育自然缺乏外在推力，不少家长和学校在影响升学的方面投入大量精力，忽视劳动教育的内在育人功能，不让学生从事家务劳动或校园劳动，从而培养出只会看书考试、生活能力欠缺、不尊重普通劳动者的问题学生。

劳动教育评价是一个难题，一是缺乏经验，二是不像智育、体育等学科那样易于量化，统一指标。不过，借鉴其他科学的评价方法，从劳动教育的内容、活动形式和导向出发，劳动教育也可以探索构建客观规范的评价标准。2022年关于劳动教育评价的研究文献继续涌现，不少学校在劳动教育评价方面进行了丰富探索，我们预期，经过多轮评价实践，不断优化评价方式，未来各学段将会出现成熟的评价方案，以此指导各项劳动教育工作。进而，学生的劳动教育评价结果纳入升学依据，也有可能从政策导向变为现实工作。

劳动教育评价包括地区、学校和学生等多个层面，在重视学生层面劳动教育评价的同时，各级教育行政部门也需重视地区和学校层面的劳动教育评价，以评促建，评建结合，共同推动劳动教育落到实处。

## 11.8 各级各类学校互鉴，丰富劳育实践

劳动教育的理论起点是培养全面发展的人，现实起点是国家政策要求，在具体实施中，需要家庭、学校和社会共同努力。学校是教育的主阵地，承担着重要的育人使命和任务。各级各类学校需充分认识德智体美劳全面发展的重要意义，补齐劳动教育短板，发挥劳动教育的育人功能。

本报告专门梳理了中小学、职业院校和普通高等学校的劳动教育特色实践，这些实践为其他学校提供了有益参考。今天的青少年是明

天各行业的从业者，各级各类学校有责任从培养高素质劳动者、培养各行业中坚力量、培养社会主义建设者和接班人的高度，加强爱劳动、会劳动、懂劳动的教育，普及通用劳动科学知识，培养通用和专业的劳动技能，创新性开展劳动实践活动，探索构建大中小学一体化的衔接机制，让劳动教育在各个学段异彩纷呈，让劳动教育在各个地区开花结果。

# 附录　1949年以来中国劳动教育大事记

1949年9月,《中国人民政治协商会议共同纲领》在"文化教育政策"中指出,"提倡爱祖国、爱人民、爱劳动、爱科学、爱护公共财物为中华人民共和国全体国民的公德"。

1950年6月,第一次全国高等教育会议指出,高等教育的方针任务是"培养全心全意为人民服务的高级建设人才,吸收具备入学条件的工农干部和工农青年进入高等学校,以培养工农出身的新型知识分子,加入国家建设的行列"。

1950年8月,《中学暂行教学计划(草案)》规定"课外自修、生产劳动、文娱活动及社会服务应有计划地配合正课进行"。

1952年3月,《中学暂行规程(草案)》要求"自然科学的教学方法尤应力求与现代生产技术相结合,采用实验、实习、参观等实物教学法,使学生理解一般生产过程的基本原理与最简单最基本的生产工具的使用方法"。

1954年5月24日,中共中央转发教育部党组《关于解决高小和初中毕业生学习与从事生产劳动问题的请示报告》,5月29日《人民日报》发表中央宣传部《关于高小和初中毕业生从事劳动生产的宣传提纲》。

1955年4月,团中央提交给中共中央《关于组织高小和初中毕业生从事农业劳动和进行自学的报告》。

1955年4月,《教育部党组关于初中和高小毕业生从事生产劳动的宣传教育工作报告》要求"今后进行劳动教育,除注意培养劳动观点和劳动习惯外,还应当注意进行综合技术教育,使学生从理论上和实践上懂得一些工农业生产的基础知识"。

1955年5月,国务院召开全国文化教育工作会议,正式决定在全国中小学有步骤地实施"基本生产技术教育"。

1955年9月,《关于(中)小学课外活动的规定的通知》提出,生产技术教育要与智育、德育、体育、美育并举。

1956年5月,教育部颁发《关于普通学校实施基本生产技术教育的提示(草案)》,明确提出"我们培养出来的学生,不仅需要具有文化科学的知识,同时还要具有现代生产的基本知识和技能"。

1956年7月,教育部发布《关于1956~1957学年度中小学实施基本生产技术教育的通知》,对生产技术教育的每周上课时间和具体要求做了明确规定。

1957年3月16日,《人民日报》发表社论《劳动教育必须经常化》,4月8日《人民日报》刊发根据刘少奇在湖南省长沙市中学代表座谈会上的讲话整理而成的社论《关于中小学毕业生参加农业生产问题》。

1957年3月,教育部发布《关于增设农业基础知识课的通知》,要求学校教育与农业生产相结合。

1957年6月,教育部先后颁布《关于1957~1958学年度中学教学计划的通知》和《关于在农村小学五、六年级增设农业常识和农业常识教学要点的通知》,要求在初中和高中三年级增设农业基础知识课,在农村小学增设农业常识课。

1957年,中央宣传部颁布《关于加强中小学校毕业生劳动生产教育的通知》,强调通过课堂教学和各种活动进行劳动教育。

1958年1月，共青团中央发布《关于在学生中提倡勤工俭学的决定》指出，勤工俭学是具体实现知识分子和工农相结合、脑力劳动和体力劳动相结合的一个重要途径。

1958年9月，《中共中央、国务院关于教育工作的指示》要求"在一切学校中，必须把生产劳动列为正式课程"。

1958年11月，全国教育与生产劳动相结合展览会在北京开幕。

1959年5月，国务院发布《关于全日制学校的教学、劳动和生活安排的规定》。

1960年4月9日，陆定一在二届全国人大二次会议上作《教学必须改革》的发言，提出在中小学教学改革中应"适应缩短年限，适当提高程度，适当控制学时，适当增加劳动"。

1963年3月23日，《全日制中学暂行工作条例（草稿）》规定："要合理安排生产劳动。学生参加生产劳动，主要目的是养成劳动习惯，培养劳动观点，向工农群众学习，克服轻视体力劳动和体力劳动者的观点；同时在劳动过程中学习一定的生产知识和技能，扩大知识领域。"

1963年6月5日，《人民日报》社论发表《坚持不懈地好好组织学生参加生产劳动》。

1963年6月，教育部发布《关于中小学开设农业生产知识（常识）课的通知》。

1963年7月，教育部发布《关于实行全日制中小学新教学计划（草案）的通知》。

1965年3月，教育部召开全国农村半农半读教育会议，10月召开全国城市半工半读教育会议，11月17日中共中央转发江苏省委《关于发展半工（耕）半读教育制度的规划（草案）》，12月教育部召开全国半工（农）半读高等教育会议。

1978年4月，邓小平在《在全国教育工作会议的讲话》中要求，"必须认真研究在新的条件下，如何更好地贯彻教育与生产劳动相结合的方针"。

1978年9月，教育部颁布《关于试行全日制中学暂行工作条例（试行草案）》《全日制小学暂行工作条例（试行草案）》，提出在全日制中学设置劳动课程，劳动课程开始与语文、数学等课程并列。此外，在思想品德教育中明确提出热爱劳动，劳动教育的部分内容成为德育的一部分。

1978年10月，教育部《关于讨论和试行全国重点高等学校暂行工作条例（试行草案）的通知》提出，高等学校学生参加生产劳动，要考虑专业特点，以对口劳动为主。

1980年10月，《国务院批转教育部、国家劳动总局关于中等教育结构改革的报告》提出，"普通高中要逐步增设职业（技术）教育课，学习科目可由学生自己选择"。

1981年3月，教育部颁发《全日制五年制小学教学计划（修订草案）》《全日制六年制重点中学教学计划试行草案》《全日制五年制中学教学计划（试行草案）的修订意见》，提出中学阶段开设劳动技术课，进行劳动技术教育，使学生既能动脑，又能动手，手脑并用，全面发展。

1981年3月，教育部发布《关于小学开设思想品德课的通知》，提出在小学开始思想品德课，教育学生热爱劳动，学习劳动人民勤劳、诚实、谦虚、艰苦朴素等优良品质，珍惜劳动成果，爱护公共财物。

1981年6月27日，党的十一届六中全会一致通过《关于建国以来党的若干历史问题的决议》，提出"坚持德智体全面发展、又红又专、知识分子与工人农民相结合、脑力劳动与体力劳动相结合的教育方针"。

1982年10月，教育部颁布《关于普通中学开设劳动技术教育课的试行意见》，从开设劳动技术教育课的目的和意义、遵循的原则、内容和要求、时间和组织安排、成绩考核、培训提高师资、大纲和教材、劳动场地、加强领导等方面全面部署劳动技术教育。

1983年2月，国务院办公厅印发《全国中小学勤工俭学暂行工作条例》。

1984年9月，中宣部、教育部发布《关于高等学校学生参加生产劳动的若干规定》，重新规范教劳结合的方式。

1985年5月，《中共中央关于教育体制改革的决定》提出"教育必须为社会主义建设服务"，取代了之前"教育必须为无产阶级政治服务"的导向。

1985年5月，邓小平改革开放后在第一次全国教育工作会议上指出："我们国家，国力的强弱，经济发展后劲的大小，越来越取决于劳动者的素质，取决于知识分子的数量和质量。"同年发布的《中共中央关于教育体制改革的决定》中明确指出："在整个教育体制改革过程中，必须牢牢记住改革的根本目的是提高民族素质，多出人才，出好人才。"

1986年5月，国家教委颁布《全日制小学思想品德课教学大纲》，重申对学生进行热爱劳动、艰苦奋斗的教育，并逐步培养勤劳节俭以及自己管理自己的生活和帮助家庭、别人、公众的能力。

1986年6月，国家教委召开"全国中学劳动技术教育工作座谈会"。

1986年7月，国家教委印发《"七五"期间全国中小学勤工俭学发展规划要点》。

1987年3月6日，国家教委印发《全日制普通中学劳动技术课教学大纲（试行稿）》。

1987年11月12日，《中国教育报》刊登《全日制小学劳动课教学大纲（试行稿）》。

1988年9月，我国第一个义务教育课程方案《关于印发〈义务教育全日制小学、初级中学教学计划（试行草案）〉的通知》发布，对劳动技术课进行详细规定。

1988年，国家教委颁发《九年制义务教育全日制初级中学劳动技术课教学大纲（初审稿）》。

1990年4月，国家教委发布《关于进一步加强中小学德育工作的几点意见》。

1992年3月和10月，国家教委分别颁布《九年义务教育全日制初级中学劳动技术课教学大纲（试用）》和《九年义务教育全日制小学劳动课教学大纲（试用）》。

1993年2月13日，中共中央、国务院发布《中国教育改革和发展纲要》，指出中小学要从"应试教育"转向全面提高国民素质的轨道，面向全体学生，全面提高学生的思想道德、文化科学、劳动技能和身体心理素质，促进学生生动活泼地发展，办出各自的特色。

1994年8月，中共中央颁布《关于进一步加强和改进学校德育工作的若干意见》，要求各级各类学校都要把组织学生适当参加一定的物质生产劳动作为一门必修课，列入教学计划，统筹安排，各级教育行政部门要进行具体督促检查。

1994年9月，中国教育学会中小学劳动技术教育专业委员会成立。

1995年2月，国家教委颁布《关于正式颁布中学德育大纲的通知》，规定初中阶段德育内容包括劳动教育，即"热爱劳动，尊重劳动人民的教育；勤劳俭朴，珍惜劳动成果的教育；以校内生产劳动和社会公益劳动为主的劳动实践和劳动习惯的培养"。高中阶段德育内容包括以参加社会公益劳动、学工、学农、军训为主的劳动及社会实践锻炼和艰苦奋斗精神的培养教育。

1995年2月，国家教委发布《关于正式颁布中学德育大纲的通知》，指出劳动教育是德育的内容之一。

1995年3月，《中华人民共和国教育法》关于教育方针的表述为，教育必须为社会主义现代化建设服务，必须与生产劳动相结合，培养德、智、体等方面全面发展的社会主义事业的建设者和接班人。

1996年，教育部发布《关于加强普通中学劳动技术教育的意见》。

1997年，教育部颁布《全日制普通高级中学劳动技术课教学大纲（供试验用）》。

1998年6月10日，教育部发布《关于加强普通中学劳动技术教育管理的若干意见》。

1999年6月，第三次全国教育大会提出，努力培养"有理想、有道德、有文化、有纪律的德育、智育、体育、美育等全面发展的社会主义事业建设者和接班人"。

1999年6月，中共中央、国务院颁布《关于深化教育改革全面推进素质教育的决定》指出，"学校教育不仅要抓智育，更要重视德育，要加强体育、美育和劳动技术教育和社会实践，使诸方面相互渗透、协调发展，促进学生的全面和健康成长"。

2001年5月29日，国务院发布《关于基础教育改革与发展的决定》，其中第19条要求"普通高中要设置技术课程"。

2001年6月，教育部颁发《基础教育课程改革纲要（试行）》，规定中小学要设置综合实践活动，劳动与技术教育是其中的一项国家指定的学习领域。

2002年11月，党的十六大重申："全面贯彻党的教育方针，坚持教育为社会主义现代化服务，为人民服务，与生产劳动和社会实践相结合，培养德智体美全面发展的社会主义建设者和接班人。"

2003年3月31日,教育部制订《普通高中技术课程标准(实验)》,规定技术课程包括信息技术和通用技术两个科目。

2013年6月3日,教育部发布《关于推进中小学教育质量综合评价改革的意见》《中小学教育质量综合评价指标框架(试行)》,其中"行为习惯"指标的考察要点为"学生在文明礼貌、勤俭节约、热爱劳动、爱护环境等方面的认知和表现情况"。

2013年8月31日,教育部发布《中共教育部党组关于在全国各级各类学校深入开展"爱学习、爱劳动、爱祖国"教育的意见》。

2014年3月30日,教育部印发《关于全面深化课程改革落实立德树人根本任务的意见》。

2015年7月,教育部、共青团中央、全国少工委印发《关于加强中小学劳动教育的意见》。

2015年12月,《中华人民共和国教育法》关于教育方针的表述为,教育必须为社会主义现代化建设服务、为人民服务,必须与生产劳动和社会实践相结合,培养德、智、体、美等方面全面发展的社会主义事业的建设者和接班人。在1995年版本的基础上增加"为人民服务",增加与"社会实践"相结合,增加"美育"。

2016年11月,教育部等11部门印发《关于推进中小学生研学旅行的意见》。

2018年9月,全国教育大会在京召开,习近平总书记提出,要努力构建德智体美劳全面培养的教育体系,形成更高水平的人才培养体系。

2019年11月,中央深改委审议通过《关于全面加强新时代大中小学劳动教育的意见》。

2020年3月20日,中共中央、国务院发布《关于全面加强新时代大中小学劳动教育的意见》。

2020年3月，由中国劳动关系学院主办、社会科学文献出版社出版的全国首家劳动教育类学术集刊《劳动教育评论》创刊。

2020年4月，人力资源和社会保障部发布《关于加强技工院校劳动教育的实施意见》。

2020年5月，中国大陆首本高校劳动教育通识教材《劳动通论》由高等教育出版社出版发行。

2020年6月24日，共青团中央、全国少工委发布《关于大力加强新时代学生团员、少先队员劳动教育的工作指引》。

2020年7月7日，教育部发布《大中小学劳动教育指导纲要（试行）》，明确各级各类学校要在育人过程中开设劳动教育课程，开展劳动教育活动，将劳动教育融入人才培养的全过程。

2020年7月14日，中华全国总工会发布《关于在全面加强新时代劳动教育中充分发挥工会组织作用的指导意见》。

2021年2月，教育部印发《普通高等学校本科教育教学审核评估实施方案（2021~2025年）》。

2021年4月29日，第十三届全国人民代表大会常务委员会第二十八次会议通过修订后的《中华人民共和国教育法》，关于教育方针的表述为："教育必须为社会主义现代化建设服务、为人民服务，必须与生产劳动和社会实践相结合，培养德智体美劳全面发展的社会主义建设者和接班人。"在2015年版本的基础上增加"劳"。

2021年7月23日，中国高等教育学会劳动教育专业委员会在北京成立。

2021年10月，第十三届全国人民代表大会常务委员会第三十一次会议通过《中华人民共和国家庭教育促进法》，指出家庭教育要"帮助未成年人树立正确的劳动观念，参加力所能及的劳动，提高生活自理能力和独立生活能力，养成吃苦耐劳的优秀品格和热爱劳动的良好习惯"。

2022年3月25日，教育部印发《义务教育课程方案和课程标准（2022年版）》，将劳动从原来的综合实践活动课程中完全独立出来，并发布《义务教育劳动课程标准（2022年版）》。

2022年4月8日，共青团中央发布《新时代加强和改进共青团思想政治引领工作实施纲要》，第7点强调，要不断提升青少年劳动教育内涵和外延，把养成劳动习惯、强化劳动情感、掌握劳动技能结合起来。

2022年4月20日，第十三届全国人民代表大会常务委员会第三十四次会议通过修订后的《中华人民共和国职业教育法》，以此推动职业教育高质量发展，提高劳动者素质和技术技能水平，促进就业创业，建设教育强国、人力资源强国和技能型社会。

2022年7月19日，中国教育学会劳动教育分会成立大会在北京召开，该分会前身为中小学劳动技术教育专业委员会。

2022年7月，教育部首个劳动教育与劳动实践课程虚拟教研室获批设立。

2023年1月，教育部等十三部门联合发布《关于健全学校家庭社会协同育人机制的意见》。

## 图书在版编目(CIP)数据

中国劳动教育发展报告.2023/党印,曲霞主编
.--北京:社会科学文献出版社,2023.10
 ISBN 978-7-5228-2839-8

Ⅰ.①中… Ⅱ.①党… ②曲… Ⅲ.①劳动教育-研究报告-中国-2023 Ⅳ.①G40-015

中国国家版本馆 CIP 数据核字(2023)第 219435 号

## 中国劳动教育发展报告(2023)

名誉主编 / 刘向兵 李 珂
主　　编 / 党 印 曲 霞

出 版 人 / 冀祥德
组稿编辑 / 任文武
责任编辑 / 刘如东
责任印制 / 王京美

出　　版 / 社会科学文献出版社·城市和绿色发展分社(010)59367143
　　　　　地址:北京市北三环中路甲 29 号院华龙大厦　邮编:100029
　　　　　网址:www.ssap.com.cn
发　　行 / 社会科学文献出版社(010)59367028
印　　装 / 三河市东方印刷有限公司

规　　格 / 开 本:787mm×1092mm　1/16
　　　　　印 张:19.25　字 数:247 千字
版　　次 / 2023 年 10 月第 1 版　2023 年 10 月第 1 次印刷
书　　号 / ISBN 978-7-5228-2839-8
定　　价 / 98.00 元

读者服务电话:4008918866

版权所有 翻印必究